태국어의 자음

순 서	자 음	명 칭	음 가	
			초자음	종자음
1	ก	꺼– 까이	ㄲ	ㄱ
2	ข	커– 카이	ㅋ	ㄱ
3	ฃ	커– 쿠–엇	ㅋ	ㄱ
4	ค	커– 콰–이	ㅋ	ㄱ
5	ฅ	커– 콘	ㅋ	ㄱ
6	ฆ	커– 라캉	ㅋ	ㄱ
7	ง	응어– 응우–	*ng*	*ng*
8	จ	쩌– 짜–ㄴ	ㅉ	ㅅ
9	ฉ	처– 칭	ㅊ	–
10	ช	처– 차–ㅇ	ㅊ	ㅅ
11	ซ	써– 쏘–	ㅆ	ㅅ
12	ฌ	처– 츠ㅓ–	ㅊ	–
13	ญ	여– 잉	*y*	ㄴ
14	ฎ	더– 차다–	ㄷ	ㅅ
15	ฏ	떠– 빠딱	ㄸ	ㅅ
16	ฐ	터– 타–ㄴ	ㅌ	ㅅ
17	ฑ	터– 몬토–	ㅌ	ㅅ
18	ฒ	터– 푸– 타오	ㅌ	ㅅ
19	ณ	너– 네–ㄴ	ㄴ	ㄴ
20	ด	더– 덱	ㄷ	ㅅ
21	ต	떠– 따오	ㄸ	ㅅ
22	ถ	터– 퉁	ㅌ	ㅅ
23	ท	터– 타하–ㄴ	ㅌ	ㅅ

순서	자음	명칭	음가	
			초자음	종자음
24	ฑ	터– 통	ㅌ	ㅅ
25	ณ	너– 누–	ㄴ	ㄴ
26	บ	버– 바이마이	ㅂ	ㅂ
27	ป	뻐– 쁘라	ㅃ	ㅂ
28	ผ	퍼– 픙	ㅍ	–
29	ฝ	훠– 화–	f	–
30	พ	퍼– 파–ㄴ	ㅍ	ㅂ
31	ฟ	훠– 환	f	ㅂ
32	ภ	퍼– 쌈파오	ㅍ	ㅂ
33	ม	머– 마–	ㅁ	ㅁ
34	ย	여– 약	y	이
35	ร	러– 르–아	ㄹ(r)	ㄴ
36	ล	러– 링	ㄹ(l)	ㄴ
37	ว	워– 왜–ㄴ	w	우
38	ศ	써– 싸–라–	ㅆ	ㅅ
39	ษ	써– 르–씨–	ㅆ	ㅅ
40	ส	써– 쓰–아	ㅆ	ㅅ
41	ห	허– 히–ㅂ	ㅎ	–
42	ฬ	러– 쭈라–	ㄹ(l)	ㄴ
43	อ	어– 아–ㅇ	ㅇ	–
44	ฮ	허– 녹후–ㄱ	ㅎ	–

※ 자음 3번과 5번은 사용하지 않는다.
※ 한국어로 표기가 어려운 f, y, ng 등은 영문으로 표기

한 번만 봐도 기억에 남는

테마별 회화

태국어단어

2300

한 번만 봐도 기억에 남는

테마별 회화 ✓
태국어단어
2300

옹지인 지음

Vitamin Book

머리말

동남아시아 대륙부에 위치한 태국은 ASEAN(동남아시아 국가 간 전반적인 상호 협력 증진을 위한 기구로, 회원국은 인도네시아 · 말레이시아 · 필리핀 · 싱가포르 · 태국 · 베트남 · 라오스 · 미얀마 · 캄보디아 · 브루나이) 국가들 중 선도적인 위치를 차지하고 있다. 국가 총 GDP가 3456억 달러로 인도네시아에 이어 2위, 국민 1인당 GDP는 5349달러로 역내(域內) 4위를 차지하고 있다(2012년 기준).
우리나라와는 1958년에 수교를 맺었지만 이미 그 전인 한국전쟁 때에 UN회원국으로써 아시아 국가들 중 첫 번째로 참전, 후원을 한 나라이기도 하다.
또한 2010년 1월 1일 FTA가 발효되면서 태국과의 교역에서 꾸준한 무역수지 흑자를 얻고 있다. 그러므로 무역이나 여행 등 태국에 접근할 때는 태국어에 대한 이해는 필수 요소라고 할 수 있다.

태국어는 차이나 티벳트어(Sino-Tibet) 족에 속하는 언어로, 중국어와 같은 고립어(Isolating language)의 특성을 가지고 있다. 고립어는 단어의 어형 변화가 없고, 조사를 사용하지 않는 것이 특징인데, 문장에서의 단어 위치에 따라 그 기능이 정해진다. 또한 시제, 상, 격, 수, 법, 태의 표현도 어순에 의해 표현되거나 혹은 특정한 조동사를 사용하여 나타낸다. 그러므로 태국어를 구사할 때는 어형 변화나 조사 사용을 생각하지 않아도 단어 원형을 문장에서 적절한 위치에 조합하는 것만으로 문장을 구사할 수 있다.

단, 태국어는 5성의 성조를 가진 성조어이고, 모음의 장단음의 구별이 확실한 언어로써, 성조나 장단음 구별을 잘못하였을 때 다른 뜻으로 전달 될 수 있으므로, 이에 유념해서 발음해야 한다. 이 부분만 조심한다면 태국어를 익히는 데 어려움이 없을 것이다.

이 책은 태국어를 처음 공부하는 분들을 위해 쓰여졌는데, 초급뿐만 아니라 중급 단어와 문장 · 회화까지 모두 엮었기 때문에 현지에서 생활을 준비하는 분들에게도 매우 유용하게 쓰일 것이다. 이 책과 함께 MP3를 들으며 차근차근 공부하다 보면 태국에 좀 더 다가갈 수 있을 것이다.

엮은이

이 책의 특징

이 책은 본문을 9개 테마(Theme)로 나누고, 테마별로 작은 Unit을 두어 다양한 주제별 어휘(전체 어휘 약 2,300개)를 실었다.

★ 그림 단어

재미있게 단어를 외울 수 있도록 그림을 함께 실었고, 태국어에 더욱 쉽게 접근할 수 있도록 발음을 한글로 표기하였다. 또한 각 단어 아래에는 실생활 회화에서 흔히 사용되는 짧은 문장을 실어, 그 단어가 생생하게 연상 기억될 수 있도록 하였다.

★ 관련 단어

그림 단어와 관련된 테마의 단어를 보충하여, 태국어의 어휘를 한층 더 넓힐 수 있게 하였다.

★ 회화와 짧은 문장

테마별 상황에 관련된 짧은 회화나 단어를 이용한 문장을 실어, 태국어로 읽고 익힐 수 있게 하였다.

★ 연습문제

Theme가 끝날 때마다 연습문제를 두어, 단어를 익힌 후에는 스스로 테스트해 볼 수 있도록 하였다.

★ 한글과 태국어 색인(Index)

본문에 나온 어휘를 가나다 순의 한글 색인과 태국어 색인으로 만들어, 한글과 태국어 어느 쪽으로든 찾아보기 쉽게 배려하였다.

CONTENTS

Theme

9

INDEX

태국어의 특징

머리말에서도 밝혔듯이 태국어는 5성의 성조를 가진 성조어이고, 모음에 장단음의 구별이 확실한 언어이다. 성조나 장단음의 변화에 따라 전혀 다른 뜻으로 전달될 수 있으므로, 단어를 발음할 때 이에 유념해서 발음해야 한다.

평성성조(-)는 일반 음높이를 유지하는 소리, 1성(＼)은 보통의 소리에서, 서서히 음이 낮아지는 소리, 2성(∧)은 음이 서서히 높아지다가 떨어지는 소리, 3성(/)은 일반 음높이에서 서서히 높아지는 소리, 4성(∨)은 보통의 소리에서 조금 낮아지다가 다시 급격히 높아지는 소리를 나타낸다. 태국어의 성조는 단어의 자모음 조합과 성조부호에 의해 결정되므로, 자음의 분류와 장-단 모음분류, 성조부호에 대한 이해도 필요하다.

◆ 태국어의 자음

태국어의 자음은 총 44자인데, 현재 사용되지 않는 2자를 제외하면 42자(실제 사용되는 자음)이다. 자음은 그 음가와 본래 성조에 따라 총 3분류 (중자음, 고자음, 저자음)로 나누어진다. 저자음은 다시 고자음과 같은 음가로 짝을 이루는 짝음자음과 그렇지 않은 홀음자음 2개의 소분류로 나누어질 수 있다.

중자음		고자음	
ก [g] [ㄲ]	ไก่ [gài] 까이 닭	ข ฃ [k] [ㅋ]	ไข่ [kài] 카이 계란 ขวด [kùat] 쿠엇 병
จ [j] [ㅉ]	จาน [jaan] 짜-ㄴ 접시	ฉ [ch] [ㅊ]	ฉิ่ง [chìng] 칭 징

ด ฎ [d] [ㄷ]	เด็ก [dèk] 덱 어린이 ชฎา [chá-daa] 차다– 태국식 머리에 쓰는 관	ส ศ ษ [s] [ㅆ]	เสือ [sěua] 쓰아 호랑이 ศาลา [sǎa-laa] 싸–ㄹ라– 정자 ฤาษี [reu-sěe] 르씨– 도사
ต ฏ [dt] [ㄸ]	เต่า [dtào] 따오 거북이 ปฏัก [bpà-dtàk] 빠딱 창, 장대	ฐ ถ [t] [ㅌ]	ฐาน [tǎan] 타–ㄴ 받침대, 단상 ถุง [tǔng] 퉁 자루
บ [b] [ㅂ]	ใบไม้ 나뭇잎 [bai máai] 바이 마이	ผ [p] [ㅍ]	ผึ้ง [pêung] 픙 벌
ป [bp] [ㅃ]	ปลา [plaa] 쁠라– 생선	ฝ [f] [ㅍ]	ฝา [fǎa] 퐈– 뚜껑
อ [–] [ㅇ]	อ่าง [àang] 아–ㅇ 대야	ห [h] [ㅎ]	หีบ [hèep] 히–ㅂ 상자

저자음

짝음 자음		홀음 자음	
ค ฅ ฆ [k] [ㅋ]	ควาย [kwaai] 콰–이 물소 คน [kon] 콘 사람 ระฆัง [rá-kang] 라캉 종	ง [ng] [응ㅇ]	งู [ngoo] 응우– 뱀
ช ฌ [ch] [ㅊ]	ช้าง [cháang] 차–ㅇ 코끼리 เฌอ [cher] 츠ㅓ 나무이름	ณ น [n] [ㄴ]	เณร [ne:n] 네–ㄴ 동자승 หนู [nǒo] 누– 쥐
ซ [s] [ㅆ]	โซ่ [sô:] 쏘– 체인, 사슬	ม [m] [ㅁ]	ม้า [máa] 마– 말
ฑ ฒ ท ธ [t] [ㅌ]	มนโฑ [mon-to:] 몬토– 여자이름 ผู้ เฒ่า [pôo tâo] 푸– 타오 노인 ทหาร [tá-hǎan] 타하–ㄴ 군인 ธง [tong] 통 깃발	ร [r] [ㄹ]	เรือ [reua] 르아 배
พ ภ [p] [ㅍ]	พาน [paan] 파–ㄴ 쟁반 สำเภา [sǎm-pao] 쌈파오 돛단배	ล ฬ [l] [ㄹㄹ]	ลิง [ling] 링 원숭이 จุฬา [jù-laa] 쭐라– 연이름

ฟ [f] [ㅍ]	ฟัน [fan] 퐌 이, 치아	ยญ [y] [이]	ยักษ์ [yák] 약 도깨비 หญิง [yǐng] 잉 여자
ฮ [h] [ㅎ]	นกฮูก [nók hôok] 녹 후-ㄱ 부엉이	ว [w] [우/와]	แหวน [wǎen] 왜-ㄴ 반지

한국에서 반모음인 -y, -w 음가(야, 여, 얘, 얘 / 와, 워, 외, 왜…)는 태국어에서는 반자음 음가로 취급된다. -y, -w 음가는 태국어에서 각각 ญ ย / ว 에 대응된다.

한국어로 음가를 옮길 때는 부득이 하게 반모음 형태로 옮겨졌으나, 실제 태국어에서는 자음으로 사용됨에 유의해야 한다.

◆ 태국어의 모음

태국어의 모음은 총 32개로 이 중 12쌍, 즉 24개가 장 · 단 모음이 짝을 이루고 있는 형태이다. 장단음 짝을 이루지 않는 4개의 추가적 모음이 있는데, 이것은 단음으로 취급한다. 그리고 또 4개의 차용 모음이 있으나, 현재는 거의 사용되지 않고 일부 단어에서만 사용된다.

발음상으로는 각각 ฤ [ri] 리 / ฤๅ [ri:] 리- / ฦ [ra] 라 / ฦๅ [ra:] 라- 와 같이 'ㄹ' 음가가 함께 있어서 모음으로 인식되지 않을 것 같으나, 모음으로 분리된다.

단모음		장모음	
◌ะ / ◌ั [a] [아]	รัก [rák] 락 사랑하다	◌า [aa] [아-]	ตา [dtaa] 따- 눈
◌ิ [i] [이]	กิน [gin] 낀 먹다	◌ี [ee] [이-]	มี [mee] 미- 있다

◌ึ [eu] [으]	ถึง [tĕung] 틍 (장소, 시간) ~까지	◌ือ [ue:] [으–]	ถือ [tĕu] 트– 들다
◌ุ [u] [우]	คุณ [kun] 쿤 당신	◌ู [oo] [우–]	หู [hŏo] 후– 귀
เ◌ะ [e] [에]	เด็ก [dèk] 덱 어린이, 꼬마 (종자음이 올 때는, ◌็ 를 사용하여 형태 변화를 줌)	เ◌ [e:] [에–]	เพศ [pê:t] 페–ㅅ 성
แ◌ะ [ae] [애]	แพะ [páe] 패 양	แ◌ [ae:] [애–]	แม่ [mâe:] 매– 엄마, 어머니
โ◌ะ [o] [오]	โต๊ะ [dtó] 또 탁자, 테이블	โ◌ [o:] [오–]	โรงเรียน 학교 [ro:ng rian] 로–ㅇ 리안
เ◌าะ [ʌ] [어]	เกาะ [gʌ̀] 꺼 섬	◌อ [ʌ:] [어–]	พ่อ [pʌ̂:] 퍼– 아빠, 아버지
เ◌อะ [uh] [으ㅓ]	เถอะ [tùh] 트ㅓ ~하자	เ◌อ / เ◌ิ [er] [으ㅓ–]	เดิน [dern] 드ㅓㄴ 걷다
เ◌ียะ [ia] [이아]	ปอเปี๊ยะ 춘권, 튀김 [bpʌ: bpía] 뻐– 삐아	เ◌ีย [i:a] [이–아]	เสีย [sĭa] 씨아 상하다, 망가지다
เ◌ือะ [eua] [으아]		เ◌ือ [eu:a] [으–아]	เกลือ [gleua] 끌르아 소금
◌ัวะ [ua] [우아/우어]	ผัวะ [pùa] 푸아 '퍽' 하는 소리	◌ัว / ◌ว [u:a] [우–아/우–어]	หัว [hŭa] 후아 머리
ใ◌ / ไ◌ [ai] [아이]	ไข่ไก่ 계란 [kài gài] 카이 까이		
◌ำ [am] [암]	กำมือ 주먹 [gam meu] 깜 므–		
เ◌า [ao] [아오]	เข่า [kào] 카오 무릎		
*ฤ [ri] [리]	อังกฤษ 영국 [ang-grìt] 앙끄릿	*ฤๅ [ri:] [리–]	
*ฦ [ra] [라]		*ฦๅ [ra:] [라–]	

* ◌는 자음 자리 ** ฤ / ฤๅ / ฦ / ฦๅ 는 차용된 모음

태국 문자는 수코타이 시대(1283년) 람캄행 대왕에 의해 만들어졌다. 우리나라의 언어가 많은 부분 한문을 차용하여 단어가 더욱 풍부해졌듯이, 태국어도 팔리-산스크리트 어를 받아들임으로써 단어가 다양하고 풍부해졌다. 태국인의 90% 이상이 믿는 불교 경전과 용어를 차용하면서 상당 부분 팔리-산스크리트어가 유입되었다. 또한 왕실 용어에는 크메르 계통 어휘가 많이 차용되었다. 이외에도 최근에 새로 생성되는 과학 · 기술 분야에는 영어를 차용하여 사용하기도 한다.

◆ 성조 부호

성조 부호는 총 4가지로, 1성 부호(่), 2성 부호(้), 3성 부호(๊), 4성 부호(๋)가 있다. 중자음에는 4가지 부호가 모두 사용될 수 있으며, 부호와 성조 음가가 일치한다. 고자음에는 1, 2성 부호가 사용되며, 부호와 성조 음가가 마찬가지로 일치하지만, 저자음에는 1, 2성 부호만 사용되고, 성조 음가가 1성 부호는 -> 2성을, 2성 부호는 -> 3성을 각각 나타낸다.

***성조 부호가 사용되는 경우**

부호 / 자음 종류	1성 부호(◌่)	2성 부호(◌้)	3성 부호(◌๊)	4성 부호(◌๋)
중자음	1성	2성	3성	4성
고자음	1성	2성		
저자음	2성	3성		

*성조 부호 사용되지 않은 경우

자음 종류	음절의 구성	성조
중자음	중자음 + 장모음 중자음 + 장/단모음 + 생음 종자음	평성
	중자음 + 단모음 중자음 + 장/단모음 + 사음 종자음	1성
고자음	고자음 + 장모음 고자음 + 장/단모음 + 생음 종자음	4성
	고자음 + 단모음 고자음 + 장/단모음 + 사음 종자음	1성
저자음	저자음 + 장모음 저자음 + 장/단모음 + 생음 종자음	평성
	저자음 + 장모음 + 사음 종자음	2성
	저자음 + 단모음 저자음 + 단모음 + 사음 종자음	3성

* 사음 종자음 : –k / –t /–p   ** 생음 종자음 : –m / –n / –ng/ –y / –w

태국어를 처음 접하는 이들에겐 태국어의 자모음 글자 및 성조가 다소 복잡하고 생소하게 느껴질 수 있을 것이다. 그러므로, 이 책에서는 알파벳 표기와 한국어 발음 표기를 통해 태국어 글자를 익히지 않은 사람도 발음을 따라 할 수 있도록 하였다. 이처럼 국제음성기호를 최대한 배제하고 알파벳 표기를 사용한 것은, 누구나 쉽게 접근할 수 있도록 하기 위한 배려이다.

THEMATIC THAI WORDS

2 가정

3 수

4 도시

5 교통

6 업무

7 소비

8 스포츠/취미

9 자연

Theme ①

→ **มนุษย์** [má-nút] 마눗 인간

ร่างกาย [râang gaai] 라̂-ㅇ 까이 **신체**

ส่วนศรีษะ [sùan sěe-sà] 쑤̀안 씨̌-싸̀ 머리 부분

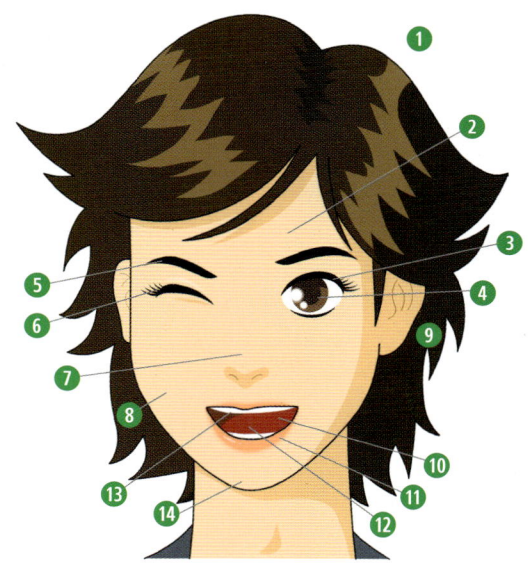

❶ **ผม** [pǒm] 폼̌ 머리카락

❷ **หน้าผาก** [nâa-pàak] 나̂- 파̀-ㄱ 이마

❸ **ตา** [dtaa] 따- 눈

❹ **ดวงตา** [duang dtaa] 두앙̂ 따- 눈동자

❺ **คิ้ว** [kíw] 키̀우 눈썹

❻ **ขนตา** [kǒn dtaa] 콘̌ 따- 속눈썹

❼ **จมูก** [jà-mòok] 짜무̀-ㄱ 코

❽ **แก้ม** [gâem] 깨̂-ㅁ 볼, 뺨

18

9 หู [hǒo] 후- 귀

10 ปาก [bpàak] 빠-ㄱ 입

11 ริมฝีปาก [rim fěe bpàak] 림 퓌- 빠-ㄱ 입술

12 ลิ้น [lín] 린 혀

13 ฟัน [fan] 퐌 이, 치아

14 คาง [kaang] 카-ㅇ 턱

관련 단어

- ☐ ลักยิ้ม [lák yím] 락 임 보조개
- ☐ ไฝ [fǎi] 퐈이 점
- ☐ ริ้วรอย [ríw rʌ:i] 리우 러-이 주름
- ☐ สิว [sǐw] 씨우 여드름
- ☐ หนวด [nùat] 누앗 콧수염
- ☐ เครา [krao] 크라오 턱수염
- ☐ ใบหน้า [bai nâa] 바이 나-
  หน้า [nâa] 나- 얼굴

Dialogue

A: เธอสวยไหมครับ
트ㅓ 쑤어이 마이 크랍
그녀는 예뻐요?

B: ค่ะ หน้าของเธอสวยค่ะ
카 나- 커-ㅇ 트ㅓ 쑤어이 카
네, 그녀는 얼굴이 예뻐요.

2 가정
3 수
4 도시
5 교통
6 업무
7 쇼핑
8 스포츠/취미
9 자연

รูปร่างด้านหน้า 앞모습

[rôop râang dâan nâà] 루–ㅂ 라–ㅇ 다–ㄴ 나–

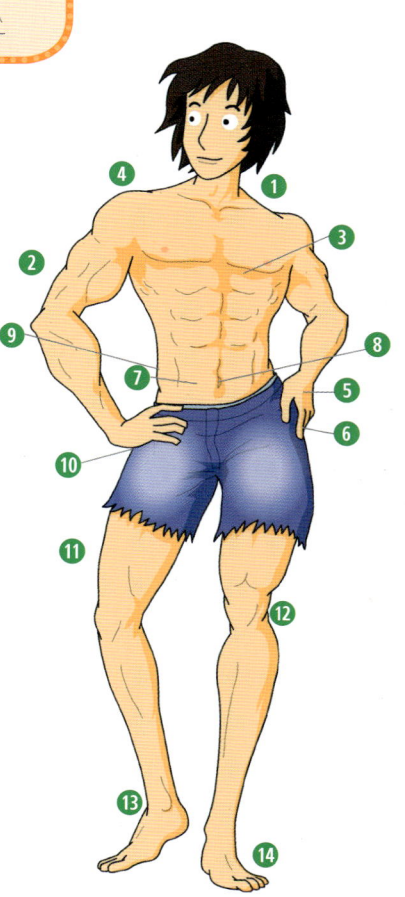

1. คอ [kʌ] 커– 목
2. แขน [kǎen] 캐–ㄴ 팔
3. หน้าอก [nâa òk] 나– 옥 가슴
4. บ่า [bàa] 바–
   ไหล่ [lài] 라이 어깨
5. มือ [meu] 므– 손
6. นิ้วมือ [níw meu] 니우 므– 손가락
7. ท้อง [tʌ́:ng] 터–ㅇ 배
8. สะดือ [sà deu] 싸 드– 배꼽
9. เอว [e:w] 에우 허리
10. สะโพก [sà pô:k] 싸 포–ㄱ 골반

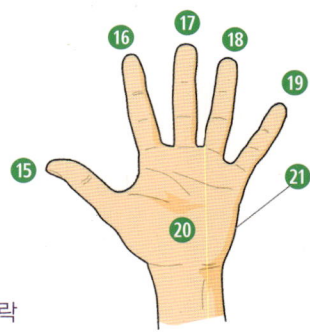

⑪ **ขา** [kǎa] 카– 다리

⑫ **เข่า** [kào] 카오 무릎

⑬ **ข้อเท้า** [kâː táo] 카– 타오 발목

⑭ **เท้า** [táo] 타오 발

⑮ **นิ้วโป้ง** [níw bpòːng] 니우 뽀–ㅇ 엄지

⑯ **นิ้วชี้** [níw chée] 니우 치– 인지, 집게손가락

⑰ **นิ้วกลาง** [níw glaang] 니우 끌라–ㅇ 중지, 가운뎃손가락

⑱ **นิ้วนาง** [níw naang] 니우 나–ㅇ 약지, 넷째 손가락

⑲ **นิ้วก้อย** [níw gâːi] 니우 꺼–이 소지, 새끼손가락

⑳ **ฝ่ามือ** [fàa meu] 퐈– 므– 손바닥

㉑ **หลังมือ** [lǎng meu] 랑 므– 손등

A: **ขาคุณยาวจัง**
카– 쿤 야–우 짱
당신은 다리가 참 길군요!

B: **ค่ะ และนิ้วมือของฉันก็ยาวมากด้วยค่ะ**
카 래 니우 므– 커–ㅇ 찬 꺼– 야–우 마–ㄱ 두어이 카
네. 게다가 난 손가락도 무척 길어요.

1 인간
2 가정
3 수
4 도시
5 교통
6 인물
7 쇼핑
8 스포츠/취미
9 자연

관련 단어

- □ **กำมือ** [gam meu] 깜 므- 주먹
- □ **ข้อมือ** [kâ meu] 커- 므- 손목
- □ **เล็บมือ** [lép meu] 렙 므- 손톱
- □ **ตัดเล็บ** [dtàt lép] 땃 렙 손톱을 깎다
- □ **ลายมือ** [laai meu] 라-이 므- 손금
- □ **ดูลายมือ** [doo laai meu] 두- 라-이 므- 손금을 보다
- □ **ลายนิ้วมือ** [níw meu] 라-이 니우 므- 지문
- □ **คนถนัดมือซ้าย** [kon tà-nàt meu sáai] 콘 타낫 므- 싸-이 왼손잡이

Dialogue

A: เล็บมือของคุณไม่ยาวไปหรือครับ
렙 므- 커-ㅇ쿤 마이 야-우 빠이 르- 크랍
당신의 손톱은 너무 길지 않나요?

B: ค่ะ แต่ไม่มีเวลาตัดเล็บค่ะ
카 때- 마이 미- 웰라- 땃 렙 카
네. 그런데 깎을 시간이 없어요.

A: อ๋อ คุณเป็นคนถนัดมือซ้ายนี่เอง
어- 쿤 뻰 콘 타낫 므- 싸-이 니- 에-ㅇ
어, 당신 왼손잡이군요?

B: ครับ ไม่เคยรู้มาก่อนหรือครับ
크랍 마이 크ㅓ-이 루- 마- 꺼-ㄴ 르- 크랍
네, 지금까지 몰랐어요?

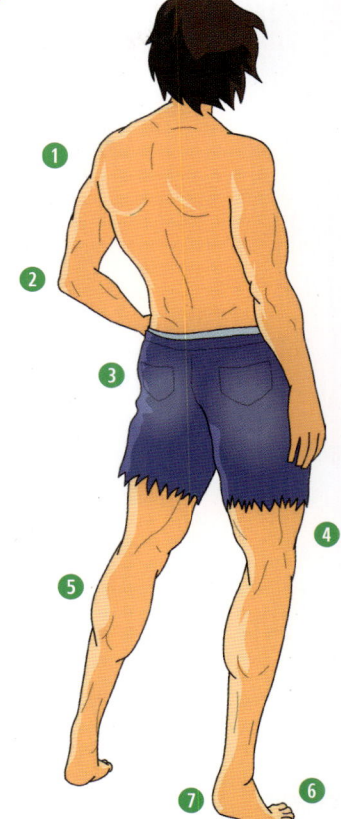

1 인간
2 가정
3 수
4 도시
5 교통
6 업무
7 쇼핑
8 스포츠/취미
9 자연

รูปร่างด้านหลัง 뒷모습
[rôop râang dâanə lăngʼ] 루�－ㅂ 라�－ㅇ 다�－ㄴ 랑

① หลัง [lăng] 랑 등

② ข้อศอก [kâ: sʌ̀:k] 커�－ 써�－ㄱ 팔꿈치

③ ก้น [gôn] 꼰 엉덩이

④ ต้นขา [dtôn kăa] 똔 카�－
ขาอ่อน [kăa ʌ̀:n] 카�－ 어�－ㄴ 허벅지

⑤ น่อง [nâ:ng] 너�－ㅇ 종아리

⑥ นิ้วเท้า [níw táo] 니우 타오 발가락

⑦ ส้นเท้า [sôn táo] 쏜 타오 뒤꿈치

อวัยวะ [a wá yá wá] 아 와 야 와 기관

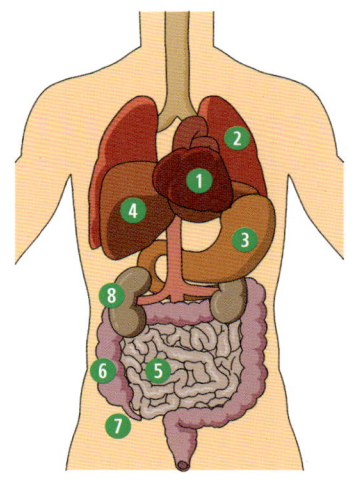

1. หัวใจ [hŭa jai] 후아 짜이 심장
2. ปอด [bpʌ̀:t] 뻐–ㅅ 폐
3. กระเพาะ [grà-pʌ́] 끄라 퍼 위
4. ตับ [dtàp] 땁 간
5. ลำไส้เล็ก [lam sâi lék] 람 싸이 렉 소장
6. ลำไส้ใหญ่ [lam sâi yài] 람 싸이 야이 대장
7. ไส้ติ่ง [sâi dtìng] 싸이 띵 맹장
8. ไต [dtai] 따이 신장

2 가정
3 수
4 도시
5 교통
6 업무
7 쇼핑
8 스포츠/취미
9 자연

관련 단어

- □ **สมอง** [sà-mâng] 싸머–ㅇ 뇌
- □ **กระดูกหลัง** [grà-dòok săn lăng] 끄라 두–ㄱ 싼 랑 척추
- □ **ประสาท** [bprà-sàat] 쁘라 싸–ㅅ 신경
- □ **เซลล์** [sew] 쎄우 세포
- □ **เส้นโลหิต** [sên lo:-hìt] 쎄–ㄴ 로– 힛 혈관
- □ **โลหิต** [lo:-hìt] 로– 힛
  เลือด [lêuat] 르앗 혈액, 피
- □ **กระดูก** [grà-dòok] 끄라 두–ㄱ 뼈
- □ **ข้อต่อ** [kʌ̂: dtʌ:] 커– 떠– 관절
- □ **กล้ามเนื้อ** [glâam néua] 끌라–ㅁ 느아 근육
- □ **ผิว** [pĭw] 피우 피부
- □ **เนื้อ** [néua] 느아 살
- □ **ลำไส้** [lam sâi] 람 싸이 장
- □ **กระเพาะปัสสาวะ** [grà pʌ́ bpàt-săa-wá] 끄라 퍼 빳 싸–와 방광

Dialogue

A: **เป็นอะไรหรือคะ**
뻰 아라이 르– 카
왜 그러세요?

B: **ปวดกระเพาะครับ**
뿌엇 끄라퍼 크랍
위가 아파요.

A: **ลองไปโรงพยาบาลดูซิคะ สงสัยเป็นกระเพาะอักเสบค่ะ**
러–ㅇ 빠이 로–ㅇ파야바–ㄴ 두– 씨 카 쏭싸이 뻰 끄라퍼 악쎄–ㅂ 카
병원에 가 보세요. 위염인가 봐요.

ครอบครัว [krâːp-krua] 크러ㅡ2 크루아 **가족**

☐ **คุณปู่** [kun bpòo] 쿤 뿌ㅡ 친할아버지

☐ **คุณตา** [kun dtaa] 쿤 따ㅡ 외할아버지

☐ **คุณย่า** [kun yâa] 쿤 야ㅡ 친할머니

☐ **คุณยาย** [kun yaai] 쿤 야ㅡ이 외할머니

คุณปู่จะกลับมาพรุ่งนี้
쿤 뿌ㅡ 짜 끌랍 마ㅡ 프룽니ㅡ
할아버지는 내일 돌아오신다.

☐ **คุณพ่อ** [kun pâː] 쿤 퍼ㅡ 아빠, 아버지

☐ **บิดา** [bì-daa] 비 다ㅡ 부친

☐ **คุณแม่** [kun mâeː] 쿤 매ㅡ 엄마, 어머니

☐ **มารดา** [maan-daa] 마ㅡ.ㄴ 다ㅡ 모친

คุณแม่ของฉันสวยจริงๆ
쿤 매ㅡ 커ㅡㅇ 찬 쑤어이 찡 찡
우리 엄마는 정말 예쁘다.

☐ **คุณลุง** [kun lung] 쿤 룽 아저씨

☐ **คุณป้า** [kun bpâa] 쿤 빠ㅡ 아주머니

คุณลุงให้เงินใช้
쿤 룽 하이 응으ㅓㄴ 차이
아저씨가 용돈을 주셨다.

☐ **พี่ชาย** [pêe chaai] 피ㅡ 차ㅡ이 형, 오빠

☐ **พี่สาว** [pêe sǎao] 피ㅡ 싸ㅡ우 누나, 언니

พี่ชายและพี่สายเอ็นดูฉัน
피ㅡ차ㅡ이 래 피ㅡ싸ㅡ우 엔 두ㅡ 찬
형과 누나는 나를 귀여워한다.

1 인간
2 가정
3 수
4 도시
5 교통
6 업무
7 쇼핑
8 스포츠/취미
9 자연

□ **ลูกชาย** [lôok chaai] 루�－ㄱ 차�－이 아들
□ **ลูกสาว** [lôok săao] 루�－ㄱ 싸�－우 딸
　ลูกชายข้างบ้านยังเป็นเด็ก
　루�－ㄱ 차�－이 카�－ㅇ 바�－ㄴ 양 뻰 덱
　옆집 아들은 아직 어리다.

□ **น้องชาย** 남동생
　[nᴧ́:ng chaai] 너�－ㅇ 차�－이

□ **น้องสาว** 여동생
　[nᴧ́:ng săao] 너�－ㅇ 싸ᴗ우
　น้องสาวของฉันนิสัยดีจริงๆ
　너ᴗㅇ－싸ᴗ우 커ᴗㅇ 찬 니싸이 디ᴗ 찡 찡
　내 여동생은 정말 착하다.

관련 단어

□ **พี่น้อง** [pêe nᴧ́:ng] 피ᴗ 너ᴗㅇ 형제, 자매

□ **ลูกพี่ลูกน้อง** [lôok pêe lôok nᴧ́:ng] 루ᴗㄱ 피ᴗ 루ᴗㄱ 너ᴗㅇ 사촌

□ **หลาน** [lăan] 라ᴗㄴ 조카

□ **ลูกเขย** [lôok kŏie] 루ᴗㄱ 크ᴗ이 사위

□ **ลูกสะใภ้** [lôok sà-pái] 루ᴗㄱ 싸 파이 며느리

□ **คุณพ่อสามี** [kun pâ: săa-mee] 쿤 퍼ᴗ 싸ᴗ미ᴗ 시아버지

□ **คุณแม่สามี** [kun mâe: săa-mee] 쿤 매ᴗ 싸ᴗ미ᴗ 시어머니

□ **พ่อตา** [pᴧ̂: dtaa] 퍼ᴗ 따ᴗ 장인

□ **แม่ยาย** [mâe: yaai] 매ᴗ 야ᴗ이 장모

□ **สามี** [săa-mee] 싸ᴗ미ᴗ 남편

□ **ภรรยา** [pan-rá-yaa] 판라야ᴗ 부인

□ **พี่สาวสามี** [pêe săao săa-mee] 피ᴗ싸ᴗ우 싸ᴗ미ᴗ
　น้องสาวสามี [nᴧ́:ng săao săa-mee] 너ᴗㅇ 싸ᴗ우 싸ᴗ미ᴗ 시누이

□ **พี่สะใภ้** [pêe sà-pái] 피ᴗ 싸 파이
　น้องสะใภ้ [nᴧ́:ng sà-pái] 너ᴗㅇ싸 파이 올케

□ **น้องชายสามี** [nᴧ́:ng chaai săa-mee] 너ᴗㅇ 차ᴗ이 싸ᴗ미ᴗ 시동생

□ **น้องชายภรรยา** [nᴧ́:ng chaai pan-rá-yaa] 너ᴗㅇ 차ᴗ이 판라야ᴗ 처남

27

ชีวิต [chee-wít] 치−윗 **인생**

□ **เกิด** [gèrt] ㄲㅓ−ㅅ 태어나다

□ **เด็กทารก** 아기
   [dèk taa-rók] 덱 타−록

□ **เด็ก** [dèk] 덱 어린이, 꼬마
   เด็กกำลังเล่นสนุกอยู่
   덱 깜랑 레−ㄴ 싸눅 유−
   꼬마가 재미있게 놀고 있구나.

□ **เด็กชาย** [dèk chaai] 덱 차−이 소년

□ **เด็กหญิง** [dèk yǐng] 덱 잉 소녀

□ **หนุ่ม** [nùm] 눔 청년

□ **สาว** [sǎao] 싸−우 처녀
   หนุ่มคนนั้นกำลังไปไหนหรือ
   눔 콘 난 깜랑 빠이 나이 르−
   저 청년은 지금 어디 가는 걸까?

□ **คนชรา** 노인
   [kon chá-raa] 콘 차라−
   คนชราก็ต้องรักษาสุขภาพให้แข็งแรง
   콘차라−꺼− 띠−ㅇ 락싸− 쑤카파−ㅂ 하이 캥래−ㅇ
   노인도 건강을 지켜야 한다.

□ **ผู้ใหญ่** 성인
   [pôo yài] 푸−야이

28

□ **พินัยกรรม** 유언(장)
[pí-nai-gam] 피 나이 깜
คุณปู่ฝากพินัยกรรมไว้
쿤 뿌− 퐈−ㄱ (f) 피 나이 깜 와이
할아버지가 유언을 남기셨다.

□ **งานศพ** 장례(식)
[ngaan sòp] 응아−ㄴ 쏩

□ **หลุมฝังศพ** [lŭm făng sòp] 룸 퐝 쏩
สุสาน [sù-săan] 쑤 싸−ㄴ 무덤

🔑 **관련 단어**

□ **วัยเด็ก** [wai dèk] 와이 덱 어린 시절
□ **การเติบโต** [gaan dtèrp dto:] 까−ㄴ 뜨ㅓㅂ 또− 성장
□ **งานหมั้น** [ngaan mân] 응아−ㄴ 만 약혼
□ **งานแต่งงาน** [ngaan dtàeng ngaan] 응아−ㄴ 때−ㅇ 응아−ㄴ 결혼
□ **การหย่า** [gaan] 까−ㄴ 야− 이혼
□ **เจ้าสาว** [jâo săao] 짜오 싸−우 신부
□ **เจ้าบ่าว** [jâo bàaw] 짜오 바−우 신랑
□ **หญิงหม้าย** [yĭng mâai] 잉 마−이 미망인
□ **เสียชีวิต** [sĭa chee wít] 씨−아 치−윗 죽다
□ **การเสียชีวิต** [gaan sĭa chee wít] 까−ㄴ 씨−아 치−윗 죽음
□ **การเผาศพ** [gaan păo sòp] 까−ㄴ 파오 쏩 화장

1 인간
2 가정
3 수
4 도시
5 교통
6 업무
7 쇼핑
8 스포츠/취미
9 자연

ความรักและการแต่งงาน

[kwaam rák láe gaan dtàeng ngaan] 콰—ㅁ 락 래 까—ㄴ 때—ㅇ 응아—ㄴ **사랑과 결혼**

□ **สารภาพรัก** 사랑을 고백하다
[săa-rá-pâap rák] 싸—라 파—ㅂ 락

□ **รักข้างเดียว** 짝사랑
[rák kâang dieow] 락 카—ㅇ 디아우

ผู้หญิงคนนั้นเป็นคนที่ฉันรักข้างเดียว
푸—잉 콘 난 뻰 콘 티— 찬 락 카—ㅇ 디아우
저 여자가 내가 짝사랑하는 사람이야.

□ **คบ** [kóp] 콥 사귀다
จะคบกับฉันไหม
짜 콥 깝 찬 마이
나랑 사귈래?

□ **รักสามเส้า** 삼각관계
[rák săam-sâo] 락 싸—ㅁ 싸오

□ **หลงรักตั้งแต่แรกพบ** 첫눈에 반하다
[lŏng rák dtâng dtàe râek póp] 롱 락 땅때— 래—ㄱ 폽

ฉันหลงรักตั้งแต่แรกพบจริงๆ
찬 롱 락 땅때— 래—ㄱ 폽 찡찡
난 정말 첫눈에 반했어.

2 가정
3 수
4 도시
5 교통
6 업무
7 쇼핑
8 스포츠/취미
9 자연

□ **แฟน** [faen] 꽤–ㄴ 애인

เราเป็นแฟนกันมานาน

라오 뻰 꽤–ㄴ 깐 마– 나–ㄴ

우리는 오래된 애인이다.

□ **แต่งงาน** 결혼하다

[dtàeng ngaan] 때–ㅇ 응아–ㄴ

□ **ไปเที่ยวฮันนีมูน** 신혼 여행

[bpai tîeow han-nee-moon]

빠이 티아우 한 니– 무–ㄴ

□ **ตั้งท้อง** [dtâng tʌ́:ng] 땅 터–ㅇ

ตั้งครรภ์ [dtâng kan] 땅 깐 임신하다

เธอตั้งท้องมาเป็นเวลา 7 เดือนแล้ว

트ㅓ– 땅 터–ㅇ 마– 뻰 웰라– 쩻 드안 래–우

그녀는 임신한 지 7개월이 되었다.

□ **การทะเลาะ** [gaan tá-lʌ́] 까–ㄴ 탈러 말다툼

ไม่เข้าใจว่าพวกเขาทะเลาะกันทุกวันเพราะอะไร

마이 카오짜이 와– 푸억 카오 탈러 깐 툭 완 프러 아라이

그들은 왜 매일 말다툼을 하는지 모르겠어.

□ **เพื่อน** [pêuan] 프안 친구

Unit 04 ความรักและการแต่งงาน ▸▸▸

관련 단어

- □ เพศเดียวกัน [pê:t dieow gan] 페-ㅅ 디아우 깐 동성
- □ เพศตรงข้าม [pê:t dtrong kâam] 페-ㅅ 뜨롱 카-ㅁ 이성
- □ รักแรก [rák râe:k] 락 래-ㄱ 첫사랑
- □ เสน่ห์ [sà-nè:] 싸네- 매력
- □ ขอแต่งงาน [kʌ̌: dtàeng ngaan] 커- 때-ㅇ 응아-ㄴ 프러포즈하다, 구혼하다
- □ บัตรเชิญงานแต่งงาน [bàt chern ngaan dtàeng ngaan] 밧 츠ㅓㄴ 응아-ㄴ 때-ㅇ 응아-ㄴ 청첩장
- □ แหวนแต่งงาน [wǎen dtàeng ngaan] 왜-ㄴ 때-ㅇ 응아-ㄴ 결혼반지
- □ คู่บ่าวสาวใหม่ [kôo bàaw sǎao mài] 쿠- 바-우 싸-우 마이
  คู่สมรสใหม่ [kôo sǒm rót mài] 쿠-쏨 롯 마이 신혼 부부
- □ คู่สมรส [kôo sǒm rót] 쿠-쏨 롯 배우자
- □ เลี้ยงเด็ก [líang dèk] 리-앙 덱 양육, 아이를 키우다
- □ ได้รู้จัก [dâai róo jàk] 다이 루- 짝 알게 되다
- □ แยกกัน [yâe:k gan] 애-ㄱ 깐 헤어지다
- □ คืนดีกัน [keun dee gan] 크-ㄴ 디- 깐 화해하다
- □ นอกใจ [nʌ̂:k jai] 너-ㄱ 짜이 바람 피우다

태국 문화 엿보기 | 태국의 혼례 풍습

　남부를 제외한 대부분 지역의 태국인들이 불교도이기 때문에, 결혼 풍습도 불교와 관련이 있다. 결혼식에는 승려를 6, 8, 10과 같이 짝수로 모시고 불경을 외워 행복을 빌고 승려를 봉양하는 의식을 갖는다.

Dialogue

A: **เพื่อนของฉันจะแต่งงานอาทิตย์นี้**
프안 커−ㅇ 찬 짜 때−ㅇ 응아−ㄴ 아−팃 니−
내 친구 이번 주에 결혼해.

B: **กับใครหรือ**
깝 크라이 르−
누구랑 하는데?

A: **กับผู้ชายที่คบกันมาเป็นเวลา 5 ปี**
깝 푸−차−이 티− 콥 깐 마− 뻰 웰라− 하− 삐−
5년 동안 사귄 남자래.

B: **อะ อิฉฉาจัง**
아 잇차− 짱
아, 정말 부럽다.

33

Unit 05

ชีวิตประจำวัน

[chee-wít bprà-jam wan] 치-윗 쁘라짬 완 **일상생활**

□ **ตื่นนอน** 잠에서 깨다

[dtèun nʌ:n] 뜨-ㄴ 너-ㄴ

□ **ตื่น(ขึ้น)** 일어나다

[dtèun (kêun)] 뜨-ㄴ (크-ㄴ)

พรุ่งนี้เช้าจะตื่นนอน 6 โมงเช้า

프룽니- 차오 짜 뜨-ㄴ 너-ㄴ 혹 모-ㅇ 차오

내일 아침에는 여섯 시에 일어나야지.

□ **แปรงฟัน** 이를 닦다

[bprae:ng fan] 쁘래-ㅇ 퐌

□ **โกนหนวด** 면도하다

[go:n nùat] 꼬-ㄴ 누엇

โดนมีดบาดคางระหว่างโกนหนวด

도-ㄴ 미-ㅅ 바-ㅅ 카-ㅇ 라와-ㅇ 꼬-ㄴ 누엇

면도하다가 턱을 베었다.

□ **ล้างหน้า** 세수하다

[láang-nâa] 라-ㅇ 나-

□ **หวีผม** 머리를 빗다

[wěe pǒm] 위- 폼

□ **ใส่เสื้อ** [sài sêua] 싸이 쓰아 옷을 입다

วันนี้จะใส่เสื้ออะไรดี

완니- 짜 싸이 쓰아 아라이 디-

오늘은 무슨 옷을 입어야 좋을까?

□ **ไปทำงาน** 출근하다
[bpai tam ngaan] 빠이 탐 응아—ㄴ
ปกติคุณพ่อไปทำงานด้วยรถเมล์
뽀까띠(빠까띠) 쿤퍼— 빠이 탐응아—ㄴ 두어이 롯메—
아버지는 보통 버스로 출근하신다.

□ **อาบน้ำ** 샤워(하다)
[àap náam] 아—ㅂ 나—ㅁ

□ **กินข้าวกลางวัน** 점심 먹다
[gin kâaw glaang-wan] 낀 카우 끌라—ㅇ 완
ฉันกินข้าวกลางวันตอน 11 โมงครึ่ง
찬 낀 카우 끌라—ㅇ 완 떠—ㄴ 씹엣 모—ㅇ 크룽
나는 열한 시 반에 점심을 먹는다.

□ **ดูโทรทัศน์** [doo to:-rá-tát] 두— 토—라탓
ดูทีวี [doo tee wee] 두— 티—위— 텔레비전을 보다
กินมันฝรั่งทอดระหว่างดูทีวี
낀 만 퐈랑 티—ㅅ 라와—ㅇ 두— 티—위—
텔레비전을 보면서 감자 칩을 먹었다.

□ **ฟังเพลง** 음악을 듣다
[fang pleng] 퐝 플레—ㅇ
วัยรุ่นส่วนใหญ่ฟังเพลงในรถไฟใต้ดิน
와이룬 쑤언 야이 퐝 플레—ㅇ 나이 롯퐈이따이딘
대부분의 젊은이들은 전철에서 음악을 듣는다.

□ **เข้านอน** 잠자리에 들다
[kâo nʌ:n] 카오 너—ㄴ

35

1 인간
2 가정
3 수
4 도시
5 교통
6 업무
7 쇼핑
8 스포츠/취미
9 자연

관련 단어

□ **เสียง** [sĭang] 씨앙 소리

□ **เสียงพูด** [sĭang pôot] 씨앙 푸�－ㅅ 목소리

□ **ฟัง** [fang] 퐝 듣다

□ **ได้ยิน** [dâai yin] 다�－이 인 들리다

□ **ดู** [doo] 두�－ 보다

□ **เห็น** [hĕn] 헨 보이다

□ **จับ** [jàp] 짭 잡다

□ **สัมผัส** [săm-pàt] 쌈 팟 만지다

□ **ลองชิม** [lʌ:ng chim] 러�－ㅇ 침 맛보다

□ **รีดผ้า** [rêet pâa] 리�－ㅅ 파�－ 다림질하다

□ **อาบน้ำ** [àap náam] 아�－ㅂ 나�－ㅁ 목욕하다

□ **เปลี่ยนเสื้อ** [bplìan sêua] 쁠리안 쓰�－아 갈아입다

□ **จัดของ** [jàt kŏ:ng] 짯 커�－ㅇ 정리하다

□ **ทำงานตอนดึก** [tam ngaan dtʌ:n-dèuk] 탐 응아�－ㄴ 떠�－ㄴ 득 밤늦게 일하다

□ **เรียนหนังสือตอนดึก** [rian năng-sĕu dtʌn-dèuk]
    리안 낭쓰 떠ᄂ 득 밤늦게 공부하다

□ **เล่นปิงปอง** [lên bping bpʌ:ng] 레�－ㄴ 삥뻐ᄋ 탁구를 치다

□ **เล่นเกมส์** [lên ge:m] 레ᄂ 께ᄆ 게임을 하다

□ **นอนหลับตอนกลางวัน** [nʌ:n làp dtʌn glaang wan]
    너ᄂ 랍 떠ᄂ 끌라ᄋ 완 낮잠을 자다

□ **เล่นเปียโน** [lên bpia no:] 레ᄂ 삐아노ᄂ 피아노를 치다

□ **โทรหา** [to: hăa] 토ᄂ 하ᄂ 전화를 걸다

2 가정
3 수
4 도시
5 교통
6 업무
7 쇼핑
8 스포츠/취미
9 자연

- □ **เรียนหนังสือ** [rian năng-sĕu] 리안 낭쓰 공부하다
- □ **อ่านหนังสือ** [àan năng-sĕu] 아–ㄴ 낭쓰– 책을 읽다
- □ **เขียนจดหมาย** [kĭan jòt măai] 키안 쫏 마–이 편지를 쓰다
- □ **เล่นชิงช้า** [lên ching cháa] 레–ㄴ 칭 차– 그네를 타다
- □ **เล่นกระดานลื่น** [lên grà daan lêun] 레–ㄴ 끄라다–ㄴ 르–ㄴ 미끄럼틀을 타다

Dialogue

A: ได้ยินเสียงอะไรบ้างไหม
다이인 씨앙 아라이 바–ㅇ 마이
무슨 소리 들리지 않니?

B: ไม่นะ ฉันได้ยินแต่เสียงพูดของเธอ
마이나 찬 다이인 때– 씨앙푸–ㅅ 커–ㅇ 트ㅓ
아니? 네 목소리밖에 안 들리는데.

A: ฟังดีๆ ดูซิ คงมีคนเล่นเปียโนอยู่ตอนดึกดื่นขนาดนี้
팡 디디–두–씨 콩 미 콘 레–ㄴ삐아노– 유– 떠–ㄴ 득 카나–ㅅ 니–
잘 들어 봐. 이 밤중에 누가 피아노를 치는 거 같은데.

B: อ๋อ เสียงนั้นฉันได้ยินตั้งแต่เมื่อกี้แล้ว
어– 씨앙 난 찬 다이 인 땅때– 므아 끼– 래우
아, 저 소리는 조금 아까부터 들렸어.

การทำงานของอวัยวะ

[gaan tam ngaan kǎ:ng a-wa-ya-wá] 까-ㄴ 탐 응아-ㄴ 커-ㅇ아와야와 **생리 현상**

□ **ไอ** [ai] 아이 기침하다

เขาไอตลอด

카오 아이 딸러-ㅅ

그는 항상 기침을 한다.

□ **ถอนใจ** 한숨 짓다

[tǎ:n jai] 터-ㄴ 짜이

□ **จาม** 재채기

[jaam] 짜-ㅁ

□ **เหงื่อ** [ngèua] 응어- 땀

ทำไมเหงื่อออกมากอย่างนี้

탐마이 응어- 어-ㄱ 마-ㄱ 야-ㅇ 니-

왜 이렇게 땀이 많이 나지?

□ **ตด** [dtòt] 뜻

ผายลม [pǎi lom] 파-이 롬 방귀

□ **น้ำตา** [nám dtaa] 남 따- 눈물

หน้าของเด็กเปื้อนด้วยน้ำตา

나- 커-ㅇ 덱 쁘안 두어이 남 따-

아기 얼굴이 눈물로 얼룩져 있다.

□ **ฉี่** [chèe] 치-

ปัสสาวะ [bpàt sà-wà] 빳싸와 소변

□ **ขี้** [kêe] 키-

อุจจาระ [ùt-jaa-rǎ] 웃짜라 대변

2 가정
3 수
4 도시
5 교통
6 업무
7 쇼핑
8 스포츠/취미
9 자연

관련 단어

- □ หายใจ [hǎai-jai] 하–이 짜이 호흡하다, 숨을 쉬다
- □ ร้องไห้ [rʌ́:ng-hâi] 러–ㅇ 하이 울다
- □ หาว [hǎaw] 하–우 하품
- □ บิดขี้เกียจ [bìt kêe gìat] 빗 키– 끼얏 기지개 켜다
- □ สะอึก [sà-èuk] 싸윽 딸꾹질
- □ เรอออก [rer ʌ̀:k] 르ㅓ–어–ㄱ 트림을 하다
- □ น้ำลาย [nám-laai] 남 라–이 침, 타액
- □ ความฝัน [kwaam fǎn] 콰–ㅁ 퐌 꿈
- □ ฝัน [fǎn] 퐌 꿈을 꾸다

Dialogue

A: เมื่อคืนฉันฝันทะเลาะกับเธอ
므아 크–ㄴ 찬 퐌 탈러 깝 트ㅓ
나 어젯밤에 너랑 싸우는 꿈 꿨어.

B: ปกติมีความรู้สึกไม่ดีต่อฉันอะไรบ้างหรือ
뽀까띠(빠까띠) 미– 콰–ㅁ 루–쓱 마이 디– 떠– 찬 아라이 바–ㅇ 르–
평소에 나한테 무슨 나쁜 감정이 있었나 보지?

A: ไม่รู้ซิ อาจเป็นเพราะอย่างนั้นก็ได้
마이 루– 씨 아–ㅅ 뻰 프러 야–ㅇ 난 꺼– 다이
글쎄, 혹시 그럴지도….

นิสัย · กริยาท่าทาง

[ní-săi · grì-yaa tâa taang] 니싸이 · 끄리야ー타ー타ー ㅇ **성격 · 태도**

 ↔

☐ **ระมัดระวัง** 주의 깊다
[rá-mát-rá-wang] 라맛라왕

☐ **ไม่ระมัดระวัง** 부주의하다
[mâi rá-mát-rá-wang] 마이 라맛라왕

☐ **พูดมาก** 수다스럽다
[pôot mâak] 푸ー ㅅ 마ー ㄱ

เขาพูดมากเกินไป
카오 푸ー ㅅ 마ー ㄱ 끄ㅓ ㄴ 빠이
그 사람은 너무 수다스럽다.

☐ **ขยัน** [kà-yăn] 카얀 부지런하다

พี่สาวของฉันเป็นคนขยันมาก
피ー싸ー우 커ー ㅇ 찬 뻰 콘 카얀 마ー ㄱ
우리 언니는 무척 부지런하다.

☐ **ไม่มีมารยาท** 무례하다
[mâi mee maa-rá-yâat] 마이 미ー 마ー라야ー ㅅ

☐ **มีความอดทน** 인내심이 있다
[mee kwaam òt ton] 미ー 콰ー ㅁ 옷 톤

☐ **อาย** 부끄럽다
[aai] 아ー이

관련 단어

- □ **ใจดี** [jai dee] 짜이 디- 친절하다
- □ **มีบริสุทธิ์ใจ** [mee kwaam bʌ-rí-sùt jai] 미- 콰-ㅁ 버리쑷 짜이 순수하다
- □ **หวาดกลัว** [wàat glua] 와-ㅅ 끌루아 겁이 많다
- □ **มีความกล้า** [mee kwaam glâa] 미- 콰-ㅁ 끌라- 용감하다
- □ **มีสติปัญญา** [mee sà-dtì bpan-yaa] 미- 싸띠 빤야- 지혜롭다
- □ **ซื่อสัตย์** [sêu sàt] 쓰- 쌋 정직하다
- □ **ขี้เกียจ** [kêe gìat] 키- 끼앗 게으르다
- □ **เบื่อ** [bèua] 브아 지루하다
- □ **โง่** [ngô:] 응오- 어리석다
- □ **ถ่อมตัว** [tʌ̀:m dtua] 터-ㅁ 뚜아 겸손하다
- □ **มีมารยาท** [mee maa-rá-yâat] 미- 마-라야-ㅅ 예의바르다
- □ **ใจกว้าง** [jai gwâang] 짜이 꽈-ㅇ 관대하다
- □ **ระเอียด** [rá ìat] 라이앗 섬세하다
- □ **เชื่อใจได้** [chêua jai dâai] 츠아 짜이 다이 믿을 수 있다
- □ **เห็นแก่ตัว** [hĕn gàe: dtua] 헨 깨- 뚜아 이기적이다
- □ **ฝืนใจ** [fĕun jai] 프-ㄴ 짜이 마지못해 하다

Dialogue

A: **เจ้าของร้านนั้นใจดีจัง**
짜오 커-ㅇ 라-ㄴ 난 짜이 디- 짱
저 가게 주인 참 친절하더라.

B: **นั่นสิ ฉันเองก็คิดอย่างนั้นด้วย**
난씨 찬 에-ㅇ 꺼- 킷 야-ㅇ 난 두어이
그래, 나도 그렇게 생각했어.

2 가정
3 수
4 도시
5 교통
6 업무
7 쇼핑
8 스포츠/취미
9 자연

รูปร่างภายนอก

[rôop râang paai nʌ̂k] 루-ㅂ 라-ㅇ 파-이 너-ㄱ **외모**

□ **น้ำหนัก** 몸무게
[náam nàk] 나-ㅁ 낙

□ **อ้วน** [ûan] 우안 뚱뚱하다
□ **ผอม** [pʌ̌:m] 퍼-ㅁ 여위다, 마르다

□ **ความสูง** 키, 신장
[kwaam sǒong] 콰-ㅁ 쑤-ㅇ

คุณความสูงเท่าไรครับ / คะ
쿤 콰-ㅁ 쑤-ㅇ 타오라이 크랍 / 카
키가 얼마나 되세요?

□ **สูง** [sǒong] 쑤-ㅇ 키가 크다
□ **เตี้ย** [dtîa] 띠아 키가 작다

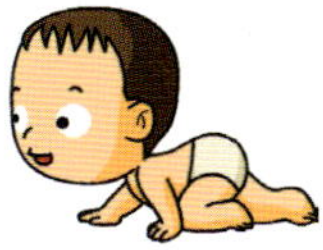

□ **น่ารัก** 귀엽다
[nâa rák] 나- 락

เด็กคนนั้นน่ารักจัง
덱 콘 난 나- 락 짱
저 아이, 무척 귀엽네.

□ **เปรี้ยว** 섹시하다
[bprîeow] 쁘리아우

□ **มีเสน่ห์** 매력적이다
[mee sà-nè:] 미- 싸네-

□ **สวย** 아름답다, 예쁘다
[sǔai] 쑤어이

□ หัวล้าน 대머리
[hŭa láan] 후아 라-ㄴ

□ ผมตรง 생머리
[pŏm dtrong] 폼 뜨롱

□ ผมหยิก 곱슬머리
[pŏm yìk] 폼 익

관련 단어

□ ผมดัด [pŏm dàt] 폼 닷 파마머리

□ ผม มัด [pŏm mát] 폼 맛 묶은 머리

□ ผมหงอก [pŏm ngʌ̀:k] 폼 응어-ㄱ 흰머리

□ ไม่แสดงออกหน้า [mâi sà-daeng ʌ̀:k nâa]
마이 싸대-ㅇ 어-ㄱ 나- 포커페이스, 무표정하다

□ เหม่อ [mèr] 므ㅓ- 멍하다

□ สายตา [săai dtaa] 싸-이 따- 눈빛, 눈초리

□ ลักษณะหน้าตา [lák-sà-ná nâa dtaa] 락싸나 나- 따- 인상

□ สีหน้า [sĕe-nâa] 씨- 나- 표정

□ หุ่นดี [hùn dee] 훈 디- 몸매가 좋다

□ เท่ [tê:] 테- 멋지다, 잘생기다

□ ดูดี [doo dee] 두- 디- 보기 좋다

Dialogue

A: การดัดผมทรงนี้จะเหมาะกับฉันหรือเปล่า
까-ㄴ 닷 폼 쏭 니- 짜 머 깝 찬 르 쁠라오
이런 스타일의 파마머리가 나한테 어울릴까?

B: อืม น่าจะโอเคนะ
으-ㅁ 나- 짜 오-케-나
응, 괜찮을 거 같아.

ความรู้สึก [kwaam róo sèuk] 콰-ㅁ 루- 쓱 감정①

□ **มีความสุข** 행복하다

[mee kwaam sùk] 미- 콰-ㅁ 쑥

เราเป็นครอบครัวที่มีความสุข

라오 뻰 크러-ㅂ크루아 티- 미- 콰-ㅁ 쑥

우리는 행복한 가족이에요.

□ **เศร้าใจ** [sâo jai] 싸오 짜이 슬프다

อย่าเสียใจมาก เพราะเลิกคบกับเขา

야- 싸오짜이 마-ㄱ 프러 르-ㄱ 콥 깝 카오

그 사람과 헤어졌다고 너무 슬퍼하지 말아요.

□ **ร้อน** [rʌ́:n] 러-ㄴ 덥다

ไม่อยากออกจากบ้านเพราะร้อน

마이 야-ㄱ 어-ㄱ 짜-ㄱ 바-ㄴ 프러 러-ㄴ

더워서 밖에 나가기 싫다.

□ **หนาว** 춥다

[nǎaw] 나-우

□ **หิวน้ำ** 목마르다

[hǐw náam] 히우 나-ㅁ

□ **เหนื่อย** 피로하다

[nèuai] 느아이

□ **โกรธ** [grò:t] 끄로-ㅅ 화내다

เมื่อท่านประธานโกรธน่ากลัวจริงๆ

므아 타-ㄴ쁘라타-ㄴ 끄로-ㅅ 나- 끌루아 찡찡

사장님이 화내시면 정말 무서워.

□ หิวข้าว 배고프다
[hǐw kâaw] 히우 카-우

□ อิ่ม [ìm] 임 배부르다

□ อาย [aai] 아-이 부끄럽다, 창피하다

□ ตกใจ [dtòk jai] 똑 짜이 놀라다

관련 단어

□ สนุก [sà-nùk] 싸눅 재미있다
□ สับสน [sàp-sǒn] 쌉쏜 헷갈리다
□ เสียใจ [sǐa jai] 씨아 짜이 실망하다
□ กลัว [glua] 끌루아 무섭다
□ ดีใจ [dee jai] 디- 짜이 기쁘다
□ เหงา [ngǎo] 응아오 쓸쓸하다, 외롭다
□ ง่วงนอน [ngûang nʌ:n] 응우엉 너-ㄴ 졸리다

Dialogue

A: เธอดูเหนื่อยนะ
트ㅓ 두- 느아이 나
너 피곤해 보이는데?

B: เพราะเรียนหนังสือทั้งคืนเพื่อเตรียมสอบครับ/ค่ะ
프러 리안 낭쓰 탕 크-ㄴ 프아 뜨리암 써-ㅂ 크랍/카
시험 공부하느라 밤샜거든요.

2 가정
3 수
4 도시
5 교통
6 업무
7 쇼핑
8 스포츠/취미
9 자연

ความรู้สึก [kwaam róo sèuk] 콰-ㅁ 루- 쓱 감정②

□ **สติปัญญา** 지혜

[sà-dtì bpan-yaa] 싸띠 빤야-

เขาเป็นคนมีสติปัญญา

카오 뻰 콘 미-싸띠 빤야-

그는 지혜가 있는 사람이다.

□ **ร่าเริง** 즐거움

[râa-rerng] 라- 르ㅓㅇ

□ **ความรู้สึกเศร้า** 슬픔

[kwaam róo sèuk sâo] 콰-ㅁ 루- 쓱 싸오

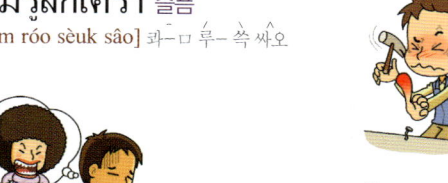

□ **ความหมดหวัง** 절망

[kwaam mòt wăng] 콰-ㅁ 못 왕

□ **ความกล้าหาญ** 용기

[kwaam-glâa-hăan] 콰-ㅁ 끌라- 하-ㄴ

□ **ความรู้สึกกลัว** 두려움

[kwaam róo sèuk glua] 콰-ㅁ 루- 쓱 끌루아

จงอย่ากลัวการเปลี่ยนแปลง

쫑 야- 끌루아 까-ㄴ 쁠리안 쁠래-ㅇ

변화를 두려워하지 마세요.

□ **เจ็บปวด** 아픔

[jèp bpùat] 쩹 뿌엇

□ **ความรัก** 사랑

[kwaam rák] 콰-ㅁ 락

ฉันรักเสรีภาพ

찬 락 쎄-리-파-ㅂ

나는 자유를 사랑한다.

□ การยั่วยวน 유혹
[gaan yûa yuan] 까-ㄴ 유아 유안

□ เสรีภาพ 자유
[sě-ree pâap] 쎄-리-파-ㅂ

관련 단어

- □ หวัง [wǎng] 왕 희망하다
- □ ประทับใจ [bprà-táp jai] 쁘라탑 짜이 감탄하다
- □ ใจดี [jai dee] 짜이 디- 친절하다
- □ ขอบคุณ [kʌ̀:p kun] 커-ㅂ 쿤 감사하다
- □ จริงใจ [jing jai] 찡 짜이 진실하다
- □ ซื่อสัตย์ [sêu sàt] 쓰- 쌋 정직하다
- □ พอใจ [pʌ: jai] 퍼- 짜이 만족스럽다
- □ สงบสุข [sàng-òp-sùk] 쌍옵 쑥 평화, 평온하다
- □ กังวลใจ [gang-won jai] 깡원 짜이 불안하다, 걱정하다
- □ ท้อใจ [tʌ́: jai] 터- 짜이 후회하다
- □ เกลียด [glìat] 끌리앗 증오하다, 싫어하다

Dialogue

A: อย่าท้อใจทีหลัง และตั้งใจเรียนหนังสือตอนนี้
야- 터-짜이 티-랑 래 땅짜이 리안 낭쓰- 떠-ㄴ 니-
나중에 후회하지 말고, 지금 열심히 공부해라.

B: พูดแต่ให้เรียนทุกวันๆ ไม่อยากฟังจริงๆ
푸-ㅅ 때- 하이 리안 툭완 툭완 마이 야-ㄱ 퐝 찡찡
매일 공부하라는 소리, 정말 듣기 싫어요!

1 인간
2 가정
3 수
4 도시
5 교통
6 업무
7 쇼핑
8 스포츠/취미
9 자연

복습문제

Self Test

1 다음 인체 부위의 이름을 태국어로 적어 보세요.

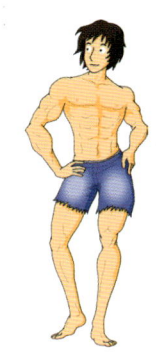

a) 눈, 코, 입, 귀, 혀

b) 어깨, 팔, 손가락, 다리, 무릎

2 다음 단어의 뜻을 써보세요.

ครอบครัว ____________ แต่งงาน ____________

เรียนหนังสือ ____________ ขอบคุณ ____________

มีความสุข ____________ ร้องไห้ ____________

3 다음 빈칸에 알맞은 태국어를 써넣어 보세요.

a) 나는 누나 한 명과 남동생 둘이 있다.
ฉันมี ________ หนึ่งคน และ ____________ สองคน

b) 사위란 딸의 남편을 말한다.
________ หมายถึง __________ ของลูกสาว

c) 내가 어린 시절에 ตอนที่ฉันยังเป็น____________

d) 그들은 신혼부부이다. พวกเขาเป็น ____________

e) 인생은 행복하다. __________ มีความสุข

f) 탄생과 죽음 ____________ และ________

g) 삼각 관계 ____________

h) 당신과 결혼하고 싶어요. ดิฉันอยาก____________กับคุณ

4 다음 단어의 뜻을 써보세요.

อาบน้ำ ____________　　　เพื่อน ____________

ร่างกาย ____________　　　หิวข้าว ____________

5 다음 그림과 단어를 연결해 보세요.

ผอม　　น้องชาย　　อ้วน　　โกรธ　　น้ำตา

6 다음 빈칸에 알맞은 태국어를 써넣어 보세요.

a) 조심해요! ____________ ซิครับ/คะ!

b) 이기적인 여자 ผู้หญิง ____________

c) 무례하지 않고 예의바른 คน____________

7 다음을 해석해 보세요.

เด็กชายที่สูง ____________________

เด็กหญิงคนน่ารัก ____________________

คนหัวล้าน ____________________

8 다음 빈칸에 알맞은 태국어를 써넣어 보세요.

a) 나는 무척 목이 마릅니다. ดิฉัน_______มาก

b) 슬픈 영화 หนังเรื่อง _______

c) 그는 재미있는 사람이다. เขาเป็นคน____

d) 친절히 대해주셔서 감사드립니다.
ขอบคุณที่คุณดูแลผมอย่าง______________

e) 전쟁과 평화 สงครามและ _______

정답

1 a) ตา จมูก ปาก หู ลิ้น
b) บ่า แขน นิ้วมือ ขา เข่า

2 가족 결혼 공부하다 감사하다 행복하다 울다

3 a) พี่สาว น้องชาย b) ลูกเขย ลูกสาว c) เด็ก d) คู่บ่าวสาวใหม่
e) ชีวิต f) การเกิด การเสียชีวิต g) รักสามเส้า h) แต่งงาน

4 샤워하다 친구 신체 배고프다

5 눈물 - น้ำตา 남동생 - น้องชาย 화나다 - โกรธ
뚱뚱하다 - อ้วน 마르다 - ผอม

6 a) ระวัง b) เห็นแก่ตัว c) ไม่มีมารยาท

7 키 큰 소년 귀여운 소녀 대머리인 사람

8 a) หิวน้ำ b) เศร้า c) ตลก d) ใจดี e) สันติภาพ

1 인간

2 가정

3 수

4 도시

5 교통

6 업무

7 쇼핑

8 스포츠/취미

9 자연

Theme ②

→ **บ้านเรือน** [bâan reuan] 바-ㄴ 르안 **가정**

บ้าน [bâan] 바̂ーㄴ 집

□ **บ้าน** [bâan] 바̂ーㄴ 주택

เป็นบ้านที่ดูดีนะครับ/คะ
뻰 바ーㄴ 티ー 두ー 디ー 나 크랍/카̀
참 멋진 주택이군요.

□ **เจ้าของบ้าน** 집주인

[jâo kǎ:ng bâan] 짜̂오 커̌ーㅇ 바̂ーㄴ

โชคดีที่คราวนี้ได้เจอเจ้าของบ้านคนดี
초̄ーㄱ디ー 티ー 크라우 니́ー 다̂이 쯔어̄ー
짜̂오커̌ーㅇ바̂ーㄴ 콘 디ー
이번엔 좋은 집주인을 만나서 다행이야.

□ **คนเช่าบ้าน** 세입자

[kon châo bâan] 콘 차̀오 바̂ーㄴ

□ **ค่าเช่าบ้าน** 집세

[kâa châo bâan] 카̀ー 차̀오 바̂ーㄴ

ค่าเช่าบ้านเท่าไรครับ/คะ
카̀ー 차̀오 바̂ーㄴ타̂오라이 크랍/카̀
집세는 얼마예요?

□ **ให้เช่า** [hâi châo] 하̂이 차̀오 임대하다

2 가정
3 수
4 도시
5 교통
6 업무
7 쇼핑
8 스포츠/취미
9 자연

관련 단어

- □ **ที่อยู่อาศัย** [têe yòo aa-sǎi] 티-유-아-싸이 거주지
- □ **ที่อยู่** [têe yòo] 티-유- 주소
- □ **ย้ายบ้าน** [yáai bâan] 야-이 바-ㄴ 이사하다
- □ **อสังหาริมทรัพย์** [à-sǎng-hǎa-rim-má-sáp] 아쌍하-림마쌉 부동산
- □ **ค่ามัดจำ** [kâa mát-jam] 카- 맛 짬 보증금
- □ **สร้างปรับปรุง** [sâang bpràp bprung] 싸-ㅇ 쁘랍 쁘룽 재건하다
- □ **บ้านเดียว** [bâan dieow] 바-ㄴ 디야우 단독주택
- □ **อพาร์ทเมนท์** [a-páat-men] 아 파-ㅅ 멘 원룸형 오피스텔
- □ **คอนโดมิเนียม** [kʌn-do:-mí-niam] 컨도-미니암
  아파트 ['คอนโด'(컨도)라고도 함]
- □ **น้ำประปา** [nám bprà-bpaa] 나-ㅁ 쁘라빠- 수도
- □ **การไฟฟ้า** [gaan fai-fáa] 까-ㄴ 퐈이 퐈- 전기
- □ **แก๊ส** [gáes] 깨-ㅅ 가스

Dialogue

A: **บ้านหลังนี้สร้างปรับปรุงเมื่อไรครับ/คะ**
바-ㄴ 랑 니- 싸-ㅇ 쁘랍 쁘룽 므아라이 크랍/카
이 집은 언제 개축한 거예요?

B: **เมื่อปีที่แล้ว หลังจากเจ้าของบ้านคนเก่าย้ายออก ก็สร้างปรับปรุงทันทีครับ/ค่ะ**
므아 삐- 티- 래우 랑짜-ㄱ 짜오 커-ㅇ 바-ㄴ 콘 까오 야-이 어-ㄱ 꺼 싸-ㅇ 쁘랍 쁘룽 탄티- 크랍/카
작년에 전 집주인이 이사 가고 나서 바로 고쳤어요.

ข้างนอกบ้าน [kâang nʌ̂:k bâan] 카-ㅇ 너-ㄱ 바-ㄴ 주택 외부

❶ หลังคา [lǎng-kaa] 랑 카- 지붕

❷ หน้าต่าง [nâa-dtàang] 나- 따-ㅇ 창문

❸ ผนัง [pà-nǎng] 파낭 벽

❹ ประตูหน้าบ้าน [bprà-dtoo nâa bâan] 쁘라뚜- 나- 바-ㄴ 현관

❺ ประตู [bprà-dtoo] 쁘라뚜- 문

❻ กริ่ง [grìng] 끄링 초인종

❼ สนามหญ้า [sà-nǎam yâa] 싸나-ㅁ 야- 잔디

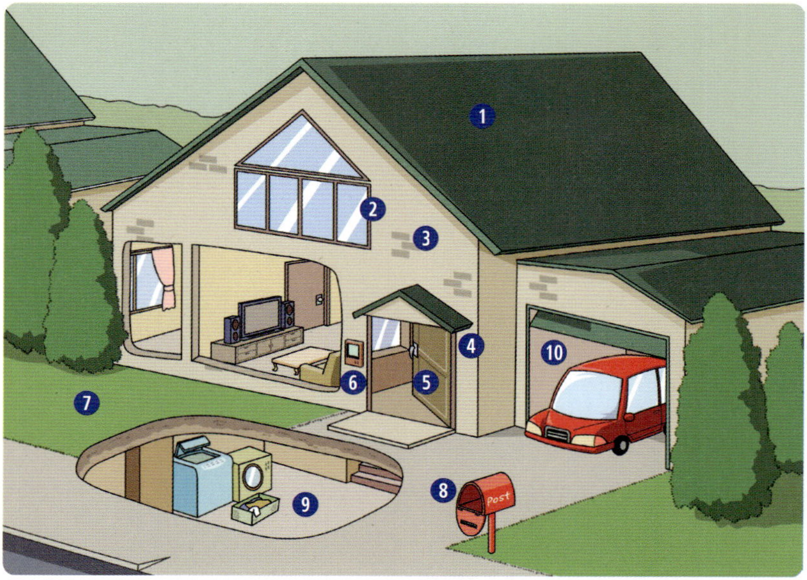

❽ ตู้รับจดหมาย [dtôo ráp jòt mǎai] 뚜- 랍 쫏 마-이 우편함

❾ ห้องใต้ดิน [hâ:ng dtâi din] 허-ㅇ 따이 딘 지하실

❿ โรงรถ [ro:ng rót] 로-ㅇ 롯 차고

관련 단어

- □ รั้ว [rúa] 루아
  กำแพง [gam-paeng] 깜패-ㅇ 울타리, 담장
- □ ป้ายชื่อหน้าประตู [bpâai chêu nâa bprà-dtoo]
  빠-이 츠- 나- 쁘라뚜- 문패
- □ ลานหน้าบ้าน [laan nâa bâan] 라-ㄴ 나- 바-ㄴ 앞마당
- □ สวน [sǔan] 쑤안 정원
- □ ระเบียง [rá-biang] 라 비아-ㅇ 베란다
- □ โกดัง [go: dang] 꼬-당 창고
- □ บันได [ban-dai] 반다이 계단

Dialogue

A: มีเสียงกดกริ่ง ลองไปดูซิ
미- 씨-앙 꼿 끄링 러-ㅇ 빠이 두- 씨
초인종 소리가 나는데, 좀 나가 봐.

B: ฉันไปไม่ได้หรอก เธอไปดูเองซิ
찬 빠이 마이 다이 러-ㄱ 트ㅓ- 빠이 두- 에-ㅇ 씨
난 지금 못 가, 네가 나가 봐.

A: ฉันกำลังล้างจานอยู่ไง
찬 깜랑 라-ㅇ 짜-ㄴ 유- 응아이
난 지금 설거지하고 있잖아.

2 가정
3 수
4 도시
5 교통
6 업무
7 쇼핑
8 스포츠/취미
9 자연

ห้องรับแขก [hâ:ng ráp kàek] 허-ㅇ 랍 캐-ㄱ 거실

1. ผ้าม่าน [pâa mâan] 파- 마-ㄴ 커튼
2. พัดลม [pát lom] 팟 롬 선풍기
3. เครื่องดูดฝุ่น [krêuang dòot fùn] 크르앙 두-ㅅ 푼 진공청소기
4. โต๊ะรับแขก [dtó ráp kàe:k] 또 랍 캐-ㄱ 탁자, 테이블
5. เก้าอี้โซฟา [gâo-êe so:-faa] 까오 이- 쏘- 퐈- 소파
6. พรม [prom] 프롬 양탄자
7. พื้นกระดาน [péun grà daan] 프-ㄴ 끄라 다-ㄴ 마루
8. ถังขยะ [tăng-kà-yà] 탕 카야 쓰레기통

□ **โทรทัศน์** [to:-rá-tát] 토−라 탓
ทีวี [tee wee] 티− 위− 텔레비전

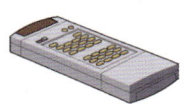

□ **รีโมท(คอนโทรล)** 리모컨
[ree mò:t (kʌn-tro:n)] 리−모−ㅅ (커−ㄴ 트로−ㄴ)
รีโมทตัวนี้ทำงานไม่ค่อยได้
리−모−ㅅ 뚜아 니− 탐응아−ㄴ 마이 커−이 다이
기 리모컨이 잘 작동되지 않는다.

□ **รูปถ่าย** 사진
[rôop tàai] 루−ㅂ 타−이

□ **นาฬิกาแขวน** 벽시계
[naa-lí-gaa kwǎen] 나−ㄹ리까− 퀘−ㄴ

1 인간
2 가정
3 수
4 도시
5 교통
6 업무
7 쇼핑
8 스포츠/취미
9 자연

━ **관련 단어**

□ **เพดาน** [pe:-daan] 페− 다−ㄴ 천장

□ **เสา** [sǎo] 싸오 기둥

□ **ตู้หนังสือ** [dtôo nǎng-sěu] 뚜− 낭쓰− 책장

□ **รูปภาพ** [rôop pâap] 루−ㅂ 파−ㅂ 그림

□ **ที่รองพื้น** [têe rʌng péun] 티− 러−ㅇ 프−ㄴ 깔개, 매트

Dialogue

A: **สาวคนในรูปถ่ายนี้เป็นใคร**
싸−우 콘 나이 루−ㅂ 타−이 니− 뻰 크라이
사진 속의 이 젊은 여자분은 누구야?

B: **เป็นแม่ฉันตอน 20 ปีก่อน**
뻰 매− 찬 떠−ㄴ 이−씹 삐− 꺼−ㄴ
20년 전의 우리 엄마야.

ห้องครัว [hâ:ng krua] 허-ㅇ 크루아 주방

□ อ่างล้างจาน 싱크대
[àang láang jaan] 아-ㅇ 라-ㅇ 짜-ㄴ

□ ตู้เย็น 냉장고
[dtôo yen] 뚜- 옌

□ ตู้กับข้าว 찬장
[dtôo gàp kâao] 뚜- 깝 카-우

□ กาน้ำ 주전자
[gaa náam] 까- 나-ㅁ

□ หม้อหุงข้าว 전기밥솥
[mâ hŭng kâaw] 머- 훙 카-우

□ กระทะ 프라이팬
[grà-tá] 끄라 타

□ หม้อ [mâ:] 머 - 냄비

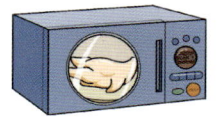

□ ไมโครเวฟ 전자레인지
[mai-kro:-wé:f] 마이 크로- 웨-ㅍ

□ เครื่องปิ้งขนมปัง 토스터
[krêuang bpîng kà-nŏm bpang] 크르앙 삥 카놈 빵

ปิ้งขนมปังด้วยเครื่องปิ้งขนมปังแล้วกินกับกาแฟกันเถอะ
삥 카놈 빵 두어이 크르앙 삥 카놈 빵래우 낀 깝 까-풰- 깐 트ㅓ
토스터에 빵을 구워 커피랑 먹자.

□ **แก้ว** [gâe:w] 깨^우 컵

ฉันเห็นแก้วใบสวยที่ไรก็อยากซื้อใบนั้นทุกครั้ง

찬 헨–ㄴ 깨–우 바이 쑤아이 티–라이 꺼– 야–ㄱ 쓰– 바이 난 툭 크랑

나는 예쁜 컵만 보면 사고 싶다.

□ **จาน** 접시
[jaan] 짜–ㄴ

□ **ชาม** [chaam] 차–ㅁ
ถ้วย [tûai] 투아이 그릇

□ **มีดทำอาหาร** 식칼
[mêet tam aa-hǎan] 미–ㅅ 탐 아–하–ㄴ

□ **เขียง** [kǐang] 키–앙 도마

□ **ทัพพี** 국자
[táp pee] 탑 피–

○ 관련 단어

┌ □ **เตาอบ** [dtao òp] 따오 옵 오븐

│ □ **ผ้าเช็ดเครื่องครัว** [pâa chét krêuang krua] 파– 쳇 크르앙 크루아 행주

│ □ **ฝา** [fǎa] 퐈– 뚜껑

│ □ **ช้อน** [chɔ́:n] 처–ㄴ 숟가락

│ □ **ตะเกียบ** [dtà-gìap] 따 끼–압 젓가락

│ □ **มีด** [mêet] 미–ㅅ 나이프

└ □ **ส้อม** [sɔ̂:m] 써–ㅁ 포크

Dialogue

A: **ช่วยล้างโต๊ะอาหารด้วยผ้าเช็ดเครื่องครัวได้ไหม**

추어이 라–ㅇ 또 아–하–ㄴ 두어이 파– 쳇 크르앙 크루아 다이 마이

행주로 식탁 좀 닦아줄래?

B: **ล้างเสร็จแล้วค่ะ และกำลังวางช้อนอยู่ค่ะ**

라–ㅇ 쎗 래–우 카 래 깜랑 와–ㅇ 처–ㄴ 유– 카

벌써 닦았어요. 그리고 지금 숟가락 놓고 있어요.

59

ห้องน้ำ [hʌ̂:ng náam] 허-ㅇ 나-ㅁ 욕실

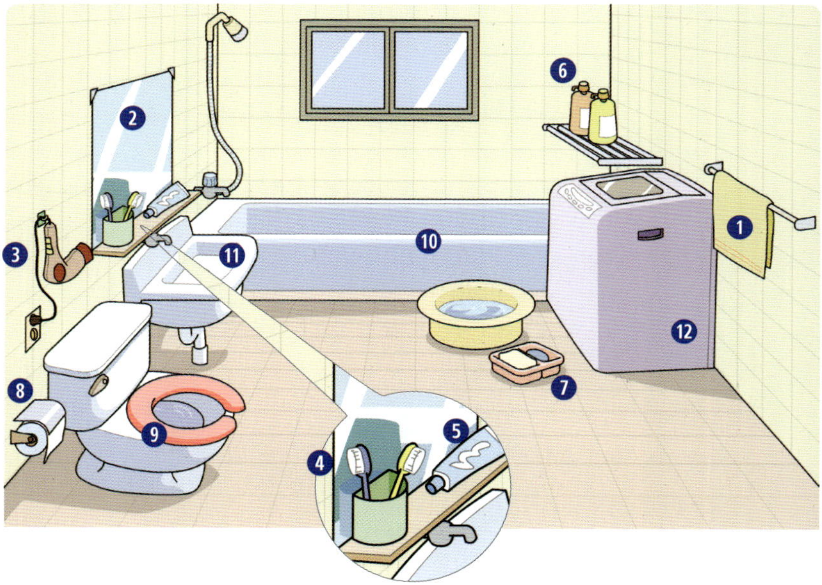

❶ ผ้าเช็ดหน้า [pâa chét nâa] 파- 쳇 나- 수건 (얼굴용)
ผ้าเช็ดตัว [pâa chét dtua] 파- 쳇 뚜아 타월 (전신용)

❷ กระจก (ส่องหน้า) [grà-jòk (sʌ̀:ng nâa)] 끄라쪽(써-ㅇ 나-) 거울

❸ เครื่องเป่าแห้ง [krêuang bpào hâe:ng] 크르앙 빠오 해-ㅇ 헤어드라이어

❹ แปรงสีฟัน [bpraeng sĕe fan] 쁘래-ㅇ 씨- 퐌 칫솔

❺ ยาสีฟัน [yaa sĕe fan] 야- 씨- 퐌 치약

❻ แชมพู(สระผม) [chaem poo (sà pŏm)] 채-ㅁ 푸- (싸 폼) 샴푸
ครีมนวดผม [kreem nûat pŏm] 크리-ㅁ 누앗 폼 린스

❼ สบู่ [sà-bòo] 싸 부- 비누

8 กระดาษชำระ [grà-dàat cham-rá] 끄라다-ㅅ 참 라 화장지

9 โถส้วม [tŏ:-sûam] 토- 쑤암
ชักโครก [chák krô:k] 착 크로-ㄱ 변기

10 อ่างอาบน้ำ [àang àap náam] 아-ㅇ 아-ㅂ 나-ㅁ 욕조

11 อ่างล้างหน้า [àang láang nâa] 아-ㅇ 라-ㅇ 나- 세면대

12 เครื่องซักผ้า [krêuang sák pâa] 크르앙 싹 파- 세탁기

관련 단어

- □ เสื้อคลุม(อาบน้ำ) [sêua klum (àap náam)] 쓰아 클룸 (아-ㅂ 나-ㅁ) 목욕 가운
- □ สระผม [sà pŏm] 싸 폼 머리를 감다
- □ น้ำซักผ้า [náam sák pâa] 나-ㅁ 싹 파- 세탁물
- □ ผงซักผ้า [pŏng sák pâa] 퐁 싹 파- 세제
- □ ฟอง [fʌ:ng] 풔-ㅇ 거품
- □ ไม้หนีบผ้า [máai nèep pâa] 마이 니-ㅂ 파- 빨래집게
- □ ก๊อกน้ำ [gʌ́k náam] 꺽 나-ㅁ 수도꼭지
- □ รูท่อน้ำ [roo tʌ̂: náam] 루- 터- 나-ㅁ 배수구

Dialogue

A: แม่ครับ แชมพูหมดแล้วครับ
매- 크랍 채-ㅁ푸- 못 래우 크랍
엄마, 샴푸가 다 떨어졌어요.

B: เหรอจ๊ะ รู้สึกซื้อมาไม่นาน
르ㅓ-짜 루-쓱 쓰- 마- 마이 나-ㄴ
그래? 새로 산 지 얼마 안 된 거 같은데.

1 인간 2 가정 3 수 4 도시 5 교통 6 업무 7 쇼핑 8 스포츠/취미 9 자연

Unit 06

ห้องนอน [hɔ̂ːng nɔ̂ːn] 허-ㅇ 너-ㄴ 침실

❶ เตียง [dtiang] 띠-앙 침대

❷ หมอน [mɔ̌ːn] 머-ㄴ 베개

❸ ผ้าปูที่นอน [pâa bpoo têe nɔ̂ːn] 파- 뿌- 티- 너-ㄴ 침대보

❹ ผ้าห่ม [pâa hòm] 파- 홈 이불

❺ ไฟตั้งโต๊ะ [fai dtâng dtó] 퐈이 땅 또 스탠드

❻ โต๊ะทำงาน [dtó tam ngaan] 또 탐 응아-ㄴ 책상

❼ เก้าอี้ [gâo-êe] 까오 이- 의자

❽ ตู้เก็บ [dtôo gèp] 뚜- 껩 서랍장, 수납장

관련 단어

- □ นาฬิกาปลุก [naa-lí-gaa bplùk] 나-ㄹ리까-쁠룩 알람시계
- □ เครื่องปรับความชื้น [krêuang bpràp kwaam chéun] 크르앙 쁘랍 콰-ㅁ 츠-ㄴ 가습기
- □ ตู้เก็บเสื้อผ้า [dtôo gèp sêua pâa] 뚜- 껩 쓰아 파- 옷장
- □ โต๊ะเครื่องสำอาง [dtó krêuang săm-aang] 또 크르앙 쌈 아-ㅇ 화장대
- □ ลิ้นชัก [lín chák] 린 착 서랍
- □ เตียงเดียว [dtiang diaw] 띠-앙 디아우
  เตียง 3 ฟุต [dtiang săam fút] 띠-앙 싸-ㅁ 풋 싱글베드, 1인용 침대
- □ เตียงควีนไซส์ [dtiang kween sai] 띠-앙 퀴-ㄴ 싸이-ㅅ
  เตียง 5 ฟุต [dtiang hâa fút] 띠-앙 하- 풋 더블베드(퀸 사이즈)
- □ เตียงคิงไซส์ [dtiang king sai] 띠-앙 킹 싸이-ㅅ
  เตียง 6 ฟุต [dtiang hòk fút] 띠-앙 혹 풋 더블베드(킹 사이즈)
- □ เตียง 2 ชั้น [dtiang sɤ̌:ng chán] 띠-앙 써-ㅇ 찬 2단 침대

Dialogue

A: ห้องสกปรกมาก
허-ㅇ 쏙까쁘록 마-ㄱ
방이 엄청 더럽다!

B: รู้อยู่แล้ว แต่ไม่มีเวลาทำความสะอาดเลย
루- 유- 래우 때- 마이 미- 웰라- 탐 콰-ㅁ 싸아-ㅅ 르ㅓ이
알고 있어. 그런데 치울 시간이 없네.

A: ถ้างั้นฉันจะช่วย
타- 응안 찬 짜 추어이
그럼 내가 도와줄게.

B: ขอบคุณ
커-ㅂ 쿤
고마워.

ห้องเด็ก [hâ:ng dèk] 허-ㅇ 덱 아기 방

□ **ของเล่น** 장난감

[kǎng lên] 커-ㅇ 레-ㄴ

วันนี้เล่นด้วยเครื่องเล่นครับ

완니- 레-ㄴ 두어이 커-ㅇ 레-ㄴ 크랍

오늘은 장난감을 가지고 놀았어요.

□ **โถส้วมเด็ก** 유아용 변기

[tǒ:- sûam dèk] 토- 쑤암 덱

ได้เวลาต้องใช้โถส้วมเด็ก

다이 웰라- 떠-ㅇ 차이 토-쑤암 덱

이제 유아용 변기를 사용할 때가 되었어요.

□ **ตุ๊กตา** 인형

[dtúkà-dtaa] 뚝까따-

□ **ตุ๊กตาหมี** 곰인형

[dtúkà-dtaa měe] 뚝까따- 미-

ลูกเราชอบตุ๊กตาหมีมากที่สุด

루-ㄱ 라오 처-ㅂ 뚝까따-미- 마-ㄱ 티- 쑷

우리 아기는 곰인형을 가장 좋아한다.

□ **เปล** [bple:] 쁠레- 요람

เด็กกำลังนอนอยู่ในเปล

덱 깜랑 너-ㄴ 유- 나이 쁠레-

아기가 요람에서 자고 있다.

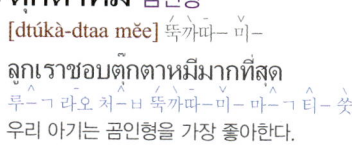

□ **รถหัดเดินของเด็ก** 보행기

[rót hàt dern kǎ:ng dèk] 롯 핫 드ㅓㄴ 커-ㅇ 덱

1 인간

2 가정

3 수

4 도시

5 교통

6 업무

7 쇼핑

8 스포츠/취미

9 자연

관련 단어

□ **เตียงเด็ก** [dtiang dèk] 띠ㅡ양 덱 유아용 침대

□ **ตู้เสื้อผ้าเด็ก** [dtôo sêua pâa dèk] 뚜ㅡ 쓰ㅡ아 파ㅡ 덱 아기 옷장

□ **เก้าอี้เด็ก** [gâo-êe dèk] 까오 이ㅡ 덱 유아 의자

□ **รถเข็นเด็ก** [rót kěn dèk] 롯 켄 덱 유모차

□ **กล่องเก็บเครื่องเล่น** [glɔ̀:ng gèp krêuang lên]
끌러ㅡㅇ 껩 크르ㅡ앙 레ㅡㄴ 장난감 상자

□ **ผ้าอ้อม** [pâa ɑ̂:m] 파ㅡ 어ㅡㅁ 기저귀

□ **กางเกงสายคาดไหล่** [gaang-ge:ng sǎi kâat lài]
까ㅡㅇ 께ㅡㅇ 싸ㅡ이 카ㅡㅅ 라이 멜빵바지

Dialogue

A: **มาซื้อรถเข็นเด็กค่ะ**
마ㅡ 쓰ㅡ 롯 켄 덱 카
유모차를 사려고 왔는데요.

B: **คันนี้เป็นยังไงบ้างคะ**
칸 니ㅡ 뻰 양응아이 바ㅡㅇ 카
이거 어떠세요?

A: **อืม ก็ดูดีนะค่ะ แต่ราคาเท่าไรคะ**
으ㅡㅁ 꺼ㅡ 두ㅡ 디ㅡ 나카 때ㅡ 라ㅡ카 타오라이 카
음, 좋아 보이네요. 그런데 가격은요?

B: **แสนวอนค่ะ**
쌔ㅡㄴ 워ㅡㄴ 카
10만 원입니다.

เครื่องมือ · และเครื่องใช้อื่นๆ 공구 · 잡화

[krêuang meu láe · krêuang chái èun èun] 크르앙 므- 래 · 크르앙 차이 은은

□ ไขควง 드라이버

[kǎi kuang] 카이 쿠앙

□ เลื่อยไฟฟ้า 전기톱

[lêuai fai fáa] 르아이 퐈이 퐈-

□ คีม 펜치

[keem] 키-ㅁ

□ กรรไกร 가위

[gan-grai] 깐 끄라이

□ ขวาน [kwǎan] 콰-ㄴ 도끼

แผนที่ของประเทศไทยรูปร่างเหมือนขวาน

패-ㄴ티- 커-ㅇ 쁘라테-ㅅ 타이 루-ㅂ 라-ㅇ 므안 콰-ㄴ

태국의 지도는 도끼를 닮았다.

□ เลื่อย 톱

[lêuai] 르아이

□ ค้อน [kʌ́:n] 커-ㄴ 망치

□ ตะปู [dtà-bpoo] 따뿌- 못

เขาตอกตะปูที่ผนังด้วยค้อน

카오 떠-ㄱ 따뿌- 티- 파낭 두어이 커-ㄴ

그는 벽에 망치로 못을 박았다.

□ พลั่ว 삽

[plûa] 플루아

□ **บันไดพาด** 사다리
[ban-dai pâat] 반다이 파̂ㅅ

□ **ไม้กวาด** 빗자루
[máai gwàat] 마́이 꽈̀ㅅ

□ **ที่โกยผง** 쓰레받기
[têe goi pǒng] 티̂ㅡ 꼬ㅡ이 퐁̌

กวาดขยะด้วยไม้กวาด แล้วใส่ในที่โกยผง
꽈̀ㅡㅅ 카야 두̂어이 마́이 꽈̀ㅡㅅ 래우 싸이 나이 티̂ㅡ 꼬ㅡ이 퐁̌
빗자루로 쓰레기를 쓸어서 쓰레받기에 담았다.

관련 단어

□ **ไขควงปากแฉก** [kǎi kuang bpàak chàek]
카̌이 쿠앙 빠̀ㅡㄱ 채̀ㅡㄱ **십자드라이버**

□ **ตะปูเกลียว** [dtà-bpoo glieow] 따뿌̀ㅡ끌리아우 **나사못**

□ **ตะไบ** [dtà-bai] 따바이 **줄칼**

□ **ตลับเมตร** [dtà-làp mét] 딸랍 멧̣ **줄자**

□ **ลวด** [lûat] 루̂앗 **철사**

□ **กาว** [gaao] 까ㅡ우 **풀, 접착제**

□ **ถุงพลาสติก** [tǔng pláat-dtìk] 퉁̌ 플라́ㅡㅅ 띡̀ **비닐 봉지**

□ **ปลั๊กไฟฟ้า** [bplák fai fáa] 쁠락 퐈이 퐈́ㅡ **콘센트**

□ **ไม้แขวนเสื้อ** [máai kwǎen sêua] 마́이 쾌̌ㄴ쓰̂어 **옷걸이**

□ **ถังน้ำ** [tǎng náam] 탕̌ 나́ㅡㅁ **양동이**

□ **ด้าย** [dâai] 다̂ㅡ이 **실**

□ **เข็ม** [kěm] 켐̌ **바늘**

□ **ผ้าถูพื้น** [pâa tǒo péun] 파̂ㅡ 투̌ㅡ 프́ㅡㄴ **걸레**

1 인간

2 가정

3 수

4 도시

5 교통

6 업무

7 쇼핑

8 스포츠/취미

9 자연

복습문제

Self Test

1 다음 빈칸에는 알맞은 태국어를 써넣고, 태국어는 해석해 보세요.

a) 나는 원룸형 오피스텔에 삽니다. ฉันอยู่ใน ________

b) 단독주택 ________

c) ค่าเช่าบ้าน ______ เจ้าของบ้าน ______
คนเช่าบ้าน ________

2 다음 단어를 태국어 혹은 우리말로 고쳐 보세요.

a) 지붕 ________ 앞마당 ________ 지하실 ________
정원 ________ 잔디 ________

b) เพดาน ________ เก้าอี้ ________ ถังขยะ ________
พัดลม ________ รูปภาพ ________

c) กระจก(ส่องหน้า) ______ สบู่ ______
แปรงสีฟัน ______ ยาสีฟัน ______
ผ้าเช็ดหน้า ______

d) 침대 ________ 베개 ________ 옷장 ________
서랍 ________ 화장대 ________

3 다음 그림과 단어를 연결해 보세요.

ไมโครเวฟ　กาน้ำ　ทัพพี　ชาม / ถ้วย　ตู้กับข้าว

4 다음 보기에서 단어를 골라 빈칸에 써넣어 보세요.

a) เปล	ชิงช้า	ตุ๊กตาหมี	ของเล่น
b) ค้อน	เลื่อย	ตะปู	บันไดพาด

a) 그네 ________ 요람 ________

장난감 ________ 곰인형 ________

b) 톱 ________ 망치 ________

못 ________ 사다리 ________

정답

1 a) อพาร์ทเมนท์ b) บ้านเดี่ยว c) 집세, 집주인, 세입자

2 a) หลังคา ลานหน้าบ้าน ห้องใต้ดิน สวน สนามหญ้า

b) 천장 의자 쓰레기통 선풍기 그림

c) 거울 비누 칫솔 치약 수건

d) เตียง หมอน ตู้เก็บเสื้อผ้า ลิ้นชัก โต๊ะเครื่องสำอาง

3 찬장 – ตู้กับข้าว 주전자 – กาน้ำ 전자레인지 – ไมโครเวฟ

국자 – ทัพพี 그릇 – ชาม / ถ้วย

4 a) ชิงช้า เปล ของเล่น ตุ๊กตาหมี

b) เลื่อย ค้อน ตะปู บันไดพาด

THEMATIC THAI WORDS

Theme 3

จำนวน [jam-nuan] 짬누안 수

1 인간
2 가정
3 수
4 도시
5 교통
6 업무
7 쇼핑
8 스포츠/취미
9 자연

ตัวเลข [dtua lê:k] 뚜아 레-ㄱ 숫자

□ 0 ศูนย์ [sŏon] 쑤-ㄴ

□ 1 หนึ่ง [nèung] 능

□ 2 สอง [sɔ̆:ng] 써-ㅇ

□ 3 สาม [săam] 싸-ㅁ

□ 4 สี่ [sèe] 씨-

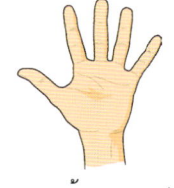

□ 5 ห้า [hâa] 하-

□ 6 หก [hòk] 혹

□ 7 เจ็ด [jèt] 쩻

□ 8 แปด [bpàe:t] 빼-ㅅ

□ 9 เก้า [gâo] 까오

□ 10 สิบ [sìp] 씹

- □ 11 **สิบเอ็ด** [sìp èt] 씹 엣
- □ 12 **สิบสอง** [sìp sʌ̌:ng] 씹 써–ㅇ
- □ 13 **สิบสาม** [sìp sǎam] 씹 싸–ㅁ
- □ 14 **สิบสี่** [sìp sèe] 씹 씨–
- □ 15 **สิบห้า** [sìp hâa] 씹 하–

- □ 16 **สิบหก** [sìp hòk] 씹 혹
- □ 17 **สิบเจ็ด** [sìp jèt] 씹 쩻
- □ 18 **สิบแปด** [sìp bpàe:t] 씹 빼–ㅅ
- □ 19 **สิบเก้า** [sìp gâo] 씹까오
- □ 20 **ยี่สิบ** [yêe sìp] 이–씹

- □ 21 **ยี่สิบเอ็ด** [yêe sìp èt] 이–씹 엣
- □ 30 **สามสิบ** [sǎam sìp] 싸–ㅁ 씹
- □ 40 **สี่สิบ** [sèe sìp] 씨– 씹
- □ 50 **ห้าสิบ** [hâa sìp] 하– 씹
- □ 60 **หกสิบ** [hòk sìp] 혹 씹
- □ 70 **เจ็ดสิบ** [jèt sìp] 쩻 씹
- □ 80 **แปดสิบ** [bpàe:t sìp] 빼–ㅅ 씹
- □ 90 **เก้าสิบ** [gâo sìp] 까오 씹
- □ 100 **หนึ่งร้อย** [nèung rʌ́:i] 능 러–이
- □ 1,000 **หนึ่งพัน** [nèung pan] 능 판

1 인간 2 가정 3 수 4 도시 5 교통 6 업무 7 쇼핑 8 스포츠/취미 9 자연

- □ 10,000 **หนึ่งหมื่น** [nèung mèun] 능 믄 1만
- □ 100,000 **หนึ่งแสน** [nèung sǎen] 능 쌔-ㄴ 10만
- □ 1,000,000 **หนึ่งล้าน** [nèung láan] 능 라-ㄴ 백만
- □ 10,000,000 **สิบล้าน** [sìp láan] 씹 라-ㄴ 천만
- □ 100,000,000 **ร้อยล้าน** [rʌ́:i láan] 러-이 라-ㄴ 1억
- □ 0.3 **ศูนย์จุดสาม** [sǒon jùt sǎam] 쑤-ㄴ 쭛 싸-ㅁ
- □ 1/5 **หนึ่งในห้า** [nèung nai hâa] 능 나이 하-
- □ 70% **เจ็ดสิบเปอร์เซนต์** [jèt sìp bper-sen] 쩻씹 쁘ㅓ 쎄-ㄴ
  ร้อยละเจ็ดสิบ [rʌ́:i lá jèt sìp] 러-이 라 쩻 씹

관련 단어

- □ **เลขคี่** [lê:k kêe] 레-ㄱ 키- 홀수
- □ **เลขคู่** [lê:k kôo] 레-ㄱ 쿠- 짝수
- □ **เลขคี่** [lê:k kêe] 레-ㄱ 키- 기수
- □ **ลำดับเลข** [lam-dàp lê:k] 람 답 레-ㄱ 서수
- □ **เศษส่วน** [sèt sùan] 쎄-ㅅ 쑤안 분수
- □ **มากกว่า** [mâak gwàa] 마-ㄱ 꽈- ~보다 많다
- □ **น้อยกว่า** [nʌ́:i gwàa] 너-이 꽈- ~보다 적다
- □ **เท่ากับ** [tâo gàp] 타오 깝 ~와 같다
- □ **ไม่เท่ากับ** [mâi tâo gàp] 마이 타오 깝 ~와 같지 않다
- □ **คำนวณ** [kam-nuan] 캄 누안 계산하다

Dialogue

A: ช่วยบอกเบอร์โทร.ของเธอได้ไหม
추어이 버-ㄱ 브ㅓ 토- 커-ㅇ 트ㅓ 다이 마이
네 전화번호 좀 가르쳐 줄래?

B: ได้ซิ เป็นศูนย์แปดเก้า สองสองห้าศูนย์ สี่หกสามจ๊ะ
다이 씨 뻰 쑤-ㄴ 빼-ㅅ 까오써-ㅇ 써-ㅇ 하- 쑤-ㄴ 씨- 혹 싸-ㅁ 짜
응, 089-2250-4630이야.

A: ปลาหมึกมีขาแปดขาหรือคะ
쁠라-븍 미- 카- 빼-ㅅ 카- 르- 카
오징어 다리가 여덟 개인가요?

B: ฉันก็สับสนด้วย ไม่ใช่เก้าหรือครับ
찬 꺼 쌉쏜 두어이 마이차이 까오 르 크랍
나도 헛갈리는데. 아홉 개 아니예요?

A: อย่าล่อเล่นสิคะ แปดใช่ไหมคะ
야- 러-레-ㄴ 씨카 빼-ㅅ 차이 마이 카
장난하지 마세요, 여덟 개 맞죠?

A: แหม ไม่ได้เอาดินสอมาสักแท่งเลย ขอยืมหน่อยได้ไหม
매- 마이다이 아오 딘써- 마- 싹 태-ㅇ 르ㅓ이 커- 이음(yeum) 너-이 다이 마이
이런, 연필을 한 자루도 안 가져왔네. 좀 빌려줄 수 있니?

B: ได้จ้า ฉันมีทั้ง 3 แท่ง
다이 짜 찬 미- 탕 싸-ㅁ 태-ㅇ
그럴게. 난 세 자루나 있거든.

2 가정
3 수
4 도시
5 교통
6 업무
7 쇼핑
8 스포츠/취미
9 자연

การคำนวณ [gaan kam-nuan] 까-ㄴ 캄 누안 계산

□ แนวขวาง 가로
[naew kwăang] 내-우 콰-ㅇ

□ แนวตั้ง 세로
[naew dtâng] 내-우 땅

□ ระยะห่าง 거리
[rá-yá hàang] 라 야 하-ㅇ

□ ความลึก 깊이
[kwaam léuk] 콰-ㅁ 륵

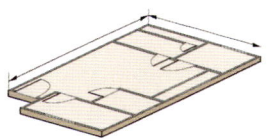

□ ความกว้าง 넓이, 면적
[kwaam gwâang] 콰-ㅁ 꽈-ㅇ

□ ความสูง 높이
[kwaam sŏong] 콰-ㅁ 쑤-ㅇ

□ ความหนา 두께
[kwaam năa] 콰-ㅁ 나-

□ น้ำหนัก 무게
[nám nàk] 남 낙

□ ปริมาตร 부피
[bpà-rí-mâat] 빠리마-ㅅ

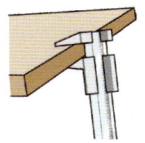

□ ความเร็ว 속도
[kwaam rew] 콰-ㅁ 레우

관련 단어

- □ **ขนาด** [kà-nàat] 카 나-ㅅ 크기
- □ **ความยาว** [kwaam yaaw] 콰-ㅁ 야-우 길이
- □ **บวก** [bùak] 부억 덧셈
- □ **ลบ** [lóp] 롭 뺄셈
- □ **คูณ** [koon] 쿠-ㄴ 곱셈
- □ **หาร** [hǎan] 하-ㄴ 나눗셈

  예 5 บวก 9 เท่ากับ 14 [hâa bùak gâo tâo gàp sìp sèe]
  하- 부억 까오 타오 깝 씹 씨- 5 더하기 9는 14

  10 หาร 2 เท่ากับ 5 [sìp hǎan sǎng tâo gàp hâa]
  씹 하-ㄴ 써-ㅇ 타오 깝 하- 10 나누기 2는 5

- □ **เมตร** [mét] 멧 미터(m)
- □ **ตารางเมตร** [dtaa-raang mét] 따-라-ㅇ 멧 평방미터, 제곱미터(m^2)
- □ **กรัม** [gram] 끄람 그램(g)
- □ **ตัน** [dtan] 딴 톤(t)
- □ **ลิตร** [lít] 릿 리터(ℓ)
- □ **ไมล์** [mai] 마이 마일(mile, 1mile ≒ 1.6km)
- □ **มิลลิเมตร** [min-lí mét] 민리 멧 밀리미터(mm)
- □ **เซนติเมตร** [sen-dtì mét] 쎈띠 멧 센티미터(cm)
- □ **กิโลเมตร** [gì-lo: mét] 낄로- 멧 킬로미터(km)

Dialogue

A: แม่น้ำสายนั้นลึกเท่าไร
매- 나-ㅁ 싸-이 난 륵 타오 라이
저 강물 깊이는 얼마나 될까?

B: คงลึกกว่า 10 เมตร
콩 륵 꽈- 씹 멧
아마 10미터는 넘을 거야.

2 가정
3 수
4 도시
5 교통
6 업무
7 쇼핑
8 스포츠/취미

รูป [rôop] 루-ㅂ 도형

□ **วงกลม** [wong-glom] 웡 끌롬 원

หน้าของฉันกลมเหมือนรูปวงกลม

나- 커-ㅇ 찬 끌롬 므안 루-ㅂ 웡 끌롬

내 얼굴은 원처럼 동그랗다.

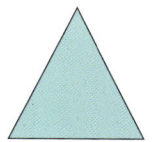

□ **รูปสามเหลี่ยม** 삼각형

[rôop săam lìam] 루-ㅂ 싸-ㅁ 리암

รูปสามเหลี่ยมเป็น

รูปที่ทำขึ้นโดยเชื่อมต่อ 3 จุด

루-ㅂ 싸-ㅁ 리암 뻰

루-ㅂ 티- 탐 크-ㄴ 도-이 츠암 떠- 싸-ㅁ 쭛

삼각형은 세 점을 이어 만든 도형이다.

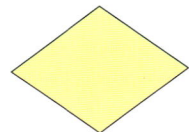

□ **รูปสี่เหลี่ยมขนานเปียกปูน**

[rôop sèe lìam kà-năan bpìak bpoon]

루-ㅂ 씨- 리암 카나-ㄴ 삐악 뿌-ㄴ 마름모

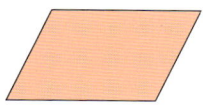

□ **รูปสี่เหลี่ยมผืนผ้า**

[rôop sèe lìam pĕun pâa]

루-ㅂ 씨- 리암 프-ㄴ 파- 직사각형

□ **รูปสี่เหลี่ยมด้านขนาน**

[rôop sèe lìam dâan kà-năan]

루-ㅂ 씨- 리암 다-ㄴ 카나-ㄴ 평행사변형

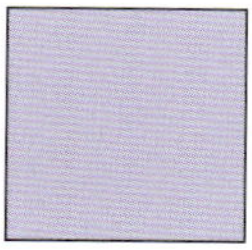

□ **รูปสี่เหลี่ยมด้านเท่า** 정사각형

[rôop sèe lìam dâan tâo] 루-ㅂ 씨- 리암다-ㄴ 타오

รูปสี่เหลี่ยมด้านเท่ามีด้านยาวเท่ากันทั้ง 4 ด้าน

루-ㅂ 씨- 리암 미- 다-ㄴ 야-우 타오 깐 탕 씨- 다-ㄴ

정사각형은 네 변의 길이가 모두 같다.

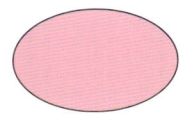

□ **รูปวงรี** 타원형
[rôop wong ree] 루ᅳᄇ웡 리ᅳ

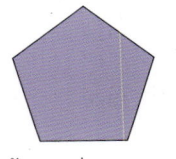

□ **รูปห้าเหลี่ยม** 오각형
[rôop hâa lìam] 루ᅳᄇ하ᅳ 리얌

□ **ลูกกลม** [lôok glom] 루ᅳᄀ 끌롬 구
โลกที่เราอาศัยอยู่เป็นรูปลูกกลม
로ᅳᄀ 티ᅳ 라오 아ᅳ싸이 유ᅳ 뻰 루ᅳᄇ루ᅳᄀ끌롬
우리가 사는 지구는 구형이다.

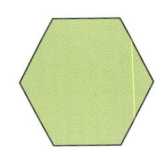

□ **รูปหกเหลี่ยม** 육각형
[rôop hòk lìam] 루ᅳᄇ혹 리얌

รังผึ้งเป็นรูปหกเหลี่ยม
랑 픙 뻰 루ᅳᄇ혹 리얌
벌집은 육각형이다.

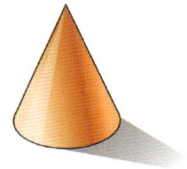

□ **รูปลูกบาศก์** 정육면체
[rôop lôok bàat] 루ᅳᄇ 루ᅳᄀ바ᅳᆺ

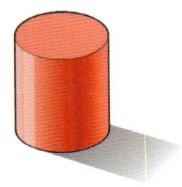

□ **เสากลม** 원기둥
[săo glom] 싸오 끌롬

□ **รูปกรวย** 원추형
[rôop gruai] 루ᅳᄇ 끄루아이

1 인간
2 가정
3 수
4 도시
5 교통
6 업무
7 쇼핑
8 스포츠/취미
9 자연

ปฏิทิน [bpà-dtì-tin] 빠띠틴 **달력**

ฤดูกาล [réu-doo gaan] 르두ー까ーㄴ 계절

□ ฤดูใบไม้ผลิ 봄
[réu-doo bai máai plì]
르두ー바이 마이 플리

□ ฤดูร้อน 여름
[réu-doo rón] 르두ー러ーㄴ

□ ฤดูหนาว 겨울
[réu-doo nǎao] 르두ー 나ー우

□ ฤดูใบไม้ร่วง 가을
[réu-doo bai máai rûang]
르두ー바이 마이 루앙

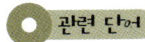

관련 단어

□ สี่ฤดู [sèe réu-doo] 씨ー르두ー 사계절

□ ฤดูฝน [réu-doo fǒn] 르두ー폰 우기

□ ฤดูแห้ง [réu-doo hâeng] 르두ー해ーㅇ 건기

1 인간

2 가정

3 수

4 도시

5 교통

6 업무

7 쇼핑

8 스포츠/취미

9 자연

เดือน [deuaṅ] 드언 월

- □ มกราคม [mók-gà-raa-kom (mák-gà-raa-kom)] 목까라—콤 (막까라—콤) 1월
- □ กุมภาพันธ์ [gum-paa-pan] 꿈 파— 판 2월
- □ มีนาคม [mee-naa-kom] 미— 나— 콤 3월
- □ เมษายน [me-sǎa-yon] 메— 싸— 욘 4월
- □ พฤษภาคม [préut-sà-paa-kom] 프르싸파—콤 5월
- □ มิถุนายน [mí-tù-naa-yon] 미투나—욘 6월
- □ กรกฎาคม [gà-rá-gà-daa-kom] 까라까다—콤 7월
- □ สิงหาคม [sǐng-hǎa-kom] 씽하—콤 8월
- □ กันยายน [gan-yaa-yon] 깐야—욘 9월
- □ ตุลาคม [dtù-laa-kom] 뚜 르라— 콤 10월
- □ พฤศจิกายน [préut-sà-jì-gaa-yon] 프르싸찌까—욘 11월
- □ ธันวาคม [tan-waa kom] 탄와— 콤 12월

Dialogue

A: คุณชอบฤดูอะไรคะ
쿤 처—ㅂ 르두— 아라이 카
무슨 계절을 좋아하세요?

B: ผมชอบฤดูใบไม้ร่วงครับ
폼 처—ㅂ 르두—바이 마이 루앙 크랍
가을을 좋아해요.

A: เหรอคะ ดิฉันก็ชอบค่ะ
러— 카 디찬 꺼— 처—ㅂ 카
그래요? 저도 그래요.

วันพิเศษ [wan pí-sè:t] 완 피 쎄-ㅅ 특별한 날

□ **วันตรุษจีน** 중국 설날
[wan dtrùt jeen] 완 뜨룻 찌-ㄴ

ฉันไปบ้านเกิดในวันตรุษจีน
찬 빠이 바-ㄴ 끄ㅓ-ㅅ 나이 완 뜨룻 찌-ㄴ
중국 설이면 나는 고향에 간다.

□ **วันสงกรานต์** 쏭끄란 날(태국식 설날)
[wan sŏng-graan] 완 쏭 끄라-ㄴ

วันสงกรานต์ร้อนมาก
완 쏭 끄라-ㄴ러-ㄴ 마-ㄱ
쏭끄란 날은 매우 덥다.

□ **วันวาเลนไทน์** 발렌타인데이
[wan waa-len-tai] 완 왈레-ㄴ 타이

□ **วันเกิด** 생일
[wan gèrt] 완 끄ㅓ-ㅅ

□ **วันคริสต์มาส** 크리스마스
[wan krít-máat] 완 크리-ㅅ 마-ㅅ

เราพบกันในวันคริสต์มาสเถอะ
라오 폽 깐 나이 완 크리-ㅅ 마-ㅅ 트ㅓ
우리 내일 크리스마스에 만나자.

□ **วันคริสต์มาสอีฟ** 크리스마스 이브
[wan krít-máat eef] 완 크리-ㅅ 마-ㅅ 이-ㅂ(f)

1 인간

2 가정

3 수

4 도시

5 교통

6 업무

7 쇼핑

8 스포츠/취미

9 자연

관련 단어

□ **วันเทศกาล** [wan tê:t-sà-gaan] 완 테 ^-ㅅ 싸 까ㅡㄴ **명절**

□ **วันที่ระลึก** [wan têe rá-léuk] 완 티 ^- 라 륵 **기념일**

□ **วันปีใหม่** [wan bpee mài] 완 삐ㅡ 마이 **신년, 새해**

□ **วันเด็กแห่งชาติ** [wan dèk hàe:ng châat]
완 덱 해 ^-ㅇ 차 ^-ㅅ **어린이날**(매년 1월 둘째주 토요일)

□ **วันพ่อแห่งชาติ** [wan pâ: hàe:ng châat]
완 퍼ㅡ 해 ^-ㅇ 차 ^-ㅅ **아버지의 날**(12월 5일, 국왕 탄신일)

□ **วันแม่แห่งชาติ** [wan mâe: hàe:ng châat]
완 매ㅡ 해 ^-ㅇ 차 ^-ㅅ **어머니의 날**(8월 12일, 왕비 탄신일)

□ **วันพระ** [wan prá] 완 프라 **불교일**

วันในสัปดาห์ [wan nai sàp-daa] 완 나이 쌉다ㅡ 요일

□ **วันอาทิตย์** [wan aa-tít] 완 아ㅡ 팃 **일요일**

□ **วันจันทร์** [wan jan] 완 짠 **월요일**

□ **วันอังคาร** [wan ang-kaan] 완 앙 카ㅡㄴ **화요일**

□ **วันพุธ** [wan pút] 완 풋 **수요일**

□ **วันพฤหัสบดี** [wan pá-réu-hàt-sà-bʌ -dee]
완 파르핫 싸 버 디ㅡ **목요일** (완 파르핫 이라고도 한다)

□ **วันศุกร์** [wan sùk] 완 쑥 **금요일**

□ **วันเสาร์** [wan săo] 완 싸오 **토요일**

เวลา [we-laa] 웨-ㄹ라 시간

□ **นาฬิกา** [naa-lí-gaa] 나-ㄹ리까- 시
(하루를 24시간으로 나타낼 때, 공적인 시간 표현)
ขณะนี้เป็นเวลา 23 นาฬิกา 30 นาทีค่ะ
카나 니- 뻰 웨-ㄹ라 이-씹 싸-ㅁ 나-ㄹ리까- 싸-ㅁ 씹 나-티- 카
지금은 23시 30분입니다.

□ **นาที** 분
[naa-tee] 나-티-

□ **วินาที** 초
[wí-naa-tee] 위 나- 티-

□ **โมง** [mo:ng] 모-ㅇ 시
(일상생활에서 시간을 말할 때, 하루를 4~5시간 단위로 쪼개서 나타낼 때)
เจอกันตอนบ่ายสองโมงนะจ๊ะ
쯔ㅓ 깐 떠-ㄴ 바-이 써-ㅇ 모-ㅇ 나 짜
오후 2시에 만나자

* 일상생활에서의 시간 표현은
87페이지에 설명을 참고하도록 한다.

□ **รุ่งอรุณ** 새벽
[rûng a-run] 룽 아룬

□ **เที่ยงวัน** 정오
[tîang wan] 티앙 완

□ **ตอนเช้า** [dtʌ:n-cháo] 떠-ㄴ 차오 아침
ตื่นนอนตั้งแต่ตอนเช้าตรู่
뜨-ㄴ 너-ㄴ 땅때- 떠-ㄴ 차오 뜨루-
이른 아침부터 일어나다.

□ **เที่ยงคืน** 한밤중, 심야
[tîang keun] 티앙 크-ㄴ

□ **ตอนกลางวัน** 낮
[dtʌ:n-klaang wan]
떠-ㄴ 끌라-ㅇ 완

□ **ตอนเย็น** 저녁
[dtʌ:n--yen] 떠-ㄴ 옌
จะพบกับเพื่อนตอนเย็นนี้
짜 폽 깝 프안 떠-ㄴ 옌 니-
오늘 저녁에 친구와 만나기로 했다.

□ **กลางคืน** 밤
[glaang keun]
끌라-ㅇ크-ㄴ

□ **ตอนบ่าย** 오후
[dtʌ:n--bàai] 떠-ㄴ 바-이

□ **วานซืนนี้** 그저께

[waan-seun née] 와-ㄴ 쓰-ㄴ 니-

คุณพ่อคุณแม่ไปเที่ยวประเทศไทยเมื่อวานซืนนี้

쿤퍼- 쿤매- 빠이 티아우 쁘라테-ㅅ 타이 므아 와-ㄴ 쓰-ㄴ 니-

아빠와 엄마는 그저께 태국으로 여행을 가셨어요.

□ **เมื่อวานนี้** 어제

[mêua waan née] 므아 와-ㄴ 니-

□ **วันนี้** 오늘

[wan née] 완 니-

□ **พรุ่งนี้** 내일

[prûng-née] 프룽니-

□ **มะรืนนี้** 모레

[má-reun née] 마르-ㄴ 니-

วันมะรืนเป็นวันที่พี่สาวจะแต่งงาน

완 마르-ㄴ 뻰 완 티- 피-싸-우 짜 땡응아-ㄴ

모레는 언니가 결혼하는 날이다.

관련 단어

- □ **วัน** [wan] 완 날짜
- □ **วันธรรมดา** [wan tam-má-daa] 완 탐마다- 평일
- □ **สุดสัปดาห์** [sùt sàp-daa] 쑷 쌉다- 주말
- □ **ศตวรรษ** [sà-dtà-wát] 싸따왓 세기
- □ **อดีต** [a-dèet] 아디-ㅅ 과거
- □ **ปัจจุบัน** [bpàt-jù-ban] 빳쭈반 현재
- □ **อนาคต** [a-naa-kót] 아나-콧 미래

- □ **ตอนนี้** [dtʌ:n-née] 떠-ㄴ니- 지금
- □ **อีกสักครู่** [èek sàk krôo] 이-ㄱ 싹 크루- 나중
- □ **เมื่อกี้นี้** [mêua-gêe née] 므아 끼-니-
  เมื่อตะกี้นี้ [mêua dtà-gêe née] 므아 따끼-니- 방금
- □ **ตั้งแต่บัดนี้** [dtâng dtàe: bàt née] 땅때-밧 니- 이제부터
- □ **ตลอดเวลา** [dtà-lʌ̀:t we-laa] 딸러-ㅅ 웨-ㄹ라 계속, 줄곧
- □ **นานๆ ที่ครั้ง** [naan naan têe kráng] 난나-ㄴ 티- 크랑 때때로, 이따금
- □ **บางครั้ง** [baang kráng] 바-ㅇ 크랑 가끔
- □ **ที่หนึ่ง** [têe nèung] 티- 능 제1, 최초, 첫(번)째
- □ **แรก** [râe:k] 래-ㄱ 처음, 최초, 맨 먼저
- □ **ท้าย** [táai] 타-이 마지막
- □ **ชั่วคราว** [chûa kraao] 추아 크라-우 순간

- □ **สัปดาห์ที่แล้ว** [sàp-daa têe láew] 쌉다- 티- 래우
  อาทิตย์ที่แล้ว [aa-tít têe láew] 아-팃 티- 래우 지난 주
- □ **สัปดาห์นี้** [sàp-daa née] 쌉다-니
  อาทิตย์นี้ [aa-tít née] 아 -팃니 이번 주
- □ **สัปดาห์หน้า** [sàp-daa nâa] 쌉다-나-
  อาทิตย์หน้า [aa-tít nâa] 아-팃 나- 다음 주
- □ **ทุกวัน** [túk wan] 툭 완 매일
- □ **ทุกสัปดาห์** [túk sàp-daa] 툭쌉다-
  ทุกอาทิตย์ [túk aa-tít] 툭아-팃 매주
- □ **ทุกเดือน** [túk deuan] 툭 드안 매월
- □ **ทุกปี** [túk bpee] 툭 삐- 매년

□ ตี 4 [dtee sèe] 띠- 씨- 오전 4시

□ บ่าย 2 โมง 15 นาที 오후 2시 15분

[bàai sʌ̌:ng sìp hâa naa-tee] 바-이 써-ㅇ 모-ㅇ 씹 하- 나-티-

□ 2 โมงครึ่ง [sʌ̌:ng mong krêung] 써-ㅇ 모-ㅇ 크릉 2시 반

□ 10 นาที ก่อน4 โมง 4시 10분 전

[sìp naa-tee gʌ̀:n sèe mong] 씹 나-티- 꺼-ㄴ 씨- 모-ㅇ

태국 문화 엿보기 | 시간 표현

태국은 각 시간 대를 약 4~5시간으로 나누어 각각 부르는 명칭이 따로 있다. 숫자 앞 혹은 뒤에 '~시'라는 뜻의 โมง(모-ㅇ)과 함께 명칭을 붙여서 시간을 나타낸다.

□ 오전 6시 ~ 11시 : เช้า 차오 (숫자 뒤)

□ 점심 – เที่ยงวัน 티앙 완 (낮 12시를 지칭함.)

□ 오후 1시 ~ 3, 4시 – บ่าย 바-이 (숫자 앞)

□ 오후 약 4, 5시 ~ 6시 – เย็น 옌 (숫자 뒤)

□ 저녁 7시 ~ 밤 11시 – ทุ่ม 툼 (숫자 뒤)

* 단 저녁 7~11시는 7을 1로, 8을 2로… 11을 5의 숫자로 대신 지칭함.

□ 밤 12시 – เที่ยงคืน 티앙 크-ㄴ (밤 12시를 지칭함)

□ 새벽 1시 ~ 5시 – ตี 띠- (숫자 앞)

오전 9시 : 9 โมงเช้า

오후 3시 : บ่าย 3 โมง

오후 6시 : 6 โมงเย็น

저녁 7시 : 1 ทุ่ม

새벽 1시 : ตี 1

1 인간 2 가정 3 수 4 도시 5 교통 6 업무 7 쇼핑 8 스포츠/취미 9 자연

Dialogue

A: **วันอาทิตย์นี้ไปเที่ยวกับฉันไหมครับ**
완 아-팃 니- 빠이 티아우 깝 찬 마이 크랍
이번주 토요일에 나랑 같이 놀러 갈래요?

B: **ค่ะ ดีค่ะ**
카 디- 카
네, 좋아요.

A: **จะให้ไปรับเมื่อไรครับ**
짜 하이 빠이 랍 므아 라이 크랍
언제 데리러 갈까요?

B: **ขอมารับตอน 10 โมงเช้าค่ะ**
커- 마- 랍 떠-ㄴ 씹 모-ㅇ 차오 카
오전 10시쯤 와주세요.

Self Test

1 다음 숫자를 태국어로 써 보세요.

a) 14 ______________ b) 67 ______________

c) 134 ______________ d) 2589 ______________

2 다음 단어의 뜻을 써 보세요.

a) ความกว้าง ______________ b) น้ำหนัก ______________

c) ความยาว ______________ d) ความสูง ______________

3 다음 그림과 단어를 연결해 보세요.

รูปสี่เหลี่ยมด้านเท่า วงกลม เสากลม รูปสามเหลี่ยม

4 다음 빈칸에 알맞은 태국어를 써넣어 보세요.

a) 태국의 우기는 6월에서 9월까지이다.

ฤฤดูฝนของประเทศไทยคือตั้งแต่ ______________ ถึง ________

b) 수요일 ______________ 토요일 ______________

c) 어제 ______________ – 오늘 วันนี้ – 내일 ______________

d) 아침 **ตอนเช้า** – 정오 **ตอนกลางวัน** – 오후 ____________

– 저녁 ____________ – 밤 ____________

e) 지금 ____________ 나중 ____________

방금 ____________ 매일 ____________

5 다음 시간을 태국어로 써 보세요.

a) 2:15 AM ____________

b) 오후 2시 8분 전 ____________

c) 저녁 8시 정각 ____________

d) 오전 9시 반 ____________

정답

1 a) สิบสี่　b) หกสิบเจ็ด　c) (หนึ่ง)ร้อยสามสิบสี่　d) สองพันห้าร้อยแปดสิบเก้า

2 a) 넓이, 면적　무게　길이　높이

3 원 – วงกลม　삼각형 – รูปสามเหลี่ยม

정사각형 – รูปสี่เหลี่ยมด้านเท่า　원기둥 – เสากลม

4 a) มิถุนายน, กันยายน

b) วันพุธ　วันเสาร์

c) เมื่อวาน　พรุ่งนี้

d) ตอนบ่าย　ตอนเย็น　กลางคืน

e) ตอนนี้　อีกสักครู่　เมื่อกี้นี้　ทุกวัน

5 a) สองนาฬิกาสิบห้านาที / ตีสอง สิบห้านาที

b) บ่ายสองโมง ก่อนแปดนาที

c) ยี่สิบนาฬิกา / สองทุ่ม

d) เก้านาฬิกา สามสินนาที / เก้าโมง ครึ่ง

Theme 4

→ เมือง [meuang] 므앙 도시

1 인간
2 가정
3 수
4 도시
5 교통
6 의무
7 쇼핑
8 스포츠/취미
9 자연

ในเมือง [nai meuang] 나이 므앙 **시내**

□ อพาร์ทเมนท์ 원룸형 오피스텔
[a-páat-men] 아 파ー ㅅ 멘

□ สถานีตำรวจ 경찰서
[sà-tăa-nee dtam-rùat] 싸타ー니ー 땀루엇

□ โรงเรียน [ro:ng rian] 로ー0 리안 **학교**
เดี๋ยวจะสายไปโรงเรียนหรอก ตื่นเร็วๆ ซิ
디아우 짜 싸이 빠이 로ー0 리안 러ー ㄱ 뜨ー ㄴ 레우레우 씨
학교에 지각하겠다, 빨리 일어나!

□ หอสมุด 도서관
[hǎ: sà-mùt] 허ー 싸뭇

□ โรงหนัง 영화관
[ro:ng năng] 로ー0 낭

□ ป้าย 간판
[bpâai] 빠ー이

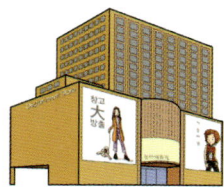

□ ห้างสรรพสินค้า 백화점 (하ー0'이라고도 함)
[hâang sàp pa sĭn káa] 하ー0 쌉파 씬카ー
นั่งคือห้างสรรพสินค้าที่กำลังก่อสร้างอยู่
난ㅋ— 하ー0 쌉파씬카ー 티ー 깜랑 꺼ー 싸ー0 유ー
저게 새로 짓는 백화점 건물이래.

□ ร้าน 가게
[ráan] 라ー ㄴ

☐ **โรงพยาบาล** 병원
[ro:ng pá-yaa-baan] 로−ㅇ 파야−바−ㄴ

☐ **ไปรษณีย์** 우체국
[bprai-sà-nee] 쁘라이싸니−

เจ็บคอมากเกินไป คงต้องไปโรงพยาบาล
쩹 커− 마−ㄱ 끄ㅓㄴ 빠이 콩떠−ㅇ 빠이 로−ㅇ 파야−바−ㄴ
목이 너무 아파. 병원에 가봐야겠어.

☐ **ร้านขายยา** 약국
[ráan kǎai yaa] 라−ㄴ 카−이 야−

🔑 **관련 단어**

☐ **ตึก** [dtèuk] 뜩
  อาคาร [aa-kaan] 아−카−ㄴ 건물

☐ **พิพิธภัณฑ์** [pí-pít-tá-pan] 피피타판 박물관

☐ **พิพิธภัณฑ์ศิลปะ** [pí-pít-tá-pan sǐn-lá-bpà] 피피타판 씰라빠 미술관

☐ **โรงงาน** [ro:ng ngaa] 로−ㅇ 응아−ㄴ 공장

☐ **ร้านขายหนังสือ** [ráan kǎai nǎng-sěu] 라−ㄴ 카−이 낭쓰− 서점

☐ **ศูนย์การค้า** [sǒon gaan káa] 쑤−ㄴ 까−ㄴ 카− 상가

☐ **ศูนย์การค้าขายเครื่องอิเล็กทรอนิกส์** 전자 상가
  [sǒon gaan káa kǎai krêuang i-lék-trʌ-nìk] 쑤−ㄴ 까−ㄴ 카− 카−이 크르앙 일렉트러−닉

☐ **สถานีรถไฟ** [sà-tǎa-nee rót fai] 싸타−니− 롯 퐈이 기차역

☐ **สะพานลอย** [sà-paan lʌ:i] 싸파−ㄴ 러−이 육교

☐ **ต้นไม้ริมถนน** [dtôn máai rim tà-nǒn] 똔마이 림 타논 가로수

☐ **โฆษณา** [kô:t-sà-naa] 코−ㅅ 싸나− 광고

1 인간
2 가정
3 수
4 도시
5 교통
6 업무
7 쇼핑
8 스포츠/취미
9 자연

ไปรษณีย์ [bprai-sà-nee] 쁘라이싸니- 우체국

□ บุรุษไปรษณีย์ 우체부, 집배원
[bù-rùt bprai-sà-nee] 부룻 쁘라이싸니-

บุรุษไปรษณีย์คนนั้นมาถึงในเวลาเดียวกันทุกวัน
부룻 쁘라이싸니- 콘 난 마- 틍 나이 웰라- 디아우 깐 툭 완
그 집배원은 매일 같은 시간에 도착한다.

□ จดหมาย 편지
[jòt mǎai] 쫏 마-이

□ แสตมป์ 우표
[sà-dtaem] 싸때-ㅁ

□ ตู้ไปรษณีย์ 우체통
[dtôo bprai-sà-nee] 뚜- 쁘라이싸니-

□ รหัสไปรษณีย์ 우편번호
[rá-hàt bprai-sà-nee] 라핫 쁘라이싸니-

□ ซองจดหมาย 편지 봉투
[sʌ:ng jòt mǎai] 써-ㅇ 쫏 마-이

□ ระวัง (취급)주의
[rá-wang] 라 왕

1 인간

2 가정

3 수

4 도시

5 교통

6 업무

7 쇼핑

8 스포츠/취미

9 자연

관련 단어

- □ **ช่อง** [châ:ng] 처-ㅇ (~번) 창구
- □ **ตาชั่ง** [dtaa châng] 따-창 저울
- □ **ค่าธรรมเนียมทางไปรษณีย์** [kâa tam-niam taang bprai-sà-nee]
  카-탐니얌 타-ㅇ 쁘라이싸니- 우편 요금
- □ **ที่อยู่** [têe yòo] 티-유- 주소
- □ **ส่งทางไปรษณีย์** [sòng taang bprai-sà-nee] 쏭 타-ㅇ 쁘라이싸니- 우송하다
- □ **พัสดุภัณฑ์ทางไปรษณีย์** [pát-sà-dù pan taang bprai-sà-nee]
  팟싸두판 타-ㅇ 쁘라이싸니- 소포 ('팟싸두'라고도 함)
- □ **ไปรษณียภัณฑ์ลงทะเบียน** [bprai-sà-nee-yá-pan long tá-bian]
  쁘라이싸니-야판 롱 타비안 등기우편
- □ **ส่งด่วนพิเศษ** [sòng dùan pí-sè:t] 쏭 두언 피쎄-ㅅ 속달로 보내다

Dialogue

A: ไปรษณีย์อยู่ไกลจากที่นี่หรือครับ
쁘라이싸니-유- 끌라이 짜-ㄱ 티-니- 르-크랍
우체국이 여기서 멀리 있나요?

B: อยู่ใกล้มากค่ะ เดินไปก็ได้นะคะ
유- 끌라이 마-ㄱ 카 드ㅓㄴ 빠이 꺼- 다이 나카
아주 가까워요. 걸어서도 갈 수 있어요.

A: ถ้าเดินไปจะใช้เวลานานเท่าไรครับ
타-드ㅓㄴ빠이 짜 차이 웰라- 나-ㄴ 타오라이 크랍
걸어서 얼마나 걸리나요?

B: ประมาณ 2 นาทีค่ะ
쁘라마-ㄴ 써-ㅇ 나-티- 카
2분 정도요.

A: ไปรษณีย์อยู่ไกลจากที่นี่หรือครับ
크랍 커-ㅂ쿤 크랍
예, 고맙습니다.

95

โรงพยาบาล [ro:ng pá-yaa-baan] 로ㅡㅇ 파야ㅡ바ㅡㄴ **병원**

☐ แผนกศัลยกรรม 외과
[pà-nàe:k sǎn-yá-gam]
파내ㅡㄱ 싼야깜

☐ แผนกอายุรกรรม 내과
[pà-nàe:k aa-yú-rá-gam]
파내ㅡㄱ아ㅡ유라깜

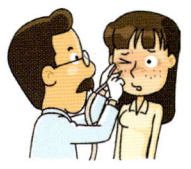

☐ แผนกผิวหนัง 피부과
[pà-nàe:k pǐw nǎng] 파내ㅡㄱ피우 낭

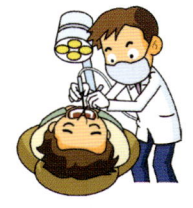

☐ แผนกทันตกรรม 치과
[pà-nàe:k tan-dtà-gam] 파내ㅡㄱ탄따깜

☐ แผนกกุมารเวช 소아과
[pà-nàe:k gù-maan wê:t] 파내ㅡㄱ꾸마ㅡㄴ 웨ㅡㅅ
เด็กมีไข้ จึงพาไปแผนกกุมารเวชมา
덱 미ㅡ 카이 쯩 파ㅡ빠이 파내ㅡㄱ꾸마ㅡㄴ 웨ㅡㅅ 마ㅡ
아이가 열이 나서 소아과에 다녀왔다.

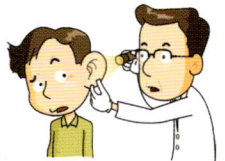

☐ แผนกโสต ศอ และนาสิก
[pà-nàe:k sò:t sǎ: láe naa-sìk]
파내ㅡㄱ쏘ㅡㅅ 써ㅡ 래 나ㅡ씩 이비인후과

☐ แผนกสูตินรีเวช 산부인과
[pà-nàe:k sòot-dti ná-ree-wê:t]
파내ㅡㄱ쑤ㅡㅅ띠 나리ㅡ웨ㅡㅅ

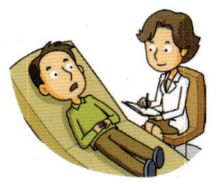

□ **แพทย์** [pâe:t] 패�－ㅅ
หมอ [mɔ̌ː] 머ᅳ 의사
คุณหมอสั่งให้พักผ่อน
쿤 머ᅳ 쌍 하이 팍 퍼ᅳㄴ
의사가 안정을 취하라고 하였습니다.

□ **แผนกจิตเวช** 정신과
[pà-nàe:k jìt-dtà- wê:t] 파내ᅳㄱ찟따 웨ᅳㅅ

□ **นางพยาบาล** 간호사
[naang pá-yaa-baan] 나ᅳㅇ 파야ᅳ바ᅳㄴ
นางพยาบาลเรียกชื่อของฉัน
나ᅳㅇ파야ᅳ바ᅳㄴ 리약 츠ᅳ커ᅳㅇ 찬
간호사가 내 이름을 불렀다.

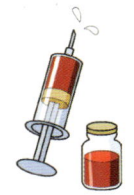

□ **ไม้ค้ำยัน** 목발
[máai kám yan] 마이 캄 얀
คุณหมอบอกให้ใช้ไม้ค้ำยันเป็นระยะหนึ่ง
쿤머ᅳ 버ᅳㄱ 하이 차이 마이캄얀 뺀 라야 능
의사 선생님이 한동안은 목발을 짚고 다니래.

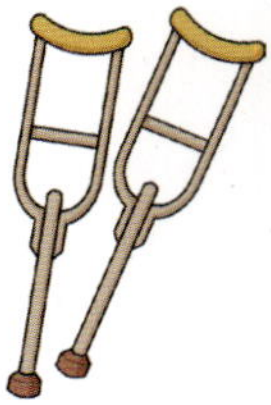

□ **ฉีดยา** 주사를 놓다(맞다)
[chèet-yaa] 치ᅳㅅ 야ᅳ

□ **รถเข็น** [rót kĕn] 롯 켄 휠체어

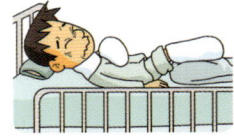

□ **เข้าเฝือก** 깁스를 하다
[kâo fèuak] 카오 프억(f)

□ **เครื่องวัดอุณหภูมิของร่างกาย** 체온계
[krêuang wát un-ná-hà-poom kɔ̌ːng râang gaai]
크르앙 왓 운나하푸ᅳㅁ 커ᅳㅇ 라ᅳㅇ까ᅳ이

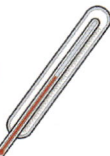

1 인간
2 가정
3 수
4 도시
5 교통
6 업무
7 쇼핑
8 스포츠/취미
9 자연

97

관련 단어

□ แผนกปัสสาวะวิทยา [pà-nàe:k bpàt-săa-wá wít-tá-yaa]
파내-ㄱ 빳싸-와 위타야- 비뇨기과

□ แผนกศัลยกรรมตกแต่ง [pà-nàe:k săn-yá-gam dtòk dtàeng]
파내-ㄱ 싼야깜 똑 때-ㅇ 정형외과, 성형외과

□ แผนกจักษุวิทยา [pà-nàe:k jàk-sù wít-tá-yaa] 파내-ㄱ 짝쑤 위타야- 안과

□ จักษุแพทย์ [jàk-sù pâe:t] 짝쑤패-ㅅ 안과 의사

□ รถพยาบาล [rót pá-yaa-baan] 롯 파야-바-ㄴ 구급차

□ เจ้าหน้าที่กู้ภัยฉุกเฉิน [jâo nâa-têe gôo pai chùk-chĕrn]
짜오나-티- 꾸-파이 축 츠ㅓㄴ 응급 구조 요원

□ ผู้ป่วย [pôo bpùai] 푸- 뿌어이 환자

□ ตรวจรักษาโรค [dtrùat rák-săa rô:k] 뜨루엇 락싸- 로-ㄱ 진찰하다

□ รักษาโรค [rák-săa rô:k] 락싸- 로-ㄱ 치료하다

□ ฆ่าเชื้อ [kâa chéua] 카- 츠아 소독하다

□ ผ่าตัด [pàa dtàt] 파-땃 수술하다

□ ให้ยาทางสายยาง [hâi yaa taang săai yaang]
하이 야- 타-ㅇ 싸-이 야-ㅇ 링거액을 주사하다

□ ตรวจสุขภาพ [dtrùat sùk-kà-pâap] 뜨루엇 쑤카파-ㅂ 건강 진단

□ ใบตรวจสุขภาพ [bai dtrùat sùk-kà-pâap] 바이 뜨루엇 쑤카파-ㅂ 건강 진단서

□ ใบวินิจฉัยโรค [bai wí-nít-chăi rô:k] 바이 위닛차이 로-ㄱ 질병 진단서

□ ใบสั่งยา [bai sàng yaa] 바이 쌍 야- 처방전

Dialogue

A: วันนี้ต้องไปหาจักษุแพทย์ ฉะนั้นรีบกลับมาซิจ๊ะ

완니— 떠—ㅇ빠이하— 짝쑤패—ㅅ 차난 리—ㅂ끌랍마—씨짜

오늘 오후에 안과에 가야 하니까, 빨리 와라.

B: แต่วันนี้มีเรียนถึงตอนดึกครับ

때—완니— 미—리안 틍 떠—ㄴ 득 크랍

오늘은 수업이 늦게까지 있는데요.

A: ทำอย่างไรดี... วันนี้เป็นวันตรวจเป็นประจำนี่นะ

탐 야—ㅇ라이 디— 완니—뻰 완뜨루엇뻰쁘라짬니—나

그러면 어떡하지, 오늘이 정기적으로 진찰받는 날인데….

B: แม่ครับ ถ้ายังงั้นโทรหาโรงพยาบาล
และเลื่อนวันนัดไม่ได้หรือครับ

매—크랍 타—양응안 토—하—로—ㅇ파야—바—ㄴ 래 르언 완낫 마이 다이 르—크랍

엄마, 병원에 전화해서 내일로 연기하면 안 될까요?

A: นี่ คนไทยทำศัลยกรรมตกแต่งกันเยอะไหม

니— 콘타이 탐 싼야깜똑때—ㅇ 깐 여 마이

얘, 태국 사람들도 성형수술 많이 하니?

B: ไม่ค่อยทำกันเยอะ

마이 커이 탐 깐 여

아니, 별로 많이 하지 않아.

99

ร้านขายยา [ráan kǎai yaa] 라ㅡㄴ 카ㅡ이야ㅡ **약국**

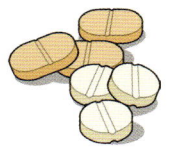

□ **ยาเม็ด** 알약

[yaa mét] 야ㅡ 멧

ยาเม็ดกินง่ายกว่า
야ㅡ 멧 낀 응아이 꽈ㅡ
알약이 더 먹기 편해요.

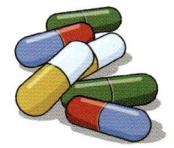

□ **แคปซูล** 캡슐

[káep-soon] 캡 쑤ㅡㄴ

□ **ยาน้ำ** 물약

[yaa náam] 야ㅡ 나ㅡㅁ

ยาน้ำฉนิดนี้กินครั้งละ 2 ช้อน
야ㅡ 나ㅡㅁ 차닛 니ㅡ 낀 크랑 라 써ㅡㅇ 처ㅡㄴ
이 물약은 한 번에 두 스푼씩 드세요.

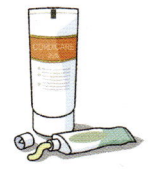

□ **ยาทา** 연고

[yaa taa] 야ㅡ 타ㅡ

จงทายาบนแผลอย่างสม่ำเสมอ
쫑 타ㅡ 야ㅡ 본 플래ㅡ 야ㅡㅇ 싸맘 싸므ㅓㅡ
상처에 꾸준히 연고를 바르세요.

□ **ผ้าก๊อซ** 거즈

[pâa gát] 파ㅡ 꺼ㅡㅅ

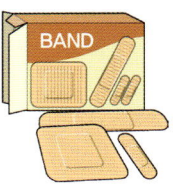

□ **พลาสเตอร์** 일회용밴드

[pláat-dtêr] 플라ㅡㅅ 뜨ㅓㅡ

1 인간
2 가정
3 수
4 도시
5 교통
6 업무
7 쇼핑
8 스포츠/취미
9 자연

🔵 관련 단어

□ **เภสัชกร** [pe: -sàt-chá-gʌ:n] 페– 쌋 차 꺼–ㄴ   **약사**

□ **ปริมาณยาที่สั่งให้ทาน** [bpà-rí-maan yaa têe sàng hâi taan]
   뻐리마–ㄴ 야– 티– 쌍 하이 타–ㄴ   **복용량**

□ **ยากิน** [yaa gin] 야– 낀   **내복약**

□ **ยาเหน็บ** [yaa nèp] 야– 녭   **좌약**

□ **ยาแก้ปวด** [yaa gâe: bpùat] 야– 깨– 뿌엇   **진통제**

□ **ยานอนหลับ** [yaa nʌ:n làp] 야– 너–ㄴ 랍   **수면제**

□ **ยาระงับประสาท** [yaa ngáp bprà-sàat] 야– 응압 쁘라싸–ㅅ   **진정제**

□ **ยาแก้อักเสบ** [yaa gâe: àk-sè:p] 야– 깨– 악쎄–ㅂ   **소염제**

□ **ยาแก้ท้องร่วง** [yaa gâe: tʌ́:ng rûang] 야– 깨– 터–ㅇ 루앙   **설사약, 지사제**

□ **น้ำเกลือ** [nám gleua] 나–ㅁ 끌르아   **생리 식염수**

□ **ผ้าพันแผล** [pâa pan plǎe:] 파– 판 플래–   **붕대**

□ **แพ้ยา** [páe: yaa] 패– 야–   **약의 부작용**

Dialogue

A: ขอยาฉนิดที่ดีต่ออาการปวอดฟันหน่อยค่ะ
   커– 야– 차닛 티– 디– 떠– 아–까–ㄴ 뿌엇 퐌 너–이 카
   치통에 좋은 진통제 좀 주세요.

B: ถ้าจะซื้อยานี้ ต้องมีใบสั่งยาจากแพทย์ครับ
   타–짜 쓰– 야–니– 떠–ㅇ 미– 바이 쌍 야– 짜–ㄱ 페–ㅅ 크랍
   이 약을 사시려면, 의사의 처방전이 있어야 합니다.

โรค [rô:k] 로-ㄱ 질병

□ **อาการหนาวสั่น** 오한

[aa-gaan nǎao sàn] 아-까-ㄴ 나-우 싼

□ **อาเจียน** 구토하다

[aa-jian] 아- 찌안

อาหารกลางวันไม่ย่อย จึงอาเจียน

아-하-ㄴ 끌라-ㅇ 완 마이 여-이 쯩 아-찌안

점심 먹은 게 체해서 구토를 했다.

□ **ปวดหัว** 두통

[bpùat hǔa] 뿌엇 후아

มีอาการปวดหัวมากจนไม่สามารถตั้งสติได้

미- 아-까-ㄴ 뿌엇 후아 마-ㄱ 쫀 마이 싸-마-ㅅ 땅 싸띠 다이

두통이 심해서 정신을 차릴 수가 없다.

□ **คลื่นไส้** 구역질하다

[klêun sâi] 클르-ㄴ 싸이

□ **มีไข้** 열이 나다

[mee kâi] 미- 카이

□ **ไข้หวัดใหญ่** 독감

[kâi wàt yài] 카이 왓 야이

เขาไม่มาทำงานเพราะเป็นไข้หวัดใหญ่

카오 마이 마- 탐응아-ㄴ 프러 뻰 카이 왓 야이

그는 오늘 독감으로 결근했습니다.

□ **หวัด** [wàt] 왓 감기

□ **แผลไฟไหม้** 화상

[plǎe: fai mâi] 플래– 퐈이 마이

□ **เป็นแพ้** 알레르기 반응

[bpen páe:] 뻰 패–

□ **เลือดกำเดา** 코피

[lêuat gam-dao] 르앗 깜 다오

□ **แผล** 상처

[plǎe:] 플래–

แผลควรหายสนิดดี...

플래– 쿠언 하–이 싸닛 디–

상처가 잘 아물어야 할 텐데….

□ **แผลพอง** 물집

[plǎe: pʌ:ng] 플래– 퍼–ㅇ

ใส่รองเท้าคู่ใหม่แล้ว จึงเกิดแผลพองที่เท้า

싸이 러–ㅇ타오 쿠–마이 래우 쯩 끄ㅓㅅ 플래–퍼–ㅇ티–타오

새 신을 신었더니 발에 물집이 생겼다.

□ **ฟันผุ** [fan pù] 퐌푸 충치

แหม เกิดฟันผุอีกซี่หนึ่งแล้ว

매– 끄ㅓㅅ 퐌푸 이–ㄱ 씨–능 래우

아이구, 충치가 또 하나 늘었네!

□ **ความดันโลหิตสูง** 고혈압

[kwaam dan lo:-hìt sǒong] 콰–ㅁ 단 로–힛 쑤–ㅇ

ยังไม่ถึงอายุ 40 แต่เป็นโรคความดันสูงได้ยังไร

양 마이 틍 아–유 씨–씹 때–뻰 로–ㄱ 콰–ㅁ 단 로–힛 쑤–ㅇ 다이 양 라이

아직 40도 안 된 사람이 고혈압이라니….

관련 단어

□ ติดโรค [dtìt rô:k] 띳 로-ㄱ
เป็นโรค [bpen rô:k] 뻰 로-ㄱ 병이 나다

□ เชื้อโรค [chéua rô:k] 츠아 로-ㄱ 병균

□ โรคมะเร็ง [rô:k má-reng] 로-ㄱ 마 렝 암

□ โรคเบาหวาน [rô:k bao wǎan] 로-ㄱ 바오 와-ㄴ 당뇨병

□ โรคตับอักเสบ [rô:k dtàp àk-sè:p] 로-ㄱ 땁 악 쎄-ㅂ 간염

□ โรคความอ้วน [rô:k kwaam ûan] 로-ㄱ 콰-ㅁ 우언 비만증

□ โรคโลหิตจาง [rô:k lo:-hìt jaang] 로-ㄱ 로-힛짜-ㅇ 빈혈

□ ไส้ติ่งอักเสบ [sâi dtìng àk-sè:p] 싸이 띵 악 쎄-ㅂ 맹장염

□ อาการปวดหัวข้างเดียว [aa-gaan bpùat hǔa kâang dieow]
아-까-ㄴ 뿌엇 후아 카-ㅇ 디아우 편두통

□ อาการปวดเอว [aa-gaan bpùat ew] 아-까-ㄴ 뿌엇 에-우 요통

□ อาการปวดท้อง [aa-gaan bpùat tʌ́:ng] 아-까-ㄴ 뿌엇 터-ㅇ 복통

□ อาหารเป็นพิษ [aa-hǎan bpen pít] 아-하-ㄴ 뻰 핏 식중독

□ อาการย่อยไม่ดี [aa-gaan aa-hǎan mâi yʌ̂:i dee]
아-까-ㄴ 아-하-ㄴ 마이 여-이 디- 소화불량

□ ท้องผูก [tʌ́:ng pòok] 터-ㅇ 푸-ㄱ 변비

□ ไข้หวัดนก [kâi wàt nók] 카이 왓 녹 조류 독감, 조류 인플루엔자

□ ท้องเสีย [tʌ́:ng sǐa] 터-ㅇ 씨아 설사

□ เลือดออก [lêuat ʌ̀:k] 르엇 어-ㄱ 출혈하다

□ ไอ [ai] 아이 기침

1 인간

2 가정

3 수

4 도시

5 교통

6 업무

7 쇼핑

8 스포츠/취미

9 자연

□ **จาม** [jaam] 짜ㅡㅁ 재채기

□ **ตาบอด** [dtaa bɔ̀:t] 따ㅡ 버ㅡㅅ 눈이 멀다

□ **หูตึง** [hǒo dteung] 후ㅡ 뜽 귀가 들리지 않다

Dialogue

A: **ช่วงนี้อาการโรคโลหิดจางเป็นยังไงบ้างครับ**
추엉 니ㅡ 아ㅡ까ㅡㄴ 로ㅡㄱ 로ㅡ힛 짜ㅡㅇ 뻰 양응아이 바ㅡㅇ 크랍
요즘 빈혈 증세는 좀 어때요?

B: **เฉยๆ ค่ะ แต่กินยาทุกวันอยู่ ก็คงจะดีขึ้นเองค่ะ**
츠ㅓ이츠ㅓ이 카 때ㅡ 낀 야ㅡ 툭완 유ㅡ 꺼ㅡ 콩 짜 디ㅡ 크ㅡㄴ 에ㅡㅇ 카
그저 그래요. 하지만 매일 약을 먹고 있으니 곧 좋아질 거예요.

A: **หวังว่าจะดีขึ้นเร็วๆ นะครับ**
왕 와ㅡ 짜 디ㅡ 크ㅡㄴ 레우레우 나 크랍
빨리 낫길 바라요.

B: **ขอบคุณที่เป็นห่วงค่ะ**
커ㅡㅂ 쿤 티ㅡ 뻰 후엉 카
걱정해줘서 고마워요.

105

ธนาคาร [tá-naa-kaan] 타나-카-ㄴ 은행

□ **พนักงานธนาคาร** 은행 직원
[pá-nák ngaan tá-naa-kaan]
파낙응아-ㄴ 타나-카-ㄴ

□ **ผู้รักษาความปลอดภัย / ร.ป.ภ.**
[pôo rák-săa kwaam bplʌ:t pai] 푸- 락싸- 콰-ㅁ 쁠러-ㅅ 파이 /러.뻐.퍼
청원 경찰

□ **เหรียญ** 동전
[rĭan] 리안

□ **ธนาบัตร** [tá-ná-bàt] 타나-밧
แบงค์ [baeng] 배-ㅇ 지폐

□ **จำนวนเงิน** 금액
[jam-nuan-ngern] 짬누안 응으ㅓ-ㄴ

□ **เช็ค** [chék] 첵 수표
ขอเซ็นชื่อบนเช็คค่ะ
커- 쎈 츠- 본 첵 카
수표 위에 서명해 주세요.

□ **บัตรเครดิต** 신용카드
[bàt-kre:-dìt] 밧 크레-딧
ทำบัตรเครดิตหายครับ
탐 밧 크레-딧 하-이 크랍
신용카드를 분실했어요.

□ **สมุดบัญชี** 통장
[sà-mùt-ban-chee] 싸뭇 반치-

□ **ตู้เอทีแอ็ม** 현금 자동 입출금기, ATM
[dtôo e- tee-em] 뚜- 에-티-에-ㅁ

1 인간

2 가정

3 수

4 도시

5 교통

6 업무

7 쇼핑

8 스포츠/취미

9 자연

관련 단어

□ ช่อง [châ:ng] 처̂ㅇ 업무 창구 (~번)

□ รับเงินและจ่ายเงิน [ráp ngern láe jàai ngern] 랍으ㅓ-ㄴ 래짜̀이으ㅓ-ㄴ 출납

□ ลูกค้า [lôok káa] 루̂-ㄱ 카́- 고객

□ เงินฝาก [ngern fàak] 으ㅓ-ㄴ 퐈̀-ㄱ 저금, 예금

□ เงินกู้ [ngern gôo] 으ㅓ-ㄴ 꾸̂- 대출금

□ โอนเงินเข้าบัญชี [o:n ngern kâo ban-chee] 오-ㄴ 으ㅓ-ㄴ 카오̂ 반치- 계좌 이체

□ ค่าธรรมเนียมธนาคาร [kâa tam-niam tá-naa-kaan] 카̂- 탐니암 타나̃-카-ㄴ 은행 수수료

□ เลขที่บัญชี [lê:k têe ban-chee] 레̂-ㄱ 티̂-반치- 계좌 번호

□ รหัสลับ [rá-hàt láp] 라핫̀랍 비밀 번호

□ เซ็นชื่อ [sen-chêu] 쎈 츠̂-
     ลงนาม [long naam] 롱 나-ㅁ 서명하다, 사인하다

□ บัตรเดบิต [bàt de-bìt] 밧 데-빗̀ 직불 카드

□ ใบแจ้งชำระเงิน [bai jâeng cham-rá ngern]
     바이 째̂-ㅇ 참라 으ㅓ-ㄴ 매월 납부 통지서

□ ชำระเงิน [cham-rá ngern] 참라 으ㅓ-ㄴ 납부하다

Dialogue

A: แถวนี้มีธนาคารไหมครับ
     태̃우 니̃- 미- 타나-카-ㄴ 마이̃ 크랍́
     이 근처에 은행이 있나요?

B: มีค่ะ ข้างๆ อาคารสูงโน่นค่ะ
     미-카̂ 카̂-ㅇ카̂-ㅇ 아-카-ㄴ 쑤̃-ㅇ 노̂-ㄴ 카̂
     저기 큰 빌딩 바로 옆에 있어요.

A: ขอบคุณครับ
     커̀-ㅂ 쿤 크랍́
     고마워요.

107

อาหารจานด่วน [aa-hăan jaan dùan] 아-하ㅡ-ㄴ 짜-ㄴ 두언
ฟาสต์ฟู้ด [fáast-fóot] 파스ㅡㅌ 푸ㅡㄷ **패스트푸드**

□ **มันฝรั่งทอด** 감자튀김, 프렌치프라이
[man fà-ràng tâ:t] 만퐈랑 터ㅡ-ㅅ

□ **โดนัท** 도넛
[do:-nát] 도ㅡ-낫

□ **ไก่ทอด** 프라이드치킨
[gài tâ:t] 까이 터ㅡ-ㅅ

ไก่ทอกของร้านนี้อร่อยมาก
까이 터ㅡ-ㅅ 커ㅡ-ㅇ 라ㅡ-ㄴ 니ㅡ 아러ㅡ-이 마ㅡ-ㄱ
이 집 프라이드치킨 참 맛있어.

□ **แฮมเบอร์เกอร์** 햄버거
[hae:m ber-gêr] 해ㅡ-ㅁ 브ㅓ-ㄲㅓ-

□ **หลอด** 빨대
[là:t] 러ㅡ-ㅅ

□ **โค้ก** 콜라
[kó:k] 코ㅡ-ㄱ

□ **แซนด์วิช** 샌드위치
[saen-wít] 쌔ㅡ-ㄴ 위ㅡ-ㅅ

ฉันชอบแซนด์วิชใส่แฮมและไข่ค่ะ
찬 처ㅡ-ㅂ 쌔ㅡ-ㄴ 위ㅡ-ㅅ 싸이 해ㅡ-ㅁ 래 카이 카ˇ
나는 햄에그 샌드위치가 좋아요.

1 인간

2 가정

3 수

4 도시

5 교통

6 업무

7 쇼핑

8 스포츠/취미

9 자연

관련 단어

- □ **รสชาติ** [rót châat] 롯 차-ㅅ 맛
- □ **หวาน** [wǎan] 와-ㄴ 달다
- □ **ขม** [kǒm] 콤 쓰다
- □ **เผ็ด** [pèt] 펫 맵다
- □ **เค็ม** [kem] 켐 짜다
- □ **เปรี้ยว** [bprîeow] 쁘리아우 시다
- □ **จืด** [jèut] 쯔-ㅅ 싱겁다
- □ **ฝาด** [fàat] 퐈-ㅅ 떫다
- □ **อร่อย** [a-rɔ̀:i] 아러-이 맛있다
- □ **ไม่อร่อย** [mâi a- rɔ̀:i] 마이 아러-이 맛없다

Dialogue

A: **จะรับอะไรดีคะ**
짜 랍 아라이 디- 카
무엇을 드릴까요?

B: **ขอชีสเบอร์เกอร์ 2 ชุดครับ**
커- 치-ㅅ 브ㅓ끄ㅓ-써-ㅇ 춧 크랍
치즈 버거 세트 두 개 주세요.

A: **จะทานที่นี่หรือจะเอากลับคะ**
짜 타-ㄴ 티-니- 르- 짜 아오 끌랍 카
여기서 드실 건가요. 아니면 포장해 가시겠어요?

B: **ทานที่นี่ครับ**
타-ㄴ 티-니- 크랍
먹고 갈 거예요.

109

ร้านอาหาร [ráan aa-hăan] 라─ㄴ 아─하─ㄴ 레스토랑

□ **สเต็ก** [sà-dtèk] 싸 떽 스테이크

□ **สลาด** [sà-làat] 쌀라─ㅅ 샐러드

□ **สปาเก็ตตี้** 스파게티
[sà-bpaa-gèt-dtêe] 싸빠─껫 띠─

อาหารกลางวันนี้กินสปาเก็ตตี้กันไหม
아─하─ㄴ 끌라─ㅇ 완니─ 낀 싸빠─껫 띠─깐 마이
오늘 점심으로 스파게티 어때?

□ **ซุป** [súp] 쑵 수프
อยากกินซุปผักร้อนๆ
야─ㄱ 낀 쑵 팍 런러─ㄴ
따뜻한 야채 수프가 먹고 싶어.

□ **ข้าวแกงกะหรี่** 카레라이스
[kâaw gaeng gà rèe] 카우 깨─ㅇ 까리─

□ **ซีฟู้ด** [see-fóot] 씨─ 푸─ㅅ 해산물
□ **อาหารทะเล** [aa hăan tá-le] 아─하─ㄴ 탈레─ 해산물 요리
ในประเทศไทยมีอาหารทะเลหลายอย่าง
나이 쁘라테─ㅅ 타이 미─ 아─하─ㄴ 탈레─ 라─이 야─ㅇ
태국에는 여러 가지 해산물 요리가 있다.

110

관련 단어

□ เมนู [me-noo] 메-누- 메뉴

□ อาหารสำหรับเด็ก [aa hǎan sǎm-ràp dèk] 아-하-ㄴ 쌈 랍 덱 어린이 메뉴

□ อาหารว่าง [aa hǎan wâang] 아-하-ㄴ 와-ㅇ 애피타이저

□ ของหวาน [kǎ:ng wǎan] 커-ㅇ 와-ㄴ 디저트

□ หมูย่าง [mǒo yâang] 무- 야-ㅇ 바비큐

□ หมูชุบแป้งทอด [mǒo chúp bpâeng tʌ̂:t] 무- 춥 빼-ㅇ 터-ㅅ 포크커틀릿, 돈가스

□ ข้าวห่อไข่ [kâaw hʌ̀: kài] 카우 허- 카이 오므라이스

□ ล็อบสเตอร์ [lʌ́p- sà -dter] 럽 싸 뜨ㅓ- 바닷가재

□ สุกระดับเวลดัน [sùk rá-dàp wel-dan] 쑥 라답 웰단
ย่างให้สุกๆ [yâang hâI sùk sùk] 야-ㅇ 하이 쑥쑥 웰던, 잘 익힌

□ สุกระดับมีเดียม [sùk rá-dàp mee diam] 쑥 라답 미-디암
ย่างให้กลาง [yâang hâI glaang] 야-ㅇ 하이 끌라-ㅇ 미디엄, 중간 정도로 익힌

□ สุกระดับแรร์ [sùk rá-dàp rae] 쑥 라답 래-
ย่างให้ดิบๆ [yâang hâI dìp dìp] 야-ㅇ 하이 딥 딥 레어, 살짝만 익힌

□ กระดาษแนปกิ้น [grà-dàat náp-kin] 끄라다-ㅅ 냅낀 냅킨

□ ใบเสร็จรับเงิน [bai sèt ráp ngern] 바이 쎗랍 응으ㅓㄴ
บิล [bin] 빈 계산서

□ อาหาร [aa-hǎan] 아-하-ㄴ 음식

□ สั่งอาหาร [sàng aa-hǎan] 쌍 아-하-ㄴ 음식을 주문하다

□ เครื่องดื่ม [krêuang dèum] 크르엉 드-ㅁ 음료수

2 가정
3 수
4 도시
5 교통
6 업무
7 쇼핑
8 스포츠/취미
9 자연

Unit 08 ร้านอาหาร ▶▶▶

Dialogue

A: สั่งอาหารไหมคะ
쌍 아-하-ㄴ. 마이카
주문하시겠어요?

B: ขอสเต็ก 2 ที่ครับ
커- 싸 떽 써-ㅇ 티- 크랍
스테이크 2인분 주세요.

A: ย่างสเต็กอย่างไรดีคะ
야-ㅇ 싸 떽 야-ㅇ 라이 디- 카
스테이크는 어떻게 해 드릴까요?

B: ขอให้สุกระดับมีเดียมครับ
커-하이 쑥 라답 미-디암 크랍
미디엄으로 해 주세요.

A: เครื่องดื่มจะรับอะไรดีคะ
크르엉 드-ㅁ 짜 랍 아라이 디- 카
음료는 무엇으로 하시겠습니까?

B: ขอน้ำเปล่าครับ
커- 나-ㅁ 쁠라오 크랍
물 주세요.

112

อาหารไทย [aa-hăan tai] 아-하-ㄴ 타이 태국 요리

□ ต้มยำ 시큼한 국
[dtôm yam] 똠얌

□ แกงเขียวหวาน 녹색 커리
[gae:ng kĭeow wăan] 깨-ㅇ 끼아우 와-ㄴ

□ แกงเผ็ด 매운 국
[gae:ng pèt] 깨-ㅇ 펫

□ แกงจืด 맑은 국
[gae:ng jèut] 깨-ㅇ 쯔-ㅅ

□ ผัดเปรี้ยวหวาน
[pàt bprîeow wăan] 팟 쁘리아우 와-ㄴ
재료를 달고 새콤하게 볶은 음식

□ ผัดไทย 볶음 국수
[pàt tai] 팟 타이

□ ผัดกระเพรา
[pàt grà prao] 팟 끄라 프라오
재료를 바질잎과 함께 매콤하게 볶은 음식

□ สุกี้ [sù-gêe] 쑤끼-
전골이나 샤브샤브와 비슷한 음식

□ **ปลาสามรส**
[bplaa sǎam rót] 쁠라– 싸ˇ–ㅁ 롯́
맵고 달콤하고 신 소스를 얹은 생선구이

□ **ปู (กุ้ง) อบวุ้นเส้น**
[bpòo (gûng)òp wún sên] 뿌– (꿍̂) 옵̀운̂쎈̂
녹두 당면이 들어간 게(새우) 찜 요리

□ **ผัดพริกเผา**
[pàt prík pǎo] 팟̀ 프릭́ 파ˇ오
매운 고추 소스를 얹은 요리

□ **ผัดน้ำมันหอย**
[pàt nám man hǎ:i] 팟̀ 남́만 허ˇ이
굴 소스 볶음 요리

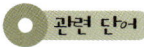

□ **ผัดผักรวมมิตร**
[pàt pàk ruam mít] 팟̀ 팍̀ 루암̂ 밋́
굴 소스를 이용한 야채 요리 볶음

□ **ส้มตำ** [sôm dtam] 쏨̂ 땀
파파야 매운 샐러드

🔵 **관련 단어**

□ **ข้าว** [kâaw] 카̂우 밥

□ **กุ้ง** [gûng] 꿍̂ 새우

□ **ปลา** [plaa] 쁠라– 생선

□ **ไข่** [kài] 카̀이 계란

□ **แกง** [gae:ng] 깨–ㅇ 국

□ **ยำ** [yam] 얌 무침

- □ **เนื้อไก่** [néua gài] 느아 까이 닭고기('까이'라고도 함)
- □ **เนื้อหมู** [néua mŏo] 느아 무− 돼지고기('무−'라고도 함)
- □ **เนื้อวัว** [néua wua] 느아 우아 소고기('느아'라고도 함)
- □ **ก๋วยเตี๋ยว** [gŭai-dtĭeow] 꾸어이 띠어우 쌀국수
- □ **บะหมี่** [bà-mèe] 바 미− 밀(계란반죽)국수
- □ **ทอด** [tʌ̂:t] 터−ㅅ 튀기다
- □ **ย่าง** [yâang] 야−ㅇ 굽다(고기 굽듯이 굽는 것)
- □ **เผา** [păo] 파오 굽다(직화 방식으로 굽는 것)
- □ **อบ** [òp] 옵 굽다(오븐에 굽는 것)
- □ **นึ่ง** [nêung] 능 삶다
- □ **ต้ม** [dtôm] 똠 끓이다
- □ **ผัด** [pàt] 팟 볶다

Dialogue

A: **กินอะไรดี**
긴 아라이 디−
뭐 먹을까?

B: **กินก๋วยเตี๋ยวไหม**
긴 꾸어이 띠어우 마이
쌀국수 먹을까?

A: **ก็ได้ แต่ไม่ใส่ผักชีดีกว่า**
꺼−다이 때−마이싸이 팍치−디−꽈−
그것도 좋지. 그런데 고수풀은 넣지 않는 게 좋겠어.

B: **เข้าใจแล้ว ตอนสั่งฉันจะบอกให้**
카오짜이래우 떠−ㄴ쌍 찬 짜 버−ㄱ하이
그래. 주문할 때 얘기할게.

ร้านเหล้า [ráan lâo] 라–ㄴ 라오 술집

□ วิสกี้ 위스키

[wít-gêe] 위–ㅅ 끼–

□ ค็อกเทล 칵테일

[kʌ́k-te:n] 칵 테–ㄴ

ฉันไม่ชอบดื่มค็อกเทล

찬 마이 처–ㅂ 드–ㅁ칵 테–ㄴ

나는 칵테일을 좋아하지 않는다.

□ ไวน์ 와인

[wai] 와이

ไวน์เป็นเหล้าที่ค่อนข้างแรง

와이 뻰 라오 티– 커–ㄴ 카–ㅇ 래–ㅇ

와인은 은근히 독한 술이다.

□ น้ำโซดา 소다수

[nám so:-daa] 나–ㅁ 쏘–다–

□ กับแกล้ม 안주

[gàp glâem] 깝 끌래–ㅁ

□ เบียร์สด 생맥주

[bia sòt] 비아 쏫

กรุณาอย่าใส่น้ำแข็งในเบียร์

까루나– 야– 싸이 남캥 나이 비아

맥주에 얼음 넣지 마세요.

관련 단어

- □ น้ำแข็ง [nám kăeng] 남 캥 얼음
- □ เบียร์ [bia] 비아 맥주
- □ แก้ว [gâe:w] 깨-우 잔
- □ ขวด [kùat] 쿠엇 병
- □ เมา [mao] 마오 취하다
- □ เมาค้าง [mao káang] 마오 카-ㅇ 숙취
- □ ชนแก้ว [chon gâe:w] 촌 깨-우 건배

Dialogue

A: ขอเบียร์ 2 ขวดครับ
커- 비아 써-ㅇ 쿠엇 크랍
맥주 두 병 주세요.

B: จะเอาแก้วกับน้ำแข็งด้วยไหมคะ
짜 아오 깨-우 깝 남캥 두어이 마이 카
잔과 얼음도 드릴까요?

A: ไม่เป็นไรครับ
마이 뻰 라이 크랍
아뇨. 괜찮아요.

2 가정
3 수
4 도시
5 교통
6 업무
7 쇼핑
8 스포츠/취미
9 자연

โรงแรม [ro:ng rae:m] 로-ㅇ래-ㅁ 호텔

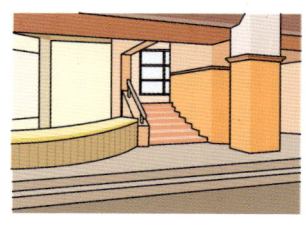

□ **อาคารส่วนกลาง** 본관

[aa-kaan sùan glaang] 아-카-ㄴ 쑤언 끌라-ㅇ

□ **อาคารย่อย** 별관

[aa-kaan yʌ̂:i] 아-카-ㄴ 여-이

□ **ล็อบบี้** 로비

[lʌ́p-bêe] 럽 비-

มาเร็วๆ ฉันรออยู่ที่ล็อบบี้

마-레우레우 찬 러- 유- 티- 럽비-

빨리 와. 나 지금 로비에서 기다리고 있어.

□ **เช็คอิน** [chék in] 첵 인 체크인

□ **เช็คเอาท์** [chék ao] 첵 아오 체크아웃

จะเช็คเอาท์ตอนนี้นะคะ

짜 첵 아오 떠-ㄴ 니- 나카

지금 체크아웃하려고 하는데요.

□ **แผนกต้อนรับส่วนหน้า**

[pà-nàe:k dtʌ̂:n ráp sùan nâa] 파내-ㄱ 떠-ㄴ 랍 쑤언 나-

ฟร้อนท์ [frʌ́:n] 프러-ㄴ 프런트 데스크

ฮัลโหล เป็นฟรอนท์ใช่ไหมคะ

한로- 뻰 프러-ㄴ 차이 마이 카

여보세요. 거기 프런트 데스크죠?

□ ห้องพักเตียงเดี่ยว 싱글룸

[hʌ̂:ng pák dtiang dìeow]

허-ㅇ 팍 띠앙 디아우

□ ห้องพักเตียงคู่ 트윈룸

[hʌ̂:ng pák dtiang kôo]

허-ㅇ 팍 띠앙 쿠-

□ พนักงานโรงแรม 호텔 종업원

[pá-nák ngaan ro:ng rae:m]

파낙응아-ㄴ 로-ㅇ 래-ㅁ

□ ค่าทิป 팁

[kâa típ] 카- 팁

ขอบคุณค่ะ นี่คือค่าทิปนะคะ

커-ㅂ쿤 카 니-크- 카-팁 나카

고마워요. 이건 팁이에요.

□ บริการโทรปลุก 모닝콜 서비스

[bʌ-rí-gaan to: bplùk] 버리까-ㄴ 토- 쁠룩

พรุ่งนี้ตอน 6 โมงเช้ากรุณาโทรปลุกนะครับ

프룽니- 떠-ㄴ 혹 모-ㅇ 차오 까루나- 토- 쁠룩 나 크랍

내일 아침 여섯 시에 모닝콜 서비스 부탁합니다.

2 가정
3 수
4 도시
5 교통
6 업무
7 쇼핑
8 스포츠/취미
9 자연

관련 단어

- □ **ระดับ 5 ดาว** [rá-dàp hâa daaw] 라답 하– 다우 오성급
- □ **รับฝากกระเป๋า** [ráp fàak grà-bpăo] 랍 퐈–ㄱ 끄라빠오 물품 보관소
- □ **โต๊ะชำระเงิน** [dtó cham-rá ngern] 또 참라 응으ㅓㄴ 계산대
- □ **ห้องพยาบาล** [hʌ̂:ng pá-yaa-baan] 허–ㅇ 파야–바–ㄴ 의무실
- □ **ลิฟต์** [líf] 리–ㅍ 엘리베이터
- □ **ทางเดินในตึก** [taang dern nai dtèuk] 타–ㅇ 드ㅓㄴ 나이 뜩 복도
- □ **จอง** [jʌ:ng] 쩌–ㅇ 예약하다
- □ **ห้องว่าง** [hʌ̂:ng wâang] 허–ㅇ 와–ㅇ 빈방
- □ **แลกเงิน** [lâe:k ngern] 래–ㄱ 응으ㅓㄴ 환전
- □ **ห้ามรบกวน** [hâam róp guan] 하–ㅁ 롭 꾸언 방문 사절 (문 밖에 걸어 놓음)
- □ **เฉพาะเจ้าหน้าที่** [chà-pʌ́ jâo nâa-têe] 차퍼 짜오 나–티– 관계자 외 출입 금지
- □ **ทำความสะอาดอยู่** [tam kwaam sà-àat yòo] 탐 콰–ㅁ 싸아–ㅅ 유– 청소 중

태국 문화 엿보기 | 에메랄드 사원(왓 프라 깨우)

태국의 수도 방콕에 있는 유명한 불교 사원으로, '머라꼿 불상'이라 불리는 옥색 불상이 있기 때문에 에메랄드 사원이라 불린다. 불상은 태국의 계절(우기, 건기, 겨울)에 따라 의상을 바꿔 입히며, 극진히 모시고 있다. 또한 이곳은 왕실의 사원으로 상주하는 스님이 없으며, 태국에서 가장 훌륭하고 성스러운 사원 중 하나로 유명하다.

Dialogue

A: จะจองห้องนะครับ
짜 쩌-ㅇ 허-ㅇ 나 크랍
방을 예약하려고 하는데요.

B: ค่ะ จะพักเมื่อไรคะ
카 짜 팍 므아 라이 카
예, 언제 숙박하실 건가요?

A: ตั้งแต่วันศุกร์นี้ถึงวันอาทิตย์นี้ครับ
땅때- 완 쑥니- 틍 완 아-팃 니- 크랍
이번 주 금요일부터 일요일까지요.

B: ค่ะ ทั้งหมดกี่ท่านคะ
카 탕 못 끼- 타-ㄴ 카
예, 몇 분이십니까?

A: สี่คนครับ จองห้องเป็นห้องเตียงคู่ได้ไหมครับ
씨- 콘 크랍 쩌-ㅇ 허-ㅇ 뻰 허-ㅇ 띠앙 쿠- 다이 마이 크랍
네 명인데요. 트윈룸으로 예약 가능할까요?

2 가정
3 수
4 도시
5 교통
6 업무
7 쇼핑
8 스포츠/취미
9 자연

Unit 12

โรงเรียน [ro:ng rian] 로-ㅇ 리안 학교

❶ ห้องเรียน [hâng rian] 허-ㅇ 리안 교실

❷ ครู [kroo] 크루- 교사

❸ นักเรียน [nák rian] 낙 리안 학생

❹ โต๊ะอ่านหนังสือ [dtó àan năng-sĕu] 또 아-ㄴ 낭쓰- 책상

❺ เก้าอี้ [gâo-êe] 까오 이- 의자

❻ หนังสือเรียน [năng-sĕu rian] 낭쓰- 리안 교과서

❼ กล่องดินสอ [glòng din-sǎ:] 끌러-ㅇ 딘써- 필통

❽ ดินสอ [din-sǎ:] 딘써- 연필

❾ ยางลบ [yaang lóp] 야-ㅇ 롭 지우개

❿ ดินสอสี [din-sǎ: sěe] 딘써-씨- 색연필

⓫ ไม้บรรทัด [máai ban-tát] 마이 반 탓 자

⓬ ลูกโลกจำลอง [lôok lôhk jam-long] 루-ㄱ 로-ㄱ 짬러-ㅇ 지구본

⓭ ป้ายติดประกาศ [bpâai dtìt bprà-gàat] 빠-이 띳 쁘라까-ㅅ 게시판

관련 단어

- □ **โรงเรียนอนุบาล** [ro:ng rian a-nú-baan] 로-ㅇ 리안 아누 바-ㄴ 유치원
- □ **โรงเรียนประถมศึกษา** [ro:ng rian bprà-tŏm sèuk-săa] 로-ㅇ 리안 쁘라톰 쓱싸- 초등학교
- □ **โรงเรียนมัธยมศึกษา ตอนต้น** [ro:ng rian mát-tá-yom sèuk-săa dton-dtôn] 로-ㅇ 리안 마타욤 쓱싸- 떠-ㄴ 똔 중학교
- □ **โรงเรียนมัธยมศึกษา ตอนปลาย** [ro:ng rian mát-tá-yom sèuk-săa dton-bplaai] 로-ㅇ리안 마타욤 쓱싸- 떠-ㄴ 쁠라-이 고등학교
- □ **มหาวิทยาลัย** [má-hăa wít-tá-yaa-lai] 마하-윗타야-라이 대학교
- □ **นักศึกษา** [nák sèuk-săa] 낙 쓱싸- 대학생
- □ **หอพัก** [hʌ̌: pák] 허- 팍 기숙사
- □ **หอสมุด** [hʌ̌: sà-mùt] 허- 싸뭇 도서관
- □ **หอประชุม** [hʌ̌: bprà-chum] 허- 쁘라춤 강당
- □ **สนามกีฬา** [sà-năam gee-laa] 싸나-ㅁ 낄라- 운동장
- □ **โรงพลศึกษา** [ro:ng pá-lá-sèuk-săa] 로-ㅇ 팔라 쓱싸-
  โรงยิม [ro:ng-yim] 로-ㅇ 임 체육관
- □ **สอบ** [sʌ̀:p] 써-ㅂ 시험
- □ **การบ้าน** [gaan bâan] 까-ㄴ 바-ㄴ 숙제
- □ **การศึกษา** [gaan sèuk-săa] 까-ㄴ 쓱싸- 교육
- □ **เรียน** [rian] 리안 공부
- □ **ไปโรงเรียน** [bpai ro:ng rian] 빠이 로-ㅇ 리안 등교하다
- □ **กลับบ้าน** [glàp bâan] 끌랍 바-ㄴ 하교하다(집에 돌아가다)
- □ **เพื่อนห้องเดียวกัน** [pêuan hâng dieow gan] 프언 허-ㅇ 디아우 깐 급우, 반 친구

1 인간 2 가정 3 수 4 도시 5 교통 6 업무 7 쇼핑 8 스포츠/취미 9 자연

วิชาเรียน [wí-chaa rian] 위차- 리안 **과목**

☐ **ประวัติศาสตร์** 역사
[bprà-wàt-dti-sàat] 쁘라왓띠싸ㅡㅅ
การเรียนประวัติศาสตร์มีความสำคัญอย่างมาก
까ㅡㄴ 리안 쁘라왓띠싸ㅡㅅ 미ㅡ 콰ㅡㅁ 쌈칸 야ㅡㅇ 마ㅡㄱ
역사를 공부하는 것은 매우 중요하다.

☐ **ดนตรี** 음악
[don-dtree] 돈 뜨리-

☐ **ภาษาอังกฤษ** 영어
[paa-săa ang-grìt] 파ㅡ싸ㅡ 앙 끄릿

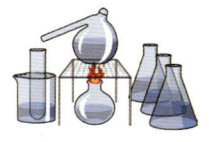

☐ **เคมี** 화학
[ke:-mee] 케ㅡ미-

☐ **วิทยาศาสตร์** 과학
[wít-tá-yaa-sàat] 윗타야ㅡ싸ㅡㅅ
เขาเรียนวิทยาศาสตร์เก่ง
카오 리안 윗타야ㅡ싸ㅡㅅ 께ㅡㅇ
그는 과학을 잘 한다.

☐ **ศิลปกรรม** 미술
[sĭn-lá-bpà-gam] 씬라빠깜
ผมชอบวิชาศิลปกรรม
폼 처ㅡㅂ 위차ㅡ 씬라빠깜
나는 미술 과목을 좋아한다.

☐ **พลศึกษา** 체육
[pá-lá-sèuk-săa] 팔라 쓱싸ㅡ

관련 단어

- □ คณิตศาสตร์ [ká-nít sàat] 카닛 싸–ㅅ 수학
- □ ปรัชญา [bpràt-yaa] 쁘랏야– 철학
- □ ภาษาไทย [paa-sǎa tai] 파–싸– 타이 국어
- □ สังคมศาสตร์ [sǎng-kom-má- sàat] 쌍콤마싸–ㅅ 사회
- □ ภูมิศาสตร์ [poo-mí-sàat] 푸–미 싸–ㅅ 지리
- □ ชีววิทยา [chee-waa wít-tá-yaa] 치–와–윗타야– 생물
- □ วิชาเขียนเรียงความ [wí-chaa kǐan riang kwaam] 위차–키안 리앙 콰–ㅁ 작문
- □ จริยธรรม [jà-rí-yá-tam] 짜리야탐 도덕
- □ ประวัติศาสตร์โลก [bprà-wàt-dti-sàat lô:k] 쁘라왓띠싸–ㅅ 로–ㄱ 세계사
- □ เศรษฐศาสตร์ [sè:t-tà-sàat] 쎄–ㅅ타싸–ㅅ 경제학
- □ จิตวิทยา [jìt-dtà wít-tá-yaa] 찟따윗타야– 심리학
- □ ฟิสิกส์ [fí-sìk] 퓌식 물리학

Dialogue

A: เธอได้กี่คะแนนจากการสอบวิชาคณิตศาสตร์

트ㅓ 다이 끼– 카내–ㄴ 짜–ㄱ 위차–카닛싸–ㅅ

너 수학 시험에서 몇 점 받았니?

B: ผมได้ 85 คะแนน แล้วเธอล่ะ

폼 다이 빼–ㅅ씹 하– 카내–ㄴ 래우 트ㅓ 라

나는 85점 받았어. 너는?

A: ฉันได้ 70 คะแนนเท่านั้นเอง

찬 다이 쩻씹 카내–ㄴ 타오 난 에–ㅇ

나는 70점밖에 못 받았어.

2 가정
3 수
4 도시
5 교통
6 업무
7 쇼핑
8 스포츠/취미
9 자연

สถานีตำรวจ [sà-tǎa-nee dtam-rùat] 싸타–니– 땀루엇 경찰서

□ ตำรวจ 경찰
[dtam-rùat] 땀루엇

□ ปืนพก 권총
[bpeun pók] 쁘–ㄴ 폭

□ หลักฐาน 증거
[làk tǎan] 락 타–ㄴ

คดีนี้มีหลักฐานไม่พอ
카디–니– 미– 락 타–ㄴ 마이 퍼–
이 사건은 증거가 불충분하다.

□ ทำร้ายร่างกาย [tam ráai râang gaai] 탐 라–이 라–ㅇ까–이
ทารุณกรรม [taa-run-ná- gam] 타–룬 나 깜 폭행

□ โจร [jo:n] 쪼–ㄴ 도둑
โจรคนนั้นถูกตำรวจจับ
쪼–ㄴ 콘 난 투–ㄱ 땀루엇 짭
그 도둑은 경찰에게 잡혔다.

□ ผู้เสียหาย 피해자
[pôo sǐa hǎai] 푸– 씨아 하–이

□ จับกุม [jàp gum] 짭 꿈 체포
อาชญากรของคดีการลักพาตัวนั้นถูกจับกุมภายในวันเดียว
아–ㅅ야–꺼–ㄴ 커–ㅇ 카디– 까–ㄴ 락 파–
뚜어 난 투–ㄱ 짭 꿈 파–이 나이 완 디아우
유괴 사건의 범인은 하루 만에 체포되었다.

관련 단어

- □ ป้อมตำรวจ [bpôm dtam-rùat] 뻐-ㅁ 땀루엇 파출소
- □ ตำรวจสายสืบ [dtam-rùat sǎai sèup] 땀루엇 싸-이 쓰-ㅂ 형사
- □ กุญแจมือ [gun-jae meu] 꾼째- 므- 수갑
- □ ผู้พบเห็นเหตุการณ์ [pôo póp hěn hè:t gaan] 푸- 폽 헨 헤-ㅅ 까-ㄴ 목격자
- □ ผู้ร้าย [pôo ráai] 푸-라-이 범인
- □ การกระทำความผิดอาญา [gaan grà-tam kwaam-pìt aa-yaa] 까-ㄴ 끄라탐 콰-ㅁ 핏 아-야- 범죄
- □ ฆาตกรรม [kâat-dtà-gam] 카-따 깜 살인
- □ ลักขโมย [lák kà-moi] 락 카모-이 훔치다
- □ ล้วงกระเป๋า [lúang grà-bpǎo] 루엉 끄라빠오 소매치기
- □ นักย่อยเบา [nák yʌ̂i bao] 낙 여-이 바오 좀도둑
- □ โจรปล้น [jo:n bplôn] 쪼-ㄴ 쁠론 강도
- □ ลักพาตัว [lák paa dtua] 락 파- 뚜어 유괴하다
- □ หลอกลวง [lòk luang] 러-ㄱ 루엉 사기치다
- □ สินบน [sǐn-bon] 씬 본
  คอรัปชั่น [kʌ:-ráp-chân] 커-랍찬 뇌물

Dialogue

A: โจรของคดีเมื่อวานนี้ได้ถูกจับแล้วหรือไม่ครับ
쪼-ㄴ 쁠론 커-ㅇ 카디- 므어와-ㄴ니- 다이 투-ㄱ 짭 래우 르- 마이 크랍
어제 사건의 도둑은 잡혔나요. 아님 아직인가요?

B: ยังค่ะ เพราะไม่มีผู้พบเห็นเหตุการณ์ค่ะ
양카 프러 마이 미- 카
아직이에요. 목격자가 없어서요.

2 가정
3 수
4 도시
5 교통
6 업무
7 쇼핑
8 스포츠/취미
9 자연

ศาสนา [sàat-sà-nǎa] 싸-ㅅ싸나- 종교

□ ศาสนาพุทธ 불교
[sàat-sà-nǎa pút] 싸-ㅅ싸나- 풋
คนนับถือศาสนาพุทธ
콘 납 트- 싸-ㅅ싸나- 풋
불교신자

□ วัด [wát] 왓 절
คุณยายไปวัดบ่อยเพื่อทำบุญ
쿤야-이 빠이 왓 버이 프어 탐 분
할머니는 공덕을 쌓으러 절에 자주 가신다.

□ ศาสนาคริสต์ 기독교
(천주교와 기독교를 아울러서 이르는 말)
[sàat-sà-nǎa krít] 싸-ㅅ싸나- 크릿
ในประเทศไทยคนนับถือศาสนาคริสต์มีไม่มาก
나이 쁘라테-ㅅ 타이 콘 납 트- 싸-ㅅ싸나- 크릿 미- 마이 마-ㄱ
태국에는 기독교 신자가 많지 않다.

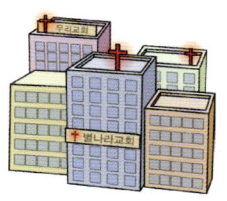

□ โบสถ์ [bò:t] 보-ㅅ 교회, 성당
วันอาทิตย์ไปโบสถ์และอธิษฐาน
완 아- 팃 빠이 보-ㅅ 래 아팃타-ㄴ
일요일에는 교회에 가서 기도한다.

□ ศาสนาอิสลาม 이슬람교
[sàat-sà-nǎa ìt-sà-laam] 싸-ㅅ싸나- 잇쌀라-ㅁ
เขานับถือศาสนาอิสลาม
카오 납 트- 싸-ㅅ싸나- 잇쌀라-ㅁ
그 사람은 이슬람교를 믿는다.

□ สุเหร่า [sù-rào] 쑤 라오
มัสยิด [mát-yít] 마ㅆ 잇 모스크

관련 단어

- □ **พระพุทธเจ้า** [prá-pút-tá-jâo] 프라 풋타짜오 부처
- □ **พระเจ้า** [prá-jâo] 프라 짜오 신
- □ **พระเยซู** [prá-ye:-soo] 프라 예-쑤- 예수

- □ **สวรรค์** [sà-wăn] 싸완 천국
- □ **นารก** [ná-rók] 나-록 지옥
- □ **พระไตรปิฎก** [prá dtrai-bpì-dòk] 프라 뜨라이 삐 독 불경
- □ **พระคัมภีร์** [prá kam-pee] 프라 캄피- 성경
- □ **พระพุทธรูป** [prá-pút-tá-rôop] 프라 풋타 루-ㅂ 불상
- □ **ธูป** [tôop] 투-ㅂ 향
- □ **เทียน** [tian] 티안 초
- □ **ดอกบัว** [dʌ:k bua] 더-ㄱ 부아 연꽃

- □ **สวดมนต์** [sùat mon] 쑤엇 몬 염불 외다
- □ **ทำการบูชา** [tam gaan boo-chaa] 탐 까-ㄴ 부-차- 예배 보다
- □ **อธิษฐาน** [a-tít-tăan] 아팃타-ㄴ 기도하다
- □ **หลักศาสนา** [làk sàat-sà-năa] 락 싸-ㅅ싸나- 교리
- □ **ศาสนาประจำชาติ** [sàat-sà-năa bprà-jam châat] 싸-ㅅ싸나- 쁘라 짬 차-ㅅ 국교
- □ **ไม้กางเขน** [máai gaang-kĕ:n] 마이 까-ㅇ 케-ㄴ 십자가
- □ **เพลงสรรเสริญพระเจ้า** [ple:ng săn-sĕrn prá jâo] 플레-ㅇ 싼쓰ㅓㄴ 프라 짜오 찬송가

2 가정
3 수
4 도시
5 교통
6 업무
7 쇼핑
8 스포츠/취미
9 자연

Unit 15 ศาสนา ▶▶▶

관련 단어

- □ **อนุศาสนาจารย์** [a-nú sǎa-sà-naa-jaan] 아누싸-ㅅ싸나-짜-ㄴ 목사
- □ **บาทหลวง** [bàat lǔang] 바-ㅅ 루엉 신부
- □ **แม่ชีคาทอลิก** [mâe chee kaa-tor-lìk] 매- 치- 카-터-릭 수녀
- □ **พระสงฆ์** [prá sǒng] 프라 쏭 승려
- □ **พระภิกษุณี**[prá pík-sù-nee] 프라 픽쑤니- 비구니
- □ **พระเณร** [prá ne:n] 프라 네-ㄴ 동자승

- □ **ศาสนาฮินดู** [sàat-sà-nǎa hin-doo] 싸-ㅅ싸나- 힌두- 힌두교
- □ **ศาสนาพราหมณ์** [sàat-sà-nǎa praam] 싸-ㅅ싸나-프라-ㅁ 브라만교
- □ **ศาสนาคาทอลิก** [sàat-sà-nǎa kaa-tor-lìk] 싸-ㅅ싸나- 카-터-릭 천주교
- □ **ศาสนาโปรเตสแตนต์** [sàat-sà-nǎa bpro:-dté:t-dtáen] 싸-ㅅ싸나- 쁘로 테-ㅅ때-ㄴ 개신교

복습문제

Self Test

1 다음 그림과 단어를 연결해 보세요.

โรงเรียน　　โรงพยาบาล　　หอสมุด　　โรงหนัง

2 다음 단어의 뜻을 써보세요.

a) จดหมาย ___________　　แสตมป์ ___________

บุรุษไปรษณีย์ ___________　　พัสดุภัณฑ์ทางไปรษณีย์ ___________

b) หมอ ___________　　นางพยาบาล ___________

ผู้ป่วย ___________　　เภสัชกร ___________

c) ยาเม็ด ___________　　ยาทา ___________

ไข้หวัดใหญ่ ___________　　หวัด ___________

แผล ___________　　แผลพอง ___________

3 다음 보기에서 단어를 골라 빈칸에 써넣어 보세요.

a) ข้าว　อาหาร　เนื้อไก่　เนื้อหมู　　b) หวาน　เผ็ด　เค็ม　เปรี้ยว

a) 음식 ___________　　밥 ___________

돼지고기 ___________　　닭고기 ___________

b) 달다 ___________　　짜다 ___________

시다 ___________　　맵다 ___________

4 다음 그림과 단어를 연결해 보세요.

•　　•　　•　　•　　•

•　　•　　•　　•　　•

ธนาบัตร　　ธนาคาร　　บัตรเครดิต　　หรียญ　　สมุดบัญชี

5 다음 단어를 태국어 혹은 우리말로 고쳐 보세요.

a) 맥주 ____________　　얼음 ____________

เมา ____________　　건배 ____________

b) 로비 ____________　　จอง ____________

บริการโทรปลุก ____________　　โรงแรม ____________

6 다음 보기에서 단어를 골라 빈칸에 써넣어 보세요.

a) หนังสือเรียน　ยางลบ　เก้าอี้　ไม้บรรทัด　ดินสอ
b) ประวัติศาสตร์　ดนตรี　วิทยาศาสตร์
ภาษาอังกฤษ　คณิตศาสตร์

a) 연필 ____________　　자 ____________　　지우개 ____________

의자 ____________　　교과서 ____________

b) 역사 ____________　　수학 ____________　　음악 ____________

영어 ____________　　과학 ____________

7 **다음 빈칸에 알맞은 태국어를 써넣어 보세요.**

a) 열이 있습니까? ____________ไหมครับ/คะ?

b) 환전을 하고 싶어요. อยาก ____________

c) 내가 주문할게. (식당에서) ผมจะ ____________

d) 내가 가장 좋아하는 과목은 태국어입니다.

ผมชอบ ____________ มากที่สุด

정답

1 영화관 – โรงหนัง　병원 – โรงพยาบาล　학교 – โรงเรียน　도서관 – หอสมุด

2 a) 편지　우표　우체부, 집배원　소포

b) 의사　간호사　환자　약사

c) 알약　연고　독감　감기　상처　물집

3 a) อาหาร　ข้าว　เนื้อหมู　เนื้อไก่

b) หวาน　เค็ม　เปรี้ยว　เผ็ด

4 ธนาคาร – 은행　หรียญ – 동전　ธนาบัตร – 지폐

บัตรเครดิต – 신용 카드　สมุดบัญชี – 통장

5 a) เบียร์　น้ำแข็ง　취하다　ชนแก้ว

b) ล็อบบี้　예약하다　모닝콜서비스　호텔

6 a) ดินสอ　ไม้บรรทัด　ยางลบ　เก้าอี้　หนังสือเรียน

b) ประวัติศาสตร์　คณิตศาสตร์　ดนตรี　ภาษาอังกฤษ　วิทยาศาสตร์

7 a) มีไข้　b) แลกเงิน　c) สั่งอาหาร　d) ภาษาไทย

THEMATIC THAI WORDS

Theme 5

➜ การจาราจร [gaan-jà-raa-jʌn] 까ㅡㄴ 짜라ㅡ쩌ㅡㄴ 교통

5 교통

ยานพาหนะ [yaan paa-hà-ná] 야–ㄴ 퐈–하나 **탈것**

□ **รถไฟ** [rót fai] 롯 퐈이 **기차, 열차**
□ **รถไฟฟ้า** **전철**
[rót fai-fáa] 롯 퐈이 퐈–

□ **รถไฟใต้ดิน** **지하철**
[rót fai dtâi din] 롯 퐈이 따이 딘

รถติดมาก นั่งรถไฟใต้ดินไปกันเถอะ
롯띳마–ㄱ 낭 롯 퐈이 따이 딘 빠이 깐 트ㅓ
길이 막히니 지하철 타고 가자.

□ **รถไฟด่วน** **고속열차**
[rót fai dùan] 롯 퐈이 두언

□ **รถบรรทุก** [rót ban-tú] 롯 반툭 **트럭**
มีสัมภาระเยอะ จึงคงต้องมีรถบรรทุก
미– 쌈파–라 여 쯩 콩 떠–ㅇ 미– 롯 반툭
짐이 너무 많아서 트럭이 있어야 할 거 같아.

□ **รถเก๋ง** **자동차**
[rót gĕ:ng] 롯 께–ㅇ

□ **รถเก๋งเปิดประทูน** **오픈카**
[rót gĕ:ng bpèrt bprà-tun] 롯 께–ㅇ 쁘ㅓㄷ 쁘라 투–ㄴ
โอ้โฮ รถเก๋งเปิดประทูนคันนั้นเท่ดี
오호– 롯 께–ㅇ 쁘ㅓㄷ 쁘라 투–ㄴ 칸난 테–디–
야! 저 오픈카 멋지다.

□ **รถเมล์** [rót me:] 롯메–
รถบัส [rót bàs] 롯 바ㅅ **버스**

□ **รถแท็กซี่** 택시
[rót táek-sêe] 롯 택씨–

□ **รถจักรยานยนต์**
[rót jàk-grà-yaan yon] 롯 짝끄라 야–ㄴ 욘
รถมอเตอร์ไซค์
[rót mʌ-dtêr-sai] 롯머 뜨ㅓ 싸이 오토바이

□ **เครื่องบิน** 비행기
[krêuang bin] 크르엉 빈

□ **รถจักรยาน** 자전거
[rót jàk-grà-yaan] 롯 짝끄라 야–ㄴ
รถจักรยานที่จอดไว้หน้าบ้านหายไปแล้ว
롯 짝끄라 야–ㄴ 티– 쩌–ㅅ 와이 나– 바–ㄴ 하–이 빠이 래우
집 앞에 세워둔 자전거가 없어졌다.

□ **เฮลิคอปเตอร์** 헬리콥터
[he-lí-kóp-dtêr] 헬리캅뜨ㅓ

□ **รถสกูเตอร์** 스쿠터
[rót sgu:-dtêr] 롯 쓰꾸–뜨ㅓ
รถสกูเตอร์คันนี้เป็นของพี่ชายผม
롯 쓰꾸–뜨ㅓ 칸 니– 뻰 커–ㅇ 피–차–이 폼
이 스쿠터는 우리 형 것이다.

□ **ลูกบอลลูน** 기구
[lôok bʌn-loon] 루–ㄱ 버–ㄴ루–ㄴ

□ **เรือ** [reua] 르아 배
เรือลำนี้ไปถึงเชียงใหม่
르아 람니– 빠이 틍 치앙마이
이 배는 치앙마이까지 갑니다.

1 인간
2 가정
3 수
4 도시
5 교통
6 업무
7 쇼핑
8 스포츠/취미
9 자연

รถจักรยาน [rót jàk-grà-yaan] 롯 짝끄라 야-ㄴ 자전거

1 แฮนด์จักรยาน [haen jàk-grà-yaan] 해-ㄴ 짝끄라 야-ㄴ 핸들

2 เบรค [brè:k] 브레-ㄱ 브레이크

3 อาน [aan] 아-ㄴ 안장

4 เฟรม [fre:m] 프레-ㅁ 프레임

5 **ล้อ** [lʌ́:] 러-
ยางล้อรถ [yaang lʌ́: rót] 야-ㅇ 러-롯 바퀴, 타이어

6 **โซ่** [sô:] 쏘- 체인

7 **แผ่นเหยียบ** [pàen yìap] 패-ㄴ 이압 페달

8 **แกนล้อ** [gaen lʌ́:] 깨-ㄴ 러- 바퀴축

9 **เกียร์** [gia] 끼아 기어

10 **ขอบล้อจักรยาน** [kʌ̀:p lʌ́: jàk-grà-yaan] 커-ㅂ 러-짝끄라 야-ㄴ 바퀴테

관련 단어

- □ **ช่องเติมลม** [chʌ̂:ng dterm lom] 처-ㅇ 뜨ㅓㅁ 롬 공기 주입구
- □ **ยางใน** [yaang nai] 야-ㅇ 나이 튜브
- □ **จักรยานเสือภูเขา** [jàk-grà-yaan sěua poo kǎo] 짝끄라 야-ㄴ 쓰아 푸- 카오 산악용 자전거, MTB
- □ **ถนนสำหรับรถจักรยาน** [tà-nǒn sǎm-ráp rót jàk-grà-yaan] 타논 쌈랍 롯 짝끄라 야-ㄴ 자전거 전용 도로

Dialogue

A: สงสัยยางของรถจักรยานของฉันเกิดมีรู
쏭싸이 야-ㅇ 커-ㅇ 롯 짝끄라 야-ㄴ 찬 끄ㅓㅅ 미- 루-
내 자전거 타이어가 펑크났나 봐.

B: งั้นคงต้องไปร้านซ่อมดูสินะ
응안 콩 떠-ㅇ 빠이 라-ㄴ 써-ㅁ 두- 씨 나
그럼, 수리점에 가 봐야겠다.

1 인간 2 가정 3 수 4 도시 5 교통 6 업무 7 쇼핑 8 스포츠/취미 9 자연

รถจักรยานยนต์ [rót jàk-grà-yaan yon] 롯 짝끄라 야-ㄴ 욘
รถมอเตอร์ไซค์ [rót mʌ-dtêr-sai] 롯머 뜨ㅓ 싸이 오토바이

1 แฮนด์รถจักรยานยนต์ [haen rót jàk-grà-yaan] 해-ㄴ 롯 짝끄라 야-ㄴ 욘 핸들

2 กระจกส่องหลัง [grà-jòk sòng lăng] 끄라쪽 써-ㅇ 랑 백미러

3 ถังน้ำมันเชื้อเพลิง [tăng nám man chéua plerng] 탕 남만 츠어 플르ㅓㅇ 연료 탱크

4 อาน [aan] 아-ㄴ 안장

2 가정
3 수
4 도시
5 교통
6 업무
7 쇼핑
8 스포츠/취미
9 자연

5 **ที่นั่งซ้อนท้าย** [têe nâng sʌ̂:n táai] 티- 낭 써-ㄴ 타-이 뒤 안장

6 **โคมไฟหน้ารถ** [ko:m fai nâa rót] 코-ㅁ 퐈이 나- 롯 헤드라이트

7 **ไฟท้ายรถ** [fai táai rót] 퐈이 타-이 롯 브레이크 등

8 **ไฟหรี่** [fai rèe] 퐈이 리- 미등

9 **ท่อไอเสีย** [tʌ̂: ai sǐa] 터- 아이 씨아 배기관

10 **เครื่องยนต์** [krêuang yon] 크르엉 욘 엔진

11 **ยางรถ** [yaang rót] 야-ㅇ 롯 타이어

12 **เบรค** [brè:k] 브레-ㄱ 브레이크

관련 단어

- ☐ **ใบขับขี่** [bai kàp kèe] 바이 캅 키- 면허증
- ☐ **แตร** [dtrae] 뜨래- 경적, 클랙슨
- ☐ **หมวกนิรภัย** [mùak ní-rá-pai] 무억 니라파이 헬멧

Dialogue

A: โอ้โฮ เท่ดี รถจักรยานคันนี้ซื้อมาใหม่หรือ
오호- 테-디- 롯 짝끄라 야-ㄴ 콘 칸 니- 쓰- 마- 마이 르-
야, 멋지다. 이 오토바이 새로 산 거야?

B: ใช่ เพิ่งซื้อมาเมื่อวานนี้เอง
차이 프ㅓㅇ 쓰- 마- 므어 와-ㄴ 니- 에-ㅇ
응. 어제 샀어.

รถยนต์ [rót yon] 롯 욘 자동차

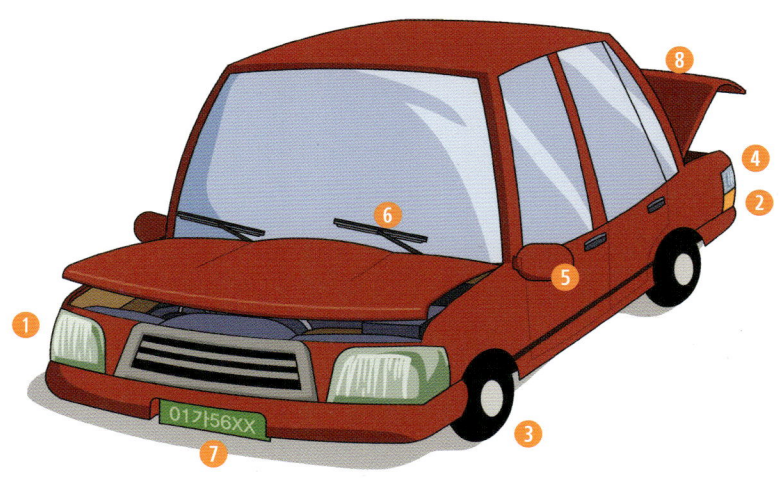

1. โคมไฟหน้ารถ [ko:m fai nâa rót] 코-ㅁ 퐈이 나- 롯 헤드라이트
2. ไฟเลี้ยว [fai líeow] 퐈이 리아우 방향등
3. ยางรถ [yaang rót] 야-ㅇ 롯 타이어
4. ไฟหรี่ [fai rèe] 퐈이 리- 미등
5. กระจกมองข้าง [grà-jòk mʌ:ng kâang] 끄라쪽 머-ㅇ 카-ㅇ 사이드미러
6. ที่ปัดน้ำฝน [têe bpàt náam fŏn] 티- 빳 나-ㅁ 폰 와이퍼
7. ป้ายทะเบียนรถยนต์ [bpâai tá-bian rót-yon] 빠-이 타비안 롯 욘 번호판
8. กระโปรงท้ายรถ [grà bpro:ng táai rót] 끄라쁘로-ㅇ 타-이 롯 트렁크

1 인간

2 가정

3 수

4 도시

5 교통

6 업무

7 쇼핑

8 스포츠/취미

9 자연

❶ กระจกส่องหลังในรถ [grà-jòk sòng lăng nai rót]
끄라쪽 써–ㅇ 랑 나이 롯 **백미러**

❷ พวงมาลัยรถยนต์ [puang maa-lai rót yon]
푸엉 마–라이 롯 욘 **핸들, 운전대**

❸ เกียร์ [gia] 끼아 **기어**

❹ เบรค [brè:k] 브레–ㄱ **브레이크**

❺ เบรคมือ [brè:k meu] 브레–ㄱ 므– **사이드브레이크**

❻ คันเร่ง [kan rêng] 칸 레–ㅇ **가속 페달**

❼ หน้าปัด [nâa bpàt] 나– 빳 **계기판**

143

관련 단어

☐ ไฟฉุกเฉิน [fai chùk-chĕrn] 퐈이 축 츠ㅓㄴ 비상등

☐ แบตเตอรี่ [bàet-dter-rêe] 배-ㅅ 뜨ㅓ 리- 배터리

☐ ถุงลมนิรภัย [tŭng lom ní-rá-pai] 퉁 롬 니라파이 에어백

☐ เข็มขัดนิรภัย [kĕm kàt ní-rá-pai] 켐 캇 니라파이 안전벨트

☐ ยางแบน [yaang baen] 야-ㅇ 배-ㄴ 타이어 펑크

☐ ศูนย์ซ่อมรถ [sŏon sâm rót] 쑤-ㄴ 써-ㅁ 롯 자동차 수리 센터

☐ ฝ่าฝืนกฎการจอดรถ [fàa fĕun gòt gaan jʌ̀:t rót] 퐈 픈 꼿 까-ㄴ 쩌-ㅅ 롯 주차 위반

☐ ใบสั่ง [bai sàng] 바이 쌍 위반 딱지

☐ รถลาก [rót lâak] 롯 라-ㄱ 견인차

☐ น้ำมันเครื่อง [nám man krêuang] 남만 크르엉 엔진 오일

☐ ปั๊มน้ำมัน [bpâm-nám-man] 빰 남만 주유소

☐ น้ำมันเบนซิน [nám man ben-sin] 남 만 벤씬 휘발유

☐ น้ำมันดีเซล [nám man dee-sen] 남 만 디-쎈 경유

☐ ล้างรถ [láang rót] 라-ㅇ 롯 세차하다

1 인간

2 가정

3 수

4 도시

5 교통

6 업무

7 쇼핑

8 스포츠/취미

9 자연

태국 문화 엿보기 | 교통 수단

태국의 수도인 방콕에는 BTS라고 불리는 지상철(지상으로만 다니는 철도), MRT라고
불리는 지하철, 공항철도, 버스, 택시, 운하를 다니는 배 등 다양한 교통 수단이 있다.
그중에서도 방콕의 명물인 '뚝뚝'이나 불리는 바퀴가 세 개인 삼륜차도 있다.
택시이지만 미터 요금이 아니라 사정에 흥정을 해야 한다.

Dialogue

A: คงต้องไปตรวจสภาพรถแล้วค่ะ
콩 떠─ㅇ 빠이 뜨루엇 싸파─ㅂ 롯 래우 카
차 좀 점검을 해야 할 것 같아요.

B: มีปัญหาอะไรหรือครับ
미─빤하─ 아라이 르─ 크랍
어떤 문제가 있나요?

A: มีเสียงแปลกๆ จากเครื่องยนต์ค่ะ
미─ 씨양 쁠랙쁠래─ㄱ 짜─ㄱ 크르엉 욘 카
엔진에서 이상한 소리가 나요.

B: แถวนี้มีศูนย์ซ่อมรถยนต์ครับ
ลองไปเปลี่ยนน้ำมันเครื่องดูสิครับ
태─우 니─ 미─ 쑤─ㄴ 써─ㅁ 롯 욘 크랍
러─ㅇ 빠이 쁠리안 남만 크르엉 두─ 씨 크랍
이 근처에 자동차 수리 센터가 있어요. 가서 엔진 오일을 교환해 보세요.

ถนน [tà-nǒn] 타논 도로

1. เลนขวา [le:n kwǎa] 레-ㄴ 콰- 1차선
2. เลนกลาง [le:n glaang] 레-ㄴ 끌라-ㅇ 2차선
3. เลนซ้าย [le:n sáai] 레-ㄴ 싸-이 3차선

□ รั้วติดถนน 가드레일
[rúa dtìt tà-nǒn] 루아 띳 타논

□ ด่านเก็บค่าผ่านทาง 톨게이트
[dàan gèp kâa pàan taang]
다-ㄴ 껩 카- 파-ㄴ 타-ㅇ

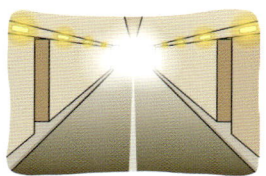

□ อุโมงค์ [u-mohng] 우모-ㅇ 지하도

□ สะพานลอย 고가도로
[sà-paan lʌ:i] 싸파-ㄴ 러-이

□ ซอย 골목
[sʌ:i] 써-이

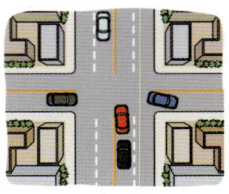

□ สี่แยก 교차로, 사거리
[sèe yâek] 씨- 얘-ㄱ
เกิดอุบัติเหตุที่สี่แยก
끄ㅓㅅ 우밧띠헷 티- 씨- 얘-ㄱ
교차로에서 사고가 났다.

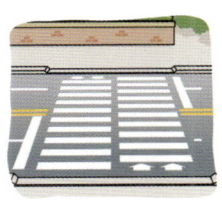

□ ทางข้าม [taang kâam] 타-ㅇ 카-ㅁ
ทางม้าลาย [taang máa laai] 타-ㅇ 마- 라-이 횡단보도

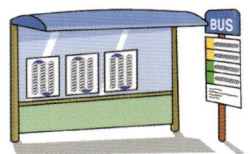

□ ป้ายรถเมล์ 버스 정류소
[bpâai rót me:] 빠-이 롯메-
พบกันที่ป้ายรถเมล์ตอนบ่าย 2 โมงนะจ๊ะ
폽깐 티- 빠-이 롯메- 떠-ㄴ 바-이 써-ㅇ 모-ㅇ 나짜
두 시에 버스 정류소에서 만나자.

□ ทางเดิน 인도, 보도
[taang dern] 타-ㅇ 드ㅓㄴ

□ ไฟสัญญาณ 신호등
[fai săn-yaan] 퐈이 싼야-ㄴ

□ ที่จอดรถ 주차장
[têe jʌ̀:t rót] 티- 쩌-ㅅ 롯

1 인간
2 가정
3 수
4 도시
5 교통
6 업무
7 쇼핑
8 스포츠/취미
9 자연

Unit 05 ถนน

관련 단어

- □ ขับรถ [kàp rót] 캅 롯 운전하다
- □ อุบัติเหตุ [u-bàt-dtì-hàyt] 우밧띠헷 사고
- □ รถติด [rót dtìt] 롯 띳 교통 체증
- □ อันตราย [an-dtà-raai] 안따라–이 위험
- □ ทิศทาง [tít taang] 팃 타–ㅇ 방향

- □ ทางเหนือ [taang nĕua] 타–ㅇ 느아 북쪽
- □ ทางใต้ [taang dtâi] 타–ㅇ 따이 남쪽
- □ ทางตะวันออก [taang dtà-wan ʌ:k] 타–ㅇ 따완 어–ㄱ 동쪽
- □ ทางตะวันตก [taang dtà-wan dtòk] 타–ㅇ 따완 똑 서쪽

- □ ทางขวา [taang kwăa] 타–ㅇ 콰– 오른쪽
- □ ทางซ้าย [taang sáai] 타–ㅇ 싸–이 왼쪽
- □ ข้างหน้า [kâang nâa] 카–ㅇ 나– 앞쪽
- □ ข้างหลัง [kâang-lăng] 카–ㅇ 랑 뒤쪽

- □ ตรงไป [dtrong bpai] 뜨롱 빠이 직진
- □ เลี้ยวซ้าย [líeow sáai] 리아우 싸–이 좌회전
- □ เลี้ยวขวา [líeow kwăa] 리아우 콰– 우회전
- □ กลับรถ [glàp rót] 끌랍 롯 유턴
- □ จอดรถ [jʌ:t rót] 쩌–ㅅ 롯 차를 세우다

Dialogue

A: ไปวัดพระแก้วค่ะ
빠이 왓 프라깨―우 카
에메랄드 사원으로 가 주세요.

B: รับทราบครัว
랍 싸―ㅂ 크랍
알겠습니다.

A: ที่นี่รถติดมากนะคะ
티―니― 롯 띳 마―ㄱ 나카
여기는 교통체증이 심하네요.

B: เลี้ยวขวาไปทางอื่นน่าจะดีกว่าครับ
리아우 콰― 빠이 타―ㅇ 으―ㄴ 나―짜 디― 꽈― 크랍
우회전해서 다른 길로 가는 것이 낫겠어요.

A: ค่ะ งั้นเอาตามนั้นค่ะ
카, 응안 아오 따―ㅁ 난 카
네, 그렇게 해 주세요.

1 인간
2 가정
3 수
4 도시
5 교통
6 업무
7 쇼핑
8 스포츠/취미
9 자연

รถไฟ [rót fai] 롯 퐈이 기차

□ **สถานีรถไฟ** 기차역

[sà-tăa-nee rót fai] 싸타-니- 롯 퐈이

ที่สถานีรถไฟมีคนเยอะเสมอ

티- 싸타-니- 롯 퐈이 미- 콘 여 싸므ㅓ

기차역에는 항상 많은 사람들이 있다.

□ **ที่นั่ง** [têe nâng] 티- 낭 좌석

ขอที่นั่งที่ติดกับหน้าต่างค่ะ

커- 티-낭 티- 띳깝 나-따-ㅇ 카

창가 쪽 좌석으로 주세요.

□ **ห้องพักผู้โดยสาร** 대합실

[hʌ̂:ng pák pôo doi săan] 허-ㅇ 팍 푸- 도-이 싸-ㄴ

□ **ที่นั่งชั้นที่ 1** 1등석(침대 좌석)

[têe nâng chán têe nèung] 티- 낭 찬 티- 능

□ **ประชาสัมพันธ์** 안내소

[bprà-chaa săm-pan] 쁘라차- 쌈판

□ **ตารางรถไฟ** 기차 시간표

[dtaa-raang rót fai] 따-라-ㅇ 롯 퐈이

관련 단어

- □ สถานีต้นทาง [sà-tăa-nee dtôn taang] 싸타-니- 똔 타-ㅇ 출발역
- □ สถานีปลายทาง [sà-tăa-nee bplaai taang] 싸타-니- 쁠라-이 타-ㅇ 종착역
- □ ผู้โดยสาร [pôo doi săan] 푸- 도-이 싸-ㄴ 승객
- □ ตั๋ว [dtŭa] 뚜아 승차권, 티켓
- □ ตั๋วเที่ยวเดียว [dtŭa tîeaw dieaw] 뚜아 티아우 디아우 편도 티켓
- □ ตั๋วไปกลับ [dtŭa bpai glàp] 뚜아 빠이 끌랍 왕복 티켓
- □ จองตั๋ว [jʌ:ng dtŭa] 쩌-ㅇ 뚜아 티켓을 예매하다
- □ ทางเข้า [taang kâo] 타-ㅇ 카오 입구
- □ ทางออก [taang ʌ̀:k] 타-ㅇ 어-ㄱ 출구
- □ ทางรถไฟ [taang rót fai] 타-ㅇ 롯 퐈이 철도, 선로
- □ ประตูตรวจตั๋ว [bprà-dtoo dtrùat dtŭa] 쁘라뚜- 뜨루엇 뚜아 개찰구
- □ ขึ้นรถ [kêun rót] 크-ㄴ 롯 차를 타다
- □ ลงรถ [long rót] 롱 롯 차에서 내리다
- □ ต่อรถ [dtʌ̀: rót] 떠- 롯 갈아타다
- □ เมารถ [mao rót] 마오 롯 차멀미
- □ รถไฟขบวนแรก [rót fai kà-buan râek] 롯 퐈이 카부언 래-ㄱ 첫차
- □ รถไฟขบวนสุดท้าย [rót fai kà-buan sùt táai] 롯 퐈이 카부언 쑷 타-이 막차

Dialogue

A: ไปดูตารางรถไฟกันเถอะ
빠이 두- 따-라-ㅇ 롯 퐈이 깐 트ㅓ
우리 가서 기차 시간표 보자.

B: รอที่นี่แหละ ผมจะไปถามที่ประชาสัมธ์ให้
러- 티- 니-래 폼 짜 빠이 타-ㅁ 티-쁘라차- 쌈판 하이
여기서 기다려 봐, 내가 안내소에 가서 물어볼게.

2 가정
3 수
4 도시
5 교통
6 업무
7 쇼핑
8 스포츠/취미
9 자연

ท่าเรือ [tâa reua] 타̂- 르̄아 항구

1 ทะเล [tá-le:] 탈́레̄- 바다

2 สมอเรือ [sà-mɔ̌: reua] 싸̀머̌-르̄아 닻

3 เรดาร์ [re-daa] 레̄-다̄- 레이더

4 หัวเรือ [hŭa reua] 후̌아 르̄아 뱃머리

5 หางเรือ [hăang reua] 하̌-ㅇ 르̄아 선미

6 ลำเรือ [lam reua] 람̄ 르̄아 선체

7 ดาดฟ้าเรือ [dàat-fáa reua] 다̀-ㅅ 퐈́- 르̄아 갑판

8 ห้องในเรือ [hâ:ng nai reua] 허̂ㅇ 나이 르아 선실

9 เรือโดยสาร [reua doi săn] 르아 도̄이 싸̆ㄴ 여객선

10 สินค้า [sĭn káa] 씬카̄ 화물

11 ท่าเรือ [tâa reua] 타̂ 르아 부두, 항구

12 ประภาคาร [bprà-paa-kaan] 쁘라 파̄ 카̄ㄴ 등대

13 กำแพงกันคลื่น [gam-paeng gan klêun] 깜패ㅇ 깐 클르̂ㄴ 방파제

□ เสื้อชูชีพ 구명조끼
[sêua choo chêep] 쓰̂아 추̄ 치̂ㅂ

□ เรือ [reua] 르아 배

□ เรือชูชีพ 구명보트
[reua choo chêep] 르아 추̄ 치̂ㅂ

관련 단어

□ หน่วยยามฝั่ง [nùai yaam fàng] 누어이 야̄ㅁ 퐝 해안 경비대

□ เรือสำราญ [reua săm-raa] 르아 쌈 라̄ㄴ 유람선

□ เรือประมง [reua bprà-mong] 르아 쁘라몽 어선

□ เรือยนต์ [reua yon] 르아 욘 모터보트

□ เรือแจว [reua jaew] 르아 째̄우
   เรือแคนู [reua kae-noo] 르아 캐̄누̄ 카누 (노 젓는 배)

□ ใบพาย [bai paai] 바이 파̄이 노

1 인간
2 가정
3 수
4 도시
5 교통
6 업무
7 쇼핑
8 스포츠/취미
9 자연

เครื่องบิน [krêuang bin] 크르엉 빈 비행기

□ นักบิน [nák bin] 낙 빈 조종사

□ พนักงานต้อนรับบนเครื่องบิน [pá-nák ngaan dtâ:n ráp bon krêuang bin] 파낙응아–ㄴ 떠–ㄴ 랍 본 크르엉 빈
แอร์โฮสเตส [ae-ho:t-dtè:t] 애–호–ㅅ 떼–ㅅ 스튜어디스

□ ต้นทาง [dtôn taang] 똔 타–ㅇ 출발지

□ ปลายทาง [bplaai taang] 쁠라–이 타–ㅇ 목적지

□ บินขึ้น [bin kêun] 빈 크–ㄴ 이륙하다

□ วางลง [waang long] 와–ㅇ 롱 착륙하다

□ ประตูฉุกเฉิน [bprà-dtoo chùk-chěrn] 쁘라뚜– 축 츠ㅓㄴ 비상구

□ ปีกเครื่องบิน [bpèek krêuang bin] 삐–ㄱ 크르엉 빈 비행기 날개

□ ทางเดิน [taang dern] 타–ㅇ 드ㅓㄴ 복도

□ หน้าต่าง [nâa-dtàang] 나– 따–ㅇ 창문

□ ห้องน้ำ [hɅ̂:ng náam] 허-ㅇ 나-ㅁ 화장실

□ ว่าง [wâang] 와-ㅇ 비어 있음

□ ไม่ว่าง [mâi wâang] 마이 와-ㅇ

กำลังใช้อยู่ [gam-lang chái yòo] 깜랑 차이 유- 사용 중

관련 단어

□ ระดับความสูง [rá-dàp kwaam sŏong] 라 답 콰-ㅁ 쑤-ㅇ 고도

□ ห่างเวลา [hàang we:-laa] 하-ㅇ 웰라- 시차가 나다

□ ชั้นหนึ่ง [chán nèung] 찬 능 일등석, 퍼스트클래스

□ ชั้นธุรกิจ [chán tú-rá gìt] 찬 투라낏 비즈니스석

□ ชั้นประหยัด [chán bprà-yàt] 찬 쁘라 얏 일반석, 이코노미석

Dialogue

A: ประเทศเกาหลีกับประเทศไทยเวลาห่างกันเท่าไรครับ
쁘라테-ㅅ까올리- 깝 쁘라테-ㅅ 타이 웰라-하-ㅇ 깐 타오 라이 크랍
한국과 태국은 시차가 얼마나 나요?

B: ห่างกัน 2 ชั่วโมงค่ะ เกาหลีเร็วกว่าไทย 2 ชั่วโมงค่ะ
하-ㅇ깐 써-ㅇ 추어 모-ㅇ 카 까올리- 레우 꽈- 타이 써-ㅇ 추어 모-ㅇ 카
두 시간 차이가 나요. 한국이 두 시간 더 빨라요.

1 인간
2 가정
3 수
4 도시
5 교통
6 업무
7 쇼핑
8 스포츠/취미
9 자연

Unit 08 เครื่องบิน ▶▶▶

สนามบิน [sà-năam-bin] 싸나-ㅁ 빈
ท่าอากาศยาน [tâa aa-gàat-sà-yaa] 타- 아-까-ㅅ 싸 야-ㄴ 공항

□ **เครื่องบินโดยสาร** 여객기
[krêuang bin doi săan] 크르엉 빈 도-이 싸-ㄴ

□ **ตั๋วเครื่องบิน** 탑승권
[dtŭa krêuang bin] 뚜아 크르엉 빈

□ **รถเข็น** 카트
[rót kĕn] 롯 켄

□ **หนังสือเดินทาง** 여권
[năng-sĕu dern-taang] 낭쓰- 드ㅓㄴ타-ㅇ

□ **วีซ่า** [wee sâa] 위-싸- 비자

ไปเที่ยวประเทศไทยไม่ต้องมีวีซ่าอยู่ได้ 90 วัน
빠이 티아우 쁘라테-ㅅ 타이 마이 떠-ㅇ 미- 위-싸- 유-다이 까오씹 완
태국 관광은 비자 없이 90일 동안 체류할 수 있다.

□ **ประตู** 문(탑승구)
[bprà-dtoo] 쁘라뚜-

□ สายพานลำเลียงสัมภาระ 수화물 컨베이어

[săai paan lam-liang săm-paa-rá]

싸-이 파-ㄴ 람리앙 쌈파-라

□ ทางวิ่งขึ้นเครื่องบิน 활주로

[taang wîng kêun krêuang bin]

타-ㅇ 윙 큰 크르엉 빈

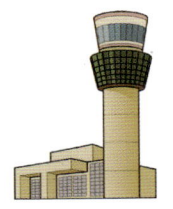

□ ศูนย์อำนวยการเครื่องบิน 관제탑

[sŏon am-nuai gaan krêuang bin]

쑤-ㄴ 암 누어이 까-ㄴ 크르엉 빈

관련 단어

□ ด่านตรวจคนเข้าเมือง / ต.ม. [dàan dtrùat kon kâo meuang]
다-ㄴ 뜨루엇 콘 카오 므앙 / 떠머 출입국 심사대

□ ศุลกากร [sŭn-lá-gaa-gʌ:n] 쑨라까-꺼-ㄴ 세관

□ ด่านกักกันโรค [dàan gàk gan rô:k] 다-ㄴ 깍 깐 로-ㄱ 검역소

□ สายการบินภายในประเทศ [săai gaan bin paai nai bprà-tê:t]
싸-이 까-ㄴ 빈 파-이 나이 쁘라테-ㅅ 국내선

□ สายการบินระหว่างประเทศ [săai gaan bin rá-wàang bprà- tê:t]
싸-이 까-ㄴ 빈 라와-ㅇ 쁘라테-ㅅ 국제선

□ สินค้าปลอดภาษี [sĭn káa bplòt paa-sĕe] 씬카-쁠러-ㅅ 파-씨- 면세품

□ เที่ยวบิน [tîeow bin] 티아우 빈 항공편

Unit 08 เครื่องบิน ▸▸▸

Dialogue

A: ขอโทษครับ ผมหาที่นั่งผมไม่เจอครับ
커-토-ㅅ 크랍 폼 하- 티-낭 폼 마이 쯔ㅓ 크랍
실례합니다. 제 좌석을 찾을 수가 없네요.

B: ขอดูตั๋วเครื่องบินค่ะ เป็นที่นั่งที่ติดกับทางเดินที่ 6 ค่ะ
커-두- 뚜아 크르엉 빈 뻰 티-낭 티- 띳 타-ㅇ드ㅓㄴ 티- 혹 카
탑승권을 보여 주세요. 통로 쪽 여섯 번째 좌석입니다.

Self Test

1 다음 그림을 단어와 연결시키세요.

รถจักรยานยนต์ / รถมอเตอร์ไซค์ — เครื่องบิน — รถไฟ — รถเมล์ / รถบัส — เรือ

2 다음 단어의 뜻을 써보세요.

a) เบรค ____________ โซ่ ____________
รถจักรยาน ____________ อาน ____________

b) ถังน้ำมันเชื้อเพลิง ____________ ยางรถ ____________
ปั๊มน้ำมัน ____________ ไฟสัญญาณ ____________

c) ใบขับขี่ ____________ ที่ปัดน้ำฝน ____________
พวงมาลัยรถยนต์ ____________ แตร ____________

d) ซอย ____________ อุโมงค์ ____________
อันตราย ____________ สี่แยก ____________

3 다음 보기에서 단어를 골라 빈칸에 써넣어 보세요.

a) สถานีปลายทาง ประชาสัมพันธ์ ที่นั่ง ตารางรถไฟ ตั๋ว
b) เรือโดยสาร ทะเล ลำเรือ ดาดฟ้าเรือ ท่าเรือ

a) 좌석 __________ 승차권, 티켓 __________ 종착역 __________
기차 시간표 __________ 안내소 __________

b) 여객선 __________ 부두, 항구 __________ 선체 __________
갑판 __________ 바다 __________

4 다음 단어의 뜻을 써보세요.

ประตูฉุกเฉิน ___________ ตั๋วเครื่องบิน ___________

ศุลกากร ___________ ห้องน้ำ ___________

5 다음 빈칸에 알맞은 태국어를 써넣어 보세요.

a) 이 근처에 주차장이 있습니까? แถวนี้มี ___________ ไหมครับ/คะ?

b) 여권 보여주세요. ขอดู ___________ ครับ/ค่ะ

c) 버스 정류장이 어디예요? ___________ อยู่ที่ไหนครับ/คะ?

정답

1 기차 – รถไฟ 비행기 – เครื่องบิน 오토바이 – รถจักรยานยนต์ / รถมอเตอร์ไซค์ 버스 – รถเมล์ / รถบัส 배 – เรือ

2 a) 브레이크 체인 자전거 안장
b) 연료 탱크 타이어 주유소 신호등
c) 면허증 와이퍼 핸들 클랙슨
d) 골목 지하도 위험 사거리

3 a) ที่นั่ง ตั๋ว สถานีปลายทาง ตารางรถไฟ ประชาสัมพันธ์
b) เรือโดยสาร ท่าเรือ ลำเรือ ดาดฟ้าเรือ ทะเล

4 비상구 탑승권 세관 화장실

5 a) ที่จอดรถ b) หนังสือเดินทาง c) ป้ายรถเมล์

Theme 6

งาน [ngaan] 응아~ㄴ 업무

1 인간
2 가정
3 수
4 도시
5 교통
6 업무
7 쇼핑
8 스포츠/취미

อาชีพ [aa-chêep] 아-치-ㅂ 직업

□ ตำรวจ 경찰관
[dtam-rùat] 땀루엇

□ ทหาร 군인
[tá-hǎan] 타하-ㄴ

□ บุรุษไปรษณีย์ 집배원
[bù-rùt bprai-sà-nee] 부룻 쁘라이싸니-

□ นักกีฬา 운동선수
[nák gee-laa] 낙 끼-ㄹ라-

□ หมอ [mǎ] 머-
แพทย์ [pâet] 패-ㅅ 의사

□ นางพยาบาล 간호사
[naang pá-yaa-baan] 나-ㅇ 파야-바-ㄴ

□ พ่อครัว [pâ krua] 퍼- 크루아
แม่ครัว [mâe krua] 매- 크루아 요리사
คุณพ่อของผมเป็นพ่อครัวที่ร้านชื่อดัง
쿤퍼- 커-ㅇ 폼 뻰 퍼-크루아 티- 라-ㄴ 츠- 당
저의 아버지는 유명한 식당의 요리사입니다.

□ **ครู** [kroo] 크루- 교사

□ **ทนายความ** 변호사
[tá-naai kwaam] 타나-이 콰-ㅁ

ทนายความไปศาลเพื่อพูดปกป้องจำเลย
타나-이콰-ㅁ 빠이 싸-ㄴ 프어 푸-ㅅ 뽁빠-ㅇ 짬 르ㅓ이
변호사는 피고를 변호하기 위해 법원에 간다.

□ **ดารา** [daa-raa] 다-라- 연예인

ดาราคนนั้นจะแต่งงานเดือนหน้า
다-라-콘난 짜 때-ㅇ응아-ㄴ 드언 나-
저 연예인은 다음달에 결혼할 거예요.

□ **อาจารย์** [aa-jaan] 아-짜-ㄴ 교수

บรรยายของอาจารย์น่าสนใจมาก
반야-이 커-ㅇ 아-짜-ㄴ 나- 쏜짜이 마-ㄱ
그 교수의 강의는 매우 관심이 간다.

□ **นักแสดง** 배우, 탤런트
[nák sà-daeng] 낙 싸대-ㅇ

□ **นักร้อง** [nák rʌ́ng] 낙 러-ㅇ 가수

ฉันชอบนักร้องเกาหลี
찬 처-ㅂ 낙러-ㅇ 까올리-
나는 한국 가수를 좋아해.

1 인간
2 가정
3 수
4 도시
5 교통
6 업무
7 쇼핑
8 스포츠/취미
9 자연

Unit 01 อาชีพ ▸▸▸

□ **ผู้กำกับภาพยนตร์** 영화 감독
[pôo gam-gàp pâap-pá-yon] 푸- 깜깝 파-ㅂ파욘

□ **ช่างไม้** 목수
[châang máai] 차-ㅇ 마이

□ **ชาวนา** [chaao naa] 차-우 나- 농부
เวลากินข้าวเราควรนึกถึงความยากลำบากของชาวนา
웰라-낀 카-우 라오 쿠언 느ㄱ틍 콰-ㅁ야-ㄱ 람바-ㄱ 커-ㅇ 차우 나-
밥을 먹을 때, 우리는 농부의 노고를 생각해야 한다.

□ **คนขับแท็กซี่** 택시 기사
[kon kàp táek-sêe] 콘 캅 택씨-

□ **พนักงานบริษัท** 회사원
[pá-nák ngaan bʌ-rí-sàt] 파낙응아-ㄴ 버리쌋

□ **ล่าม** [lâam] 라-ㅁ 통역사
ดิฉันทำงานเป็นล่ามภาษาไทยในงานสัมมนา
디찬 탐응아-ㄴ 뻰 라-ㅁ 파-싸-타이 나이 응아-ㄴ 쌈마나-
나는 세미나에서 태국어 통역사로 일했다.

관련 단어

- □ ผู้พิพากษา [pôo pí-pâak-săa] 푸-피파-ㄱ싸- 판사
- □ แม่บ้าน [mâe bâan] 매- 바-ㄴ 가정주부, 가사 도우미
- □ เจ้าของร้าน [jâo kǎng ráan] 짜오 커-ㅇ 라-ㄴ 가게 주인
- □ นักบัญชี [nák ban-chee] 낙 반치- 회계사
- □ นักออกแบบ [nák ʌ:k bàep] 낙 어-ㄱ 배-ㅂ 디자이너
- □ นักการทูต [nák gaan tôot] 낙 까-ㄴ 투-ㅅ 외교관
- □ ข้าราชการ [kâa râat-chá-gaan] 카- 라-ㅅ 차 까-ㄴ 공무원
- □ พนักงานดับเพลิง [pá-nák ngaan dàp plerng] 파낙응아-ㄴ 답 플르ㅓㅇ 소방관

Dialogue

A: ขอโทษนะคะ คุณทำงานอะไรคะ
커-토-ㅅ 나카 쿤 탐응아-ㄴ 아라이 카
실례지만, 어떤 일을 하세요?

B: ผมเป็นพ่อครัวครับ
폼 뻰 퍼- 크루아 크랍
전 요리사입니다.

A: เหรอคะ ทำอาหารแบบไหนคะ
르ㅓ카 탐 아-하-ㄴ 배-ㅂ 나이 카
그러세요? 어떤 음식을 만드세요?

B: ทำอาหารอิตาลีครับ
탐 아-하-ㄴ 이따-ㄹ리- 크랍
이태리 요리를 만들지요.

2 가정
3 수
4 도시
5 교통
6 업무
7 쇼핑
8 스포츠/취미
9 자연

ตำแหน่ง [dtam-nàeng] 땀 내-ㅇ 직위

□ ประธาน 회장, 이사장
[bprà-taan] 쁘라타-ㄴ

□ ผู้ใหญ่ [pôo yài] 푸-야이
ผู้บังคับบัญชา
[pôo bang-káp ban-chaa] 푸-방캅반차- 상사

□ ลูกน้อง [lôok nóng] 루-ㄱ 너-ㅇ
ผู้อยู่ใต้บังคับบัญชา
[pôo yòo dtâi bang-káp ban-chaa] 푸-유-따이 방캅반차- 부하

□ เพื่อนร่วมงาน 동료
[pêuan rûam ngaan] 프언 루엄 응아-ㄴ

วันนี้มีนัดทานข้าวด้วยกับเพื่อนร่วมงาน
완니- 미- 낫 타-ㄴ카우 두어이 깝 프언 루엄 응아-ㄴ
오늘 직장 동료들과 회식 약속이 있다.

□ เลขานุการ 비서
[le-kǎa-nú-gaan] 레-카-누까-ㄴ

□ ผู้สัมภาษณ์ 면접관
[pôo sǎm-pâat] 푸-쌈파-ㅅ

□ ผู้สมัครงาน 지원자
[pôo sà-màk ngaan] 푸-싸막 응아-ㄴ

ผมได้ตอบตามคำถามของผู้สัมภาษณ์อย่างเยือกเย็น
폼 다이 떠-ㅂ 따-ㅁ 캄타-ㅁ 커-ㅇ 푸-쌈파-ㅅ 야-ㅇ 이억옌 (*yêuak-yen)
나는 면접관의 질문에 침착하게 대답했다.

관련 단어

- □ ประธารกรรมการ [bprà-taan gam-má-gaan] 쁘라타-ㄴ 깜마까-ㄴ 대표이사
- □ ผู้อำนวยการ [pôo am-nuai gaan] 푸- 암 누어이 까-ㄴ 이사
- □ รองประธาน [rʌ:ng bprà-taan] 러-ㅇ 쁘라타-ㄴ 부사장
- □ ผู้จัดการ [pôo jàt gaan] 푸-짯까-ㄴ 전무, 상무
- □ หัวหน้าแผนก [hŭa nâa pà-nàek] 후아 나- 파내-ㄱ 과장
- □ พนักงาน [pá-nák ngaan] 파낙응아-ㄴ 직원
- □ สำนักงานใหญ่ [săm-nák-ngaan yài] 쌈낙응아-ㄴ야이 본사
- □ สำนักงานย่อย [săm-nák-ngaan yʌ̂i] 쌈낙응아-ㄴ 여-이 지사

Dialogue

A: สวัสดีค่ะ โทรจากแผนกเลขานุการสำนักงานใหญ่นะคะ ไม่ทราบว่าท่านผู้จัดการอยู่ไหมคะ
싸왓디-카 토-짜-ㄱ 파내-ㄱ 레-카-누까- 쌈낙응아-ㄴ야이나카
마이 싸-ㅂ 와- 타-ㄴ 유- 마이 카
여보세요, 여기는 본사 비서실인데요, 전무님 계십니까?

B: ขออภัยค่ะ ท่านกำลังประชุมอยู่ค่ะ
커-아파이 카 타-ㄴ 깜랑 쁘라춤 유-카
죄송하지만, 지금 회의 중이십니다.

A: ถ้างั้นรบกวนฝากข้อความว่าท่านประธานหาอยู่ค่ะ
타-응안 롭꾸언 퐈-ㄱ 커-콰-ㅁ와- 타-ㄴ 쁘라타-ㄴ 하- 유-카
그러면 회장님이 찾으신다고 전해 주세요.

B: รับทราบค่ะ
랍싸-ㅂ 카
예, 알겠습니다.

2 가정
3 수
4 도시
5 교통
6 업무
7 쇼핑
8 스포츠/취미
9 자연

งาน [ngaan] 응아-ㄴ 일

□ **เลื่อนตำแหน่งขึ้น** 승진

[lêuan dtam-nàeng kêun]

르언 땀 내-ㅇ 크-ㄴ

□ **ลาออกจากงาน** 퇴직

[laa ʌ:k jàak ngaan]

라- 어-ㄱ 짜-ㄱ 응아-ㄴ

□ **ประชุม** [bprà-chum] 쁘라춤 회의

ยังไม่ได้กินข้าวกลางวันเพราะติดประชุมตลอด

양 마이 다이 낀 카우 끌라-ㅇ 완 프러 띳 쁘라춤 딸러-ㅅ

계속 회의가 있어서 아직 점심도 못 먹었다.

□ **เงินบำนาญ** [ngern bam-naan] 응으ㅓㄴ 밤 나-ㄴ 연금

คุณพ่อได้รับเงินบำนาญ หลังจากลาออกจากงาน

쿤 퍼- 다이 랍 응으ㅓㄴ 밤 나-ㄴ 랑짜-ㄱ 라- 어-ㄱ 짜-ㄱ 응아-ㄴ

아버지는 퇴직 후 연금을 받으셨다.

□ **ลาพักร้อน** [laa pák rʌ́:n] 라- 팍 러-ㄴ 휴가

งานยุ่งมากจนไม่สามารถลาพักร้อนได้

응아-ㄴ 융 마-ㄱ 쫀 마이 싸-마-ㅅ 라- 팍 러-ㄴ 다이

바빠서 휴가를 갈 수 없을 정도이다.

2 가정
3 수
4 도시
5 교통
6 업무
7 쇼핑
8 스포츠/취미
9 자연

관련 단어

- □ ค่าจ้าง [kâa jâang] 카- 짜-ㅇ
  ค่าแรง [kâa raeng] 카- 래-ㅇ 임금
- □ เงินเดือน [ngern deuan] 응으ㅓㄴ 드언 월급
- □ วันออกเงินเดือน [wan ngern deuan ʌ:k]
  완 응으ㅓㄴ 드언 어-ㄱ 월급날
- □ เงินโบนัส [ngern boh-nát] 응으ㅓㄴ 보-낫 보너스
- □ สัมภาษณ์ [săm-pâat] 쌈파-ㅅ 면접
- □ ใบสมัครงาน [bai sà-màk ngaan] 바이 싸막 응아-ㄴ 이력서
- □ จ้างคนงาน [jâang kon ngaan] 짜-ㅇ 콘 응아-ㄴ 채용하다
- □ เข้าทำงาน [kâo tam ngaan] 카오 탐 응아-ㄴ 취직하다
- □ ไปทำงาน [bpai tam ngaan] 빠이 탐 응아-ㄴ 출근하다
- □ กลับบ้านจากที่ทำงาน [glàp bâan jàak têe tam ngaan]
  끌랍 바-ㄴ 짜-ㄱ 티- 탐 응아-ㄴ 퇴근하다
- □ ลางาน [laa ngaan] 라- 응아-ㄴ 결근하다
- □ ทำงาน [tam ngaan] 탐 응아-ㄴ 근무하다
- □ ทำงานล่วงเวลา [tam ngaan lûang-we:-laa]
  탐 응아-ㄴ 루엉웰라- 초과 근무하다
- □ ทำงานพิเศษ [tam ngaan pí-sè:t] 탐 응아-ㄴ 피 쎄-ㅅ 아르바이트하다
- □ เวลาทำการ [we:-laa tam gaan] 웰라- 탐 까-ㄴ 근무 시간
- □ พนักงานประจำ [pá-nák ngaan bprà-jam] 파낙 응아-ㄴ 쁘라짬 정규직
- □ พนักงานชั่วคราว [pá-nák ngaan chûa kraao]
  파낙 응아-ㄴ 추아 크라우 임시직

สำนักงาน [sǎm-nák-ngaan] 쌈낙응아─ㄴ **사무실**

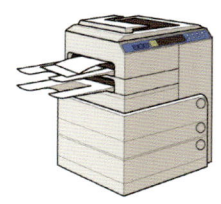

□ **โต๊ะอ่านหนังสือ** 책상
　[dtó àan nǎng-sěu] 또 아─ㄴ 낭쓰─

□ **โต๊ะสำนักงาน** 사무용 책상
　[dtó sǎm-nák-ngaan] 또 쌈낙응아─ㄴ
　ตัวไหนเหมาะใช้เป็นโต๊ะสำนักงานใครับ
　뚜아 나이 머 차이 뻰 또 쌈낙응아─ㄴ 크랍
　사무용 책상으로 쓰기에 어떤 제품이 좋습니까?

□ **เครื่องถ่ายเอกสาร** 복사기
　[krêuang tàai è:k-gà-sǎan]
　크르앙 타─이 에─ㄱ까싸─ㄴ

□ **เครื่องโทรสาร** 팩시밀리
　[krêuang to:-rá-sǎan] 크르앙 토─라 싸─ㄴ

□ **เครื่องสแกน** 스캐너
　[krêuang sà-gaen] 크르앙 싸깨─ㄴ

□ **โทรศัพท์มือถือ** 휴대폰
　[to:-rá-sàp meu těu] 토─라쌉 므─트─
　ว้า นั่นเป็นโทรศัพท์มือถือรุ่นใหม่นี่นะ
　와─ 난 뻰 토─라쌉 므─트─ 룬 마이 니─나
　와, 그거 정말 최신형 휴대폰이구나!

□ **โทรศัพท์** 전화기
　[to:-rá-sàp] 토─라 쌉

170

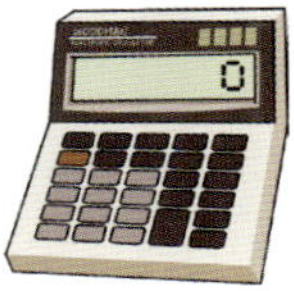

□ เครื่องคิดเลข 계산기
[krêuang kít lê:k] 크르앙 킷 레-ㄱ

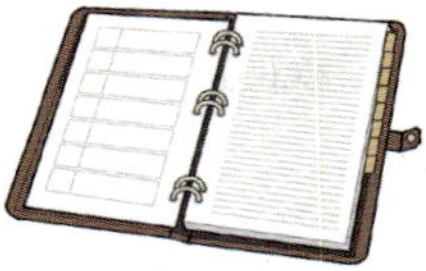

□ สมุดบันทึก 수첩
[sà-mùt-ban-téuk] 싸뭇 반특
ผมทำสมุดบันทึกหายบนรถแทกซี่
폼 탐 싸뭇 반특 하-이 본 롯 택씨-
택시에서 수첩을 잃어버렸어요.

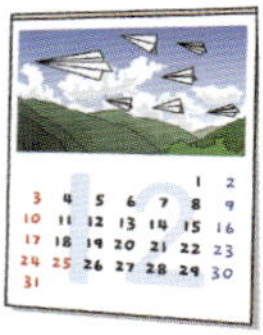

□ ปฏิทิน 달력
[bpà-dtì-tin] 빠띠틴

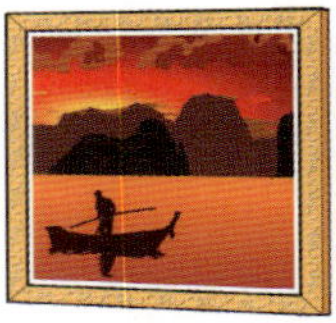

□ กรอบรูป 액자
[grʌ:p rôop] 끄러-ㅂ 루-ㅂ

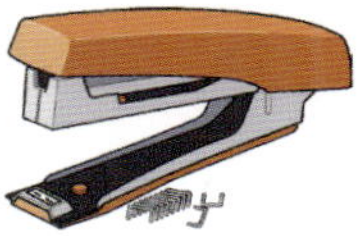

□ เครื่องเย็บกระดาษ
[krêuang yép grà-dàat] 크르앙 옙 끄라다-ㅅ
แม็ก [máek] 맥 스테이플러
กรุณารวบรวมเอกสาร และแม็กให้ด้วยนะคะ
까루나- 루업루엄 에-ㄱ까싸-ㄴ 래 맥 하이 두어이 나카
서류를 모아서, 스테이플러로 찍어 주세요.

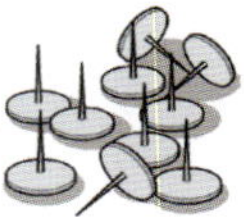

□ หมุดติดกระดาน 압정
[mùt dtìt grà daan] 뭇 띳 끄라다-ㄴ

관련 단어

□ ปากกาใช้กระดาน [bpàak gaa chái grà daan]
빠-ㄱ까- 차이 끄라다-ㄴ 매직펜

□ ปากกาลูกลื่น [bpàak gaa lôok lêun] 빠-ㄱ까- 루-ㄱ 르-ㄴ 볼펜

□ ปากกาหัวสักหลาด [bpàak gaa hŭa sàk-làat]
빠-ㄱ까- 후아 싹 라-ㅅ 사인펜

□ ปากกามึกซึม [bpàak gaa mèuk seum] 빠-ㄱ까- 믁 씀 만년필

□ น้ำยาลบคำผิด [nám-yaa lóp kam pìt] 남야- 롭 캄 핏
ลิควิด [lí-kwìt] 리큇 수정액

□ โพสต์อิท [pó:t- ìt] 포-ㅌ잇 포스트 잇, 메모 용지

□ ที่หนีบกระดาษ [têe nèep grà-dàat] 티-니-ㅂ 끄라다-ㅅ 클립

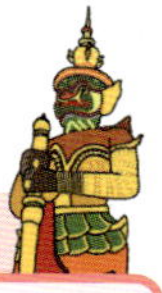

Dialogue

A: เครื่องถ่ายเอกสารของแผนกเราเสียอีกแล้ว
크르앙 타-이 에-ㄱ까싸-ㄴ 커-ㅇ 파내-ㄱ 라오 씨아 이-ㄱ 래우
우리 부서 복사기가 또 고장났어.

B: ต้องถ่ายกี่หน้าหรือ
떠-ㅇ 타-이 끼- 나- 르-
몇 장을 복사해야 하는데?

A: 40 หน้า ขอใช้เครื่องที่นี่ได้ไหม
씨-씹 나- 커-차이 크르앙 티-니- 다이 마이
40장. 여기 복사기 좀 사용해도 될까?

B: ได้สิ
다이 씨
그래.

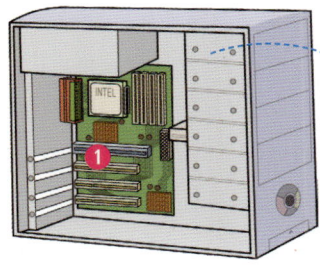

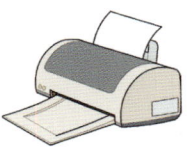

คอมพิวเตอร์ [kʌm-piw-dtêr] 컴 피우 뜨ㅓ– **컴퓨터**

1 หน้าจอ 모니터
[nâa-jʌ:] 나– 쩌–

2 คีย์บอร์ด 키보드
[kee bɔ̀:t] 키– 버–ㅅ

3 เมาส์ 마우스
[mao] 마우

1 ซีพียู [see pee yoo] 씨–피–유– 중앙 처리 장치, CPU

2 ฮาร์ดดิสก์ [haat-dík] 하–ㅅ딕 하드디스크

☐ โน๊ตบุ๊ก 노트북 컴퓨터
[nót-búk] 놋북

☐ เครื่องพิมพ์ [krêuang pim] 크르앙 핌
ปริ๊นเตอร์ [bprin-dtêr] 쁘린뜨ㅓ– 프린터

1 인간
2 가정
3 수
4 도시
5 교통
6 업무
7 쇼핑
8 스포츠/취미
9 자연

Unit 05 คอมพิวเตอร์ ▸▸▸

관련 단어

- □ เคอร์เซอร์ [ker-sêr] 크ㅓ쓰ㅓ- 커서
- □ ไอคอน [ai kʌn] 아이컨 아이콘
- □ คลิ้ก [klík] 클릭 클릭하다
- □ ดับเบิ้ล คลิ้ก [dàp-bêrn klík] 답브ㅓㄴ 클릭 더블 클릭하다
- □ แดร็ก แอนด์ ดรอป [dráek aen drʌ̀p] 드래-ㄱ 앤 드럽 드래그 앤 드롭
- □ ติดตั้ง [dtìt dtâng] 띳 땅 설치하다
- □ แบ็คอัพ [báek áp] 백 압 백업하다
- □ เปิดเครื่อง [bpèrt krêuang] 쁘ㅓㅅ 크르앙 부팅하다
- □ เปิดเครื่องใหม่ [bpèrt krêuang mài] 쁘ㅓㅅ 크르앙 마이 재부팅하다
- □ กลับสู่สภาพดั้งเดิม [glàp sòo sà-pâap dâng derm] 끌랍 쑤- 싸파-ㅂ 당 드ㅓㅁ 초기화
- □ ก๊อปไฟล์ [gʌ́p-fai] 껍 퐈이 파일 복제
- □ วาง [waang] 와-ㅇ 붙여넣기 (본래 뜻은 '두다', 컴퓨터 용어로는 '붙여넣기'로 쓰임)
- □ บันทึก [ban-téuk] 반특 저장
- □ แผงควบคุม [pǎeng kûap kum] 패-ㅇ 쿠업 쿰 제어판
- □ ถังขยะ [tǎng-kà-yà] 탕 카야 휴지통
- □ อัพเกรด [àp-grè:t] 압 끄레-ㅅ 업그레이드
- □ เวิร์ด [wérd] 워-ㅅ 워드프로세서
- □ เปิด [bpèrt] 쁘ㅓㅅ 열다
- □ ปิด [bpìt] 삣 닫다
- □ ปิดเครื่อง [bpìt krêuang] 삣 크르앙 전원을 끄다

Unit 06

อินเตอร์เน็ต [in-dter-nèt] 인뜨ㅓ넷 인터넷

□ **อินเตอร์เน็ต เอกซ์พลอเลอร์**
[in-dter-nèt èk-plʌ-lêr] 인뜨ㅓ넷 엑플러-르ㅓ-
인터넷 익스플로러

□ **เว็บไซต์** 웹사이트
[wép sai] 웹 싸이
ลองหาดูในเว็บไซต์กันไหม
러-ㅇ 하-두- 나이 웹 싸이 깐 마이
웹사이트에서 찾아볼까?

□ **โฮมเพจ** 홈페이지
[ho:m pè:t] 호-ㅁ 페-ㅅ
มีคำอธิบายในโฮมเพจของบริษัทเราครับ
미-캄 아티바-이 나이 호-ㅁ 페-ㅅ 커-ㅇ 버리쌋 라오 크랍
저희 회사 홈페이지에 설명되어 있습니다.

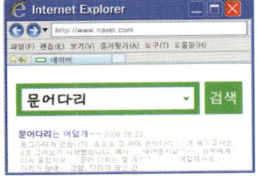

□ **ค้นหาข้อมูล** 정보 검색
[kón hǎa kâ-moon] 콘하-카-무-ㄴ

□ **แบนเนอร์โฆษณา** 배너(띠 모양의 광고)
[baen-nêr kôht-sà-naa] 배느ㅓ- 코-ㅅ싸나-

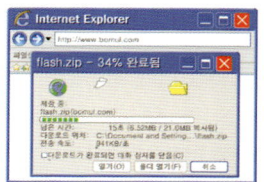

□ **ดาวน์โหลด** 다운로드하다

[daao lò:t] 다우 로-ㅅ

□ **อีเมล์** 이메일

[ee-me:w] 이-메-우

ดิฉันจะส่งทางอีเมล์ให้

디찬 짜 쏭 타-ㅇ 이-메-우 하이

내가 지금 이메일로 보낼게.

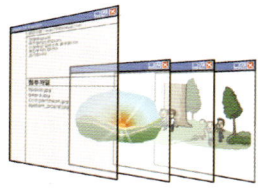

□ **ไฟล์แนบ** 첨부 파일

[fai nâep] 퐈이 내-ㅂ

ดูไฟล์แนบแล้ว กรุณาติดต่อกลับอีกครั้งครับ

두- 퐈이 내-ㅂ 래우 까루나- 띳떠-끌랍 이-ㄱ 크랑 크랍

첨부 파일을 보시고 다시 연락 주세요.

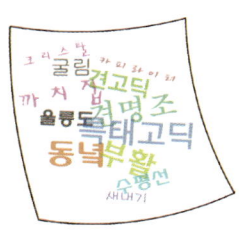

□ **ฟอนต์** 글꼴

[fón] 펀

ฟอนต์นี้ไม่ค่อยสวย

펀 니- 마이 커-이 쑤어이

이 글꼴은 별로 예쁘지가 않아.

□ **คนติดเน็ต** 인터넷 중독자

[kon dtìt nèt] 콘 띳 넷

관련 단어

- □ ออนไลน์ [ʌ:n-lai] 어–ㄴ 라이 온라인
- □ กระดานข่าวอิเล็กทรอนิกส์ [grà-daan kàao i-lék-tror-nìk] 끄라다–ㄴ 카우 일렉 트러–닉 전자 게시판
- □ บล็อก [blʌ̀k] 블럭 블로그
- □ โดเมนเนม [do:-me:n-ne:m] 도–메–ㄴ 네–ㅁ 도메인 네임
- □ ที่อยู่โฮมเพจ [têe yòo ho:m pè:t] 티–유– 호–ㅁ 페–ㅅ 홈페이지 주소
- □ พอร์ทัลไซต์ [pʌ-tan-sai] 퍼–탄 싸이 포털 사이트
- □ เราเตอร์ [rao-dtêr] 라우 뜨ㅓ– 라우터, 공유기
- □ เออเรอร์ [er-rêr] 으ㅓ르ㅓ– 프로그램의 오류, 결함
- □ แลน [laen] 래–ㄴ 랜, 근거리 통신망
- □ คุกกี้ [kúk-gêe] 쿡끼– 쿠키(인터넷 임시 저장 파일)
- □ ไฟร์วอลล์ [fai-wer] 퐈이 워– 방화벽
- □ ค้นหาข้อมูลในอินเตอร์เน็ต [kón hăa kâ-moon nai in-dter-nèt] 콘하–커–무–ㄴ 나이 인뜨ㅓ넷 인터넷 검색을 하다
- □ คำถามที่พบบ่อย [kam tăam têe póp bʌ̀i] 캄 타–ㅁ 티–폽 버–이 자주 묻는 질문, FAQ
- □ ความเห็น [kwaam hĕn] 콰–ㅁ 헨 대답, 댓글
- □ ชาวเน็ต [chaw-nèt] 차–우 넷 네티즌
- □ แฮกเกอร์ [háek-gêr] 해–ㄱ끄ㅓ 해커

2 가정
3 수
4 도시
5 교통
6 업무
7 쇼핑
8 스포츠/취미
9 자연

การสื่อสาร [gaan sèu sǎan] 까-ㄴ 쓰-싸-ㄴ 의사소통

□ **พูดคุย** 대화하다
[pôot kui] 푸-ㅅ 쿠이

□ **ทักทาย** 인사하다
[ták taai] 탁 타-이

□ **คิดตรงกัน** (사상 · 감정이) 서로 통하다
[kít dtrong gan] 킷 뜨롱 깐

□ **สารภาพ** 고백하다
[sǎa-rá-pâap] 싸-라 파-ㅂ

□ **ทะเลาะ** 말다툼하다
[tá-lʌ́] 탈러

□ **ขอโทษ** 사과하다
[kʌ̌ tô:t] 커- 토-ㅅ

관련 단어

- □ น้ำเสียง [nám sĭang] 남 씨앙 말투, 말씨
- □ ภาษาถิ่น [paa-săa tìn] 파– 싸– 틴 사투리
- □ กิริยาท่าทาง [gì-rí-yaa tâa taang] 끼리야– 타– 타–ㅇ 태도, 제스처
- □ ความคิดเห็น [kwaam kít hĕn] 콰–ㅁ 킷 헨 의견
- □ หัวข้อ [hŭa kâ] 후아 커– 화제, 주제
- □ แปล [bplae] 쁠래– 번역하다, 통역하다
- □ เชิญ [chern] 츠ㅓㄴ 초대하다
- □ ความสัมพันธ์ [kwaam săm-pan] 콰–ㅁ 쌈 판 관계
- □ แนะนำ [náe nam] 내남 소개하다
- □ ตกลง [dtòk long] 똑롱 찬성하다, 동의하다
- □ คัดค้าน [kát káan] 캇카–ㄴ 반대하다

Dialogue

A: เขามาขอโทษฉันแล้ว
แต่ฉันไม่พอใจกับกิริยาท่าทางของเขา
카오 마– 커–토–ㅅ 찬 래우 때– 찬 마이 퍼–짜이 깝 끼리야– 타– 타–ㅇ 커–ㅇ 카오
그 사람이 와서 사과했지만, 나는 그의 태도가 맘에 안 들어.

B: อย่าเข้าใจผิดเขาสิจ้า เขาคงพูดอย่างจริงใจแหละ
야–카오짜이 핏 카오 씨 짜– 카오 콩 푸–ㅅ 야–ㅇ 찡짜이 래
오해하지 마, 아마 그는 진심으로 말했을 거야.

A: เธอพูดอย่างนั้นก็คงใช่ก็ได้เนอะ
트ㅓ푸–ㅅ 야–ㅇ 난 꺼– 콩 차이 꺼– 다이 느ㅓ
네가 그렇게 말하니, 아마 그럴 수도 있겠다.

B: เขาดูเป็นเช่นนั้น
ก็เป็นเพราะเขาพูดภาษาถิ่นและไม่ค่อยยิ้ม
카오 두– 뻰 체–ㄴ난 꺼– 뻰 프러 카오 푸–ㅅ 파–싸–틴 래 마이 커–이 임
그가 그렇게 보이는 건, 원래 사투리를 쓰는 데다가, 잘 웃지 않아서일 거야.

복습문제

Self Test

1 다음 그림과 단어를 연결해 보세요.

•　　•　　•　　•　　•

•　　•　　•　　•　　•

พ่อครัว/แม่ครัว　　นักร้อง　　ชาวนา　　ครู　　นักแสดง

2 다음 단어를 태국어 혹은 우리말로 고쳐 보세요.

a) ประธาน ________　เลขานุการ ________　동료 ________
　ผู้สัมภาษณ์ ________　พนักงาน ________

b) ไปทำงาน ________　월급 ________
　보너스 ________　ลาออกจากงาน ________

3 다음 보기에서 단어를 골라 빈칸에 써넣어 보세요.

a) ปากกาลูกลื่น　น้ำยาลบคำผิด/ลิควิด　เครื่องคิดเลข　เครื่องถ่ายเอกสาร
　เครื่องเย็บกระดาษ/แม็ก

b) คีย์บอร์ด　ติดตั้ง　คลิ๊ก　เมาส์　หน้าจอ

a) 스테이플러 ________　수정액 ________　복사기 ________
　계산기 ________　볼펜 ________

b) 클릭하다 ________　설치하다 ________　모니터 ________
　마우스 ________　키보드 ________

4 다음 단어를 태국어 혹은 우리말로 고쳐 보세요.

a) 배너 __________　　แบ็คอัพ __________
온라인 __________　　홈페이지 __________
이메일 __________

b) 사투리 __________　　เชิญ __________
พูดคุย __________　　ความคิดเห็น __________
ขอโทษ __________

5 다음 빈칸에 알맞은 태국어를 써넣어 보세요.

a) 오늘 나는 면접이 있다. วันนี้ดิฉันมีสอบ __________
b) 내 컴퓨터는 고장났다. เครื่อง __________ ของผมเสียแล้ว
c) 전원을 꺼주세요. กรุณา __________ ให้หน่อยค่ะ
d) 이메일로 이력서를 보내주세요.
กรุณาส่ง __________ ผ่านทาง __________ ครับ

정답

1 요리사 – พ่อครัว / แม่ครัว　가수 – นักร้อง　농부 – ชาวนา
교사 – ครู　배우, 탤런트 – นักแสดง
2 a) 회장, 이사장　비서　เพื่อนร่วมงาน　면접관　직원
b) 출근하다　เงินเดือน　เงินโบนัส　퇴직
3 a) เครื่องเย็บกระดาษ / แม็ก　น้ำยาลบคำผิด / ลิควิด　เครื่องถ่ายเอกสาร
เครื่องคิดเลข　ปากกาลูกลื่น
b) คลิ้ก　ติดตั้ง　หน้าจอ　เมาส์　คีย์บอร์ด
4 a) แบนเนอร์โฆษณา　백업하다　ออนไลน์　โฮมเพจ　อีเมล์
b) ภาษาถิ่น　초대하다　대화하다　의견　사과하다
5 a) สัมภาษณ์　b) คอมพิวเตอร์　c) ปิดเครื่อง　d) ใบสมัครงาน　อีเมล์

THEMATIC THAI WORDS

Theme 7

→ การซื้อของ 쇼핑

[gaan séu kǎng] 까-ㄴ 쓰--ㅓ-ㅇ

1 인간
2 가정
3 수
4 도시
5 교통
6 의무
7 쇼핑
8 스포츠/취미
9 자연

ห้างสรรพสินค้า [hâang sàp sĭn káa] 하ㅡㅇ 쌉파씬카ㅡ **백화점**

□ **พนักงานเก็บเงิน**
[pá-nák ngaan gèp ngern] 파낙응아ㅡㄴ 껩 응으ㅓㄴ
แคชเชียร์ [káet chia] 켓 치아 **계산원**

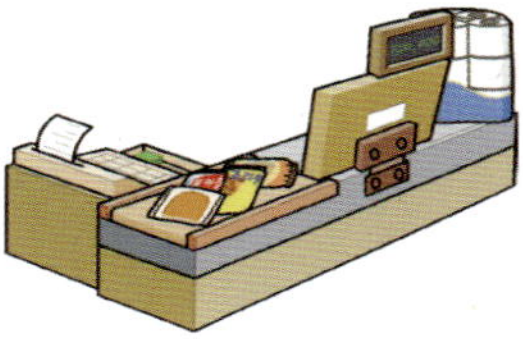

□ **จุดให้บริการชำระเงิน** 계산대
[jùt hâi bʌ-rí-gaan cham-rá ngern]
쭛 하이 버리까ㅡㄴ 참라 응으ㅓㄴ

□ **รถเข็น** [rót kĕn] 롯 켄 **쇼핑 카트**
คุณแม่คะ หนูจะผลักรถเข็นเองค่ะ
쿤 매ㅡ 카누ㅡ 짜 플락 롯 켄 에ㅡㅇ 카
엄마, 쇼핑 카트는 내가 밀고 갈게요.

□ **ลูกค้า** 고객
[lôok káa] 루ㅡㄱ 카ㅡ

□ **ธนาบัตร** [tá-ná-bàt] 타나ㅡ밧
แบงค์ [baeng] 배ㅡㅇ **지폐**

□ **เหรียญ** 동전
[rĭan] 리안

□ **พนักงาน** 점원
[pá-nák ngaan] 파낙응아ㅡㄴ

관련 단어

- □ บาร์โค้ด [baa kóht] 바- 코-ㅅ 바코드
- □ ป้ายราคา [bpâai raa-kaa] 빠이 라- 카- 가격표
- □ เงินเช็ค [ngern chék] 응으ㅓㄴ 첵 수표
- □ เงินสด [ngern sòt] 응으ㅓㄴ 쏫 현금
- □ บัตรเครดิต [bàt-kre-dìt] 밧 크레-딧 신용카드
- □ บัตรเดบิต [bàt de-bìt] 밧 데-빗 직불카드
- □ เงินทอน [ngern tʌ:n] 응으ㅓㄴ 터-ㄴ 잔돈
- □ ยี่ห้อ [yêe-hʌ̂:] 이- 허- 브랜드, 상표
- □ ของขวัญ [kʌ̌ng kwǎn] 커-ㅇ 콰-ㄴ 선물
- □ ห่อ [hʌ̀:] 허- 포장하다
- □ ลดราคา [lót raa-kaa] 롯 라- 카- 세일
- □ สินค้าราคาพิเศษ [sǐn káa raa-kaa pí-sè:t] 씬카-라-카- 피쎄-ㅅ 특가 상품
- □ คืนสินค้า [keun sǐn káa] 크-ㄴ 씬카- 반품하다

Dialogue

A: ห้างสรรพสินค้ากำลังลดราคาอยู่ ลองไปดูกันไหม
하-ㅇ 쌉파씬카- 깜랑 롯 라- 카- 유- 러-ㅇ 빠이 두- 깐 마이
백화점 세일 중인데, 보러 가지 않을래?

B: โอเค ฉันต้องซื้อของขวัญให้แม่ด้วย
오-케- 찬 떠-ㅇ 쓰-커-ㅇ 콰-ㄴ하이 매- 두어이
그래. 마침 난 엄마 선물도 사야 해.

A: ดีเลย งั้นเจอกันตอนบ่าย 2 โมงนะ
디- 르ㅓ이 응안 쯔ㅓ깐 떠-ㄴ 바-이 써-ㅇ 모-ㅇ 나
잘됐네. 이따 두 시쯤 만나자.

2 가정
3 수
4 도시
5 교통
6 업무
7 쇼핑
8 스포츠/취미
9 자연

Unit 01 ห้างสรรพสินค้า ▸▸▸

□ **เสื้อผ้าชาย** 남성복

[sêua pâa chaai] 쓰아 파– 차–이

□ **เสื้อผ้าหญิง** 여성복

[sêua pâa yǐng] 쓰아 파– 잉

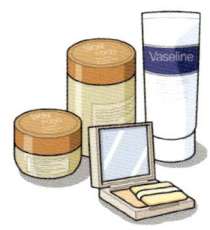

□ **เครื่องสำอาง** 화장품

[krêuang sǎm-aang] 크르앙 쌈 아–ㅇ

ขอดูเครื่องสำอางสำหรับคนผิวแห้งหน่อยค่ะ

커–두– 크르앙 쌈 아–ㅇ 쌈랍 콘 피우 해–ㅇ 너이 카

건성 피부용 화장품 좀 보여 주세요.

□ **สินค้าเบ็ดเตล็ด** 잡화

[sǐn káa bèt-dtà-lèt] 씬카– 벳 딸렛

□ **ของเล่น** 장난감

[kǎng lên] 커–ㅇ 레–ㄴ

สำหรับเด็กอายุ 5 ขวบ ควรซื้อของเล่นอะไรดีคะ

쌈랍 덱 아–유 하– 쿠업 쿠언 쓰– 커–ㅇ 레–ㄴ 아라이 디– 카

다섯 살짜리 사내아이에게 어떤 장난감이 좋을까요?

□ ของใช้ในครัว 주방용품

[kǎng chái nai krua] 커–ㅇ 차이 나이 크루아

□ เครื่องใช้ไฟฟ้าในบ้าน 가전제품

[krêuang chái fai-fáa nai bâan] 크르앙 차이 퐈이 퐈– 나이 바–ㄴ

□ เพชรพลอย 보석

[pét plʌ:i] 펫 플러–이

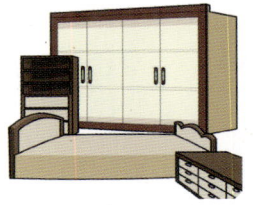

□ เฟอร์นิเจอร์ 가구

[fer-ní-jer] 풔 니 쯔ㅓ–

ไหนๆ ก็มากันแล้ว ไปดูเฟอร์นิเจอร์ด้วยกัน

나이나이 꺼– 마–깐 래우 빠이 두– 풔 니 쯔ㅓ–두어이 깐

우리 이왕 왔으니 가구도 구경하러 가자.

□ อาหาร 식품

[aa-hǎan] 아– 하–ㄴ

□ เครื่องเขียน 문방구

[krêuang kǐan] 크르앙 키안

1 인간
2 가정
3 수
4 도시
5 교통
6 업무
7 쇼핑
8 스포츠/취미

อาหาร [aa-hăan] 아ー하ーㄴ **식품**

□ **ขนมปัง** 빵
[kà-nŏm bpang] 카놈 빵

□ **อาหารกระป๋อง** 통조림
[aa-hăan grà-bpŏng] 아ー하ーㄴ 끄라 뻐ーㅇ

□ **ข้าวสาร** 쌀
[kâao săan] 카우 싸ーㄴ

□ **ไข่ไก่** 계란
[kài gài] 카이 까이

□ **ผลไม้** 과일
[pŏn-lá-máai] 폰 라 마이

□ **ไอศครีม** 아이스크림
[ai-sà-kreem] 아이 싸 끄리ーㅁ

□ **นม** 우유
[nom] 놈

□ **ผัก** [pàk] 팍 채소

□ **น้ำผลไม้** 주스
[náam pŏn-lá-máai] 나ーㅁ 폰 라 마이
อยากดื่มน้ำส้มเย็นจัง
야ーㄱ 드ーㅁ 나ーㅁ 쏨 옌 짱
시원한 오렌지 주스 마시고 싶다.

□ **น้ำอัดลม** 탄산음료
[nám àt lom] 남 앗 롬

□ เกลือ 소금
[gleua] 끌르아

□ น้ำตาล 설탕
[nám-dtaan] 남 따-ㄴ

□ ซอสมะเขือเทศ 토마토케첩
[sʌ́:t má-kĕua tê:t] 써-ㅅ 마 크아 테-ㅅ

관련 단어

□ อาหารแช่แข็ง [aa-hăan châe kăeng] 아- 하-ㄴ 채- 캥 냉동식품

□ น้ำมันทอด [náam man tʌ̂:t] 남 만 터-ㅅ 식용유

□ แป้งสาลี [bpâeng-săa-lee] 빼-ㅇ 싸-ㄹ리- 밀가루

□ เครื่องปรุง [krêuang bprung] 크르앙 쁘룽 조미료

□ ซีอิ๊ว [see-íw] 씨- 이우 간장

□ น้ำส้ม [nám sôm] 남 쏨 식초

□ พริกป่น [prík bpòn] 프릭 뽄 고춧가루

□ ขนม [kà-nŏm] 카놈 과자

□ เครื่องดื่ม [krêuang dèum] 크르앙 드-ㅁ 음료수

Dialogue

A: ลืมซื้อนมมาแล้ว
르-ㅁ 쓰- 놈 마- 래우
우유 사는 걸 깜빡했네!

B: ผมจะไปหยิบมาให้ อยู่ตรงไหนเอ่ย
폼 짜 빠이 입 마-하이 유- 뜨롱 나이 으-이
내가 가서 가져올게. 어디에 있더라?

A: ตรงโน้นที่ขายผลิตภัณฑ์จากนมจ้า
뜨롱 노-ㄴ 티- 카이 팔릿따판 짜-ㄱ 놈 짜-
저쪽 유제품 코너에 있어.

1 인간
2 가정
3 수
4 도시
5 교통
6 업무
7 쇼핑
8 스포츠/취미
9 자연

เสื้อผ้าชาย [sêua pâa chaai] 쓰아 파- 차-이 남성복

□ **เสื้อนอก** 상의, 윗도리

[sêua nʌ̂:k] 쓰아 너-ㄱ

ถ้าร้อนถอดเสื้อนอกก็ได้

타- 러-ㄴ 터-ㅅ 쓰아 너-ㄱ 꺼- 다이

더우면 상의는 벗어도 돼.

□ **เสื้อแจ็คเก็ต** 점퍼, 재킷

[sêua jáek-gét] 쓰아 쨱 껫

□ **เสื้อยืด** 티셔츠

[sêua yêut] 쓰아 이으-ㅅ

เสื้อยืดตัวนี้สีเท่ดีนะ

쓰아 이으-ㅅ뚜아 니- 씨- 테-디-나

이 티셔츠 색깔이 참 멋있다.

□ **เสื้อเชิ้ต** 와이셔츠

[sêua-chért] 쓰아 츠ㅓㅅ

□ **เสื้อคอปก** [sêua kʌ:-bpòk] 쓰아 커- 뽁

เสื้อโปโล [sêua bpo:-lo:] 쓰아 뽀-ㄹ 로- 폴로셔츠

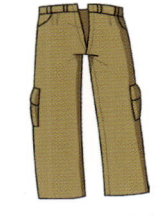

□ กางเกง 바지
[gaang-ge:ng] 까–ㅇ 께–ㅇ

□ กางเกงขาสั้น 반바지
[gaang-ge:ng kăa sân] 까–ㅇ 께–ㅇ 카– 싼

□ กางเกงยินส์ 청바지
[gaang-ge:ng yeen] 까–ㅇ 께–ㅇ 이으–ㄴ

□ ชุดสากล 정장
[chút săa-gon] 춧 싸–꼰

□ เครื่องแบบ 예복
[krêuang bàep] 크르앙 배–ㅂ

□ ชุดกีฬา 운동복
[chút gee-laa] 춧 낄라–

1 인간
2 가정
3 수
4 도시
5 교통
6 업무
7 쇼핑
8 스포츠/취미
9 자연

191

Unit 03 เสื้อผ้าชาย ▸▸▸

관련 단어

- □ เสื้อกั๊ก [sêua gák] 쓰아 깍 조끼
- □ ชุดชั้นใน [chút chán nai] 춧 찬 나이 속옷
- □ กางเกงใน [gaang-ge:ng nai] 까–ㅇ 께–ㅇ 나이 팬티
- □ เสื้อผ้าธรรมดา [sêua pâa tam-má-daa] 쓰아 파– 탐 마다– 평상복
- □ เสื้อกันฝน [sêua gan fŏn] 쓰아 깐 폰 비옷
- □ กางเกงว่ายน้ำ [gaang-ge:ng wâai náam] 까–ㅇ 께–ㅇ 와–이 남 수영 팬티
- □ ห้องเปลี่ยนเสื้อ [hʌ̂ng bplìan sêua] 허–ㅇ 쁠리안 쓰아 피팅룸
- □ แน่น [nâen] 내–ㄴ 타이트하다
- □ หลวม [lŭam] 루암 헐렁하다
- □ เสื้อคอกลม [sêua kʌ:- glom] 쓰아 커– 끌롬 라운드 넥 티셔츠
- □ เสื้อคอวี [sêua kʌ:- wee] 쓰아 커– 위– 브이 넥 티셔츠
- □ กระดุม [grà-dum] 끄라 둠 단추
- □ แขนเสื้อ [kăen sêua] 캐–ㄴ 쓰아 소매
- □ กระเป๋า [grà-bpăo] 끄라 빠오 주머니
- □ ผ้าซับใน [pâa sáp nai] 파– 쌉 나이 안감

1 인간
2 가정
3 수
4 도시
5 교통
6 업무
7 쇼핑
8 스포츠/취미
9 자연

태국 문화 엿보기 | 태국의 의복문화

태국에는 ชุดไทย(춧타이)라고 하는 전통 의상이 있다. 남성은 흰색 차이나 칼라 형태의 윗도리에 기장이 짧고 화려한 무늬의 바지를 입고, 여성은 롱스커트 형태의 치마를 입고, 어깨에는 화려한 천을 늘어뜨린다. 현재는 결혼식과 같은 특별한 행사나 전통 공연을 할 때만 입는다.

Dialogue

A: ผมจะซื้อเสื้อคอกลมครับ
폼 짜 쓰– 쓰아 커– 끌롬 크랍
라운드 넥 티셔츠를 하나 사려고요.

B: ตัวนี้เป็นอย่างไรบ้างคะ เป็นสินค้าใหม่ค่ะ
뚜아 니– 뻰 야–ㅇ라이 바–ㅇ 카 뻰 씬카– 마이 카
이건 어떠세요? 신상품이에요.

A: มีสีดำไหมครับ
미– 씨– 담 마이 크랍
검은색 있나요?

B: ค่ะ รอสักครู่นะคะ
카 러– 싹 크루– 나 카
예, 잠깐만 기다려 주세요.

193

เสื้อผ้าหญิง [sêua pâa yĭng] 쓰아 파- 잉 여성복

□ เสื้อสตรี 블라우스
[sêua sà-dtree] 쓰아 싸 뜨리-

□ กระโปรง 치마, 스커트
[grà bpro:ng] 끄라 쁘로-ㅇ

กระโปรงของเธอสั้นเกินไป
끄라 쁘로-ㅇ 커-ㅇ 트ㅓ- 싼 끄ㅓㄴ빠이
너 스커트 길이가 너무 짧다.

□ ชุดติดกัน 원피스
[chút dtìt gan] 춧 띳 깐

□ ชุดราตรี 야회복
[chút raa-dtree] 춧 라-뜨리-

□ ถุงน่อง 스타킹
[tŭng nʌ̂ng] 퉁 너-ㅇ

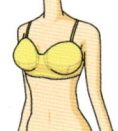

□ ชุดชั้นใน 속옷, 브래지어
[chút chán nai] 춧 찬 나이

□ กางเกงใน 팬티
[gaang-ge:ng nai] 까-ㅇ 께-ㅇ 나이

관련 단어

- ☐ ชุดนอน [chút nʌ:n] 츳 너-ㄴ 잠옷, 슬립
- ☐ เสื้อแขนกุด [sêua kăen gùt] 쓰아 캐-ㄴ 꿋 민소매
- ☐ เสื้อแขนสั้น [sêua kăen sân] 쓰아 캐-ㄴ 싼 반팔
- ☐ เสื้อแขนยาว [sêua kăen yaaw] 쓰아 캐-ㄴ 야-우 긴팔
- ☐ ซิป [síp] 씹 지퍼
- ☐ ลูกไม้ [lôok máai] 루-ㄱ 마이 레이스

2 가정
3 수
4 도시
5 교통
6 업무
7 쇼핑
8 스포츠/취미

รองเท้าและอื่นๆ
[rʌːng táo láe èun èun] 러–ㅇ 타오 래 은으–ㄴ **신발 및 기타**

□ **รองเท้าส้นสูง** 하이힐
[rʌːng táo sôn sŏong] 러–ㅇ 타오 쏜–ㄴ 쑤–ㅇ

□ **รองเท้ากีฬา** 운동화
[rʌːng táo gee-laa] 러–ㅇ 타오 낄라–

□ **รองเท้าบูท** 부츠
[rʌːng táo bóot] 러–ㅇ 타오부–ㅅ

□ **รองเท้าหนัง** (가죽)구두
[rʌːng táo nǎng] 러–ㅇ 타오 낭

วันนี้ใส่รองเท้าหนังคู่ใหม่มาแล้ว แต่ฝนตกหนักมาก
완니– 싸이 러–ㅇ 타오 낭 쿠– 마이 마– 래우 때– 폰 똑 낙 마–ㄱ
오늘 새 구두를 신었는데, 비가 엄청 오네.

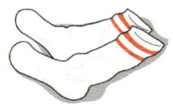

□ **ถุงเท้า** 양말
[tǔng táo] 퉁 타오

□ **หมวก** 모자
[mùak] 무억

□ **ถุงมือ** 장갑
[tǔng meu] 퉁 므–

□ **หมวกเบสบอล** 야구 모자
[mùak bèːt bʌːn] 무억 베–ㅅ 버–ㄴ

196

□ **เน็คไท** 넥타이
[nék-tai] 넥 타이

□ **ผ้าพันคอ** 스카프
[pâa pan kʌ:] 파- 판 커-

□ **ผ้าเช็ดหน้า** 손수건
[pâa chét-nâa] 파- 쳇 나-

🔘 **관련 단어**

□ **รองเท้าเปิดส้น** [rʌ:ng táo bpèrt sôn] 러-ㅇ 타오 쁘ㅓㄷ 쏘-ㄴ   **샌들**

□ **รองเท้าแตะ** [rʌ:ng táo dtàe] 러-ㅇ 타오 때   **슬리퍼**

□ **รองเท้ากัด** [rʌ:ng táo gàt] 러-ㅇ 타오 깟   **새 구두에 발이 까지다**

□ **ช้อนรองเท้า** [chʌ́:n rʌ:ng táo] 처-ㄴ 러-ㅇ 타오   **구둣주걱**

□ **สร้อยคอ** [sôi-kʌ:] 써-이 커-   **목걸이**

□ **สร้อยข้อมือ** [sôi kâ: meu] 써-이 커- 므   **팔찌**

□ **ต่างหู** [dtàang hŏo] 따-ㅇ 후- / **ตุ้มหู** [dtûm hŏo] 뚬 후-   **귀걸이**

□ **เข็มกลัด** [kĕm glàt] 켐 끌랏   **브로치**

□ **แหวน** [wăen] 왜-ㄴ   **반지**

□ **เน็คไทหูกระต่าย** [nék-tai hŏo grà-dtàai] 넥 타이 후- 끄라 따-이   **나비넥타이**

□ **เข็มขัด** [kĕm kàt] 켐 캇   **벨트**

□ **แว่นตา** [wâen dtaa] 왜-ㄴ 따-   **안경**

□ **กิ๊บ** [gíp] 낍   **머리핀**

□ **ยางรัดผม** [yaang rát pŏm] 야-ㅇ 랏 폼   **머리끈**

197

1 인간 / 2 가정 / 3 수 / 4 도시 / 5 교통 / 6 업무 / 7 쇼핑 / 8 스포츠/취미 / 9 자연

เครื่องสำอาง [krêuang săm-aang] 크르앙 쌈아-ㅇ **화장품**

☐ **โลชั่น** 로션
[lo:-chân] 로-찬

☐ **โทนเนอร์** 스킨
[to:-nêr] 토-느ㅓ

☐ **ครีมบำรุงผิว** 영양 크림
[kreem bam-rung pĭw] 크리-ㅁ 밤룽 피우

☐ **พัฟ** 퍼프
[páp] 팝

☐ **แป้งตลับ** 콤팩트
[bpâeng dtà-làp] 빼-ㅇ 딸랍

☐ **ครีมรองพื้น** 파운데이션
[kreem rʌ:ng péun] 크리-ㅁ 러-ㅇ 프-ㄴ
ครีมรองพื้นสีนี้ไม่เหมาะกับสีหน้าของฉัน
크리-ㅁ 러-ㅇ 프-ㄴ 씨-니- 마이 머 깝 씨-나- 커-ㅇ 찬
이 파운데이션 색조는 내 얼굴에 맞지 않는다.

☐ **มาสคาร่า** 마스카라
[mát-kaa-râa] 맛 카- 라-

☐ **น้ำหอม** 향수
[nám hʌ̆:m] 나-ㅁ 허-ㅁ
น้ำหอมนี้กลิ่นเป็นอย่างไรบ้างคะ
남허-ㅁ니- 끌린 뻰 야-ㅇ라이 바-ㅇ 카
이 향수 냄새 어때요?

☐ **ลิปสติก** 립스틱
[líp-sà-dtìk] 립 싸 띡

□ **ยาทาเล็บ** 매니큐어
[yaa-taa lép] 야– 타– 렙

□ **หวีผม** 머리를 빗다
[wěe pŏm] 위– 폼

□ **แต่งหน้า** 화장하다
[dtàeng-nâa] 때–ㅇ 나–

อย่าแต่งหน้าเข้มมากเกินไปนะ
야– 때–ㅇ 나– 케–ㅁ 마–ㄱ 끄ㅓㄴ 빠이 나
너무 진하게 화장하지 마.

1 인간

2 가정

3 수

4 도시

5 교통

6 업무

7 쇼핑

8 스포츠/취미

9 자연

● **관련 단어**

□ **ลิปกลอส** [líp-glʌ́t] 립 끌러–ㅅ 립글로스

□ **บรัชออน** [blách- ʌ:n] 브랏 치어–ㄴ 볼터치

□ **อายแชโด** [aai-chae-do:] 아–이 채 도– 아이섀도

□ **ครีมล้างเครื่องสำอาง** [kreem láang krêuang săm-aang]
크리–ㅁ 라–ㅇ 크르앙 쌈아–ㅇ 클렌징크림

□ **ครีมอาบแดด** [kreem àap dàet] 크리–ㅁ 압 대–ㅅ 선탠 크림

□ **ครีมกันแดด** [kreem gan dàet] 크리–ㅁ 깐 대–ㅅ 자외선 차단 크림

□ **สบู่ล้างหน้า** [sà-bòo láang nâa] 싸부– 라–ㅇ 나– 세숫비누

□ **นวดหน้า** [nûat nâa] 누앗 나– 피부 미용 관리, 얼굴 마사지

□ **เครื่องเป่าผม** [krêuang bpào pŏm] 크르앙 빠오 폼 헤어드라이어

Dialogue

A: **วันนี้ไม่ได้ทาครีมกันแดดมา แต่แดดแรงมาก**
완니– 마이 다이 타– 크리–ㅁ 깐 대–ㅅ 마– 때– 대–ㅅ 래–ㅇ 마–ㄱ
자외선 차단 크림도 안 발랐는데, 햇빛이 너무 강하네.

B: **เหรอจ๊ะ งั้นฉันยืมของฉันให้**
르ㅓ 짜 응안 찬 이음 (*yeum) 커–ㅇ 찬 하이
그래? 그럼 내 거 빌려 줄게.

A: **ขอบคุณจ้า**
커–ㅂ 쿤 짜
고마워!

เครื่องใช้ไฟฟ้าในบ้าน

[krêuang chái fai-fáa nai bâan] 크르앙 차이 퐈이 퐈- 나이 바-ㄴ **가전제품**

□ **กล้องวีดีโอ** 캠코더

[glông wee-dee-o:] 끌러-ㅇ 위-디-오-

นี่คือกล้องวีดีโดรุ่นใหม่ที่สามารถถ่ายใต้น้ำได้ด้วย

니-크- 끌러-ㅇ 위-디-오- 룬 마이 티- 싸-마-ㅅ 타-이 따이 나-ㅁ 다이 두어이

이건 수중 촬영도 가능한 새로 나온 캠코더야.

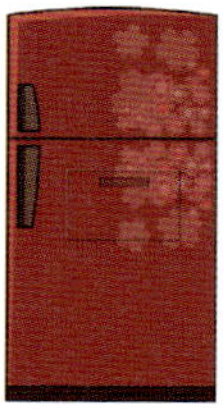

□ **โทรทัศน์** [to:-rá-tát] 토-라 탓

ทีวี [tee wee] 티- 위- 텔레비전

□ **ตู้เย็น** 냉장고

[dtôo yen] 뚜- 옌

□ **เครื่องซักผ้า** 세탁기

[krêuang sák pâa] 크르앙 싹 파-

□ **แอร์** [ae] 애- 에어컨

ซื้อแอร์เครื่องไหนดีคะ

쓰- 애- 크르앙 나이 디- 카

에어컨은 어떤 것으로 사면 좋을까요?

□ **หม้อหุงข้าว** 전기밥솥

[mâ:-hŭng kâao] 머- 훙 카우

เดี๋ยวนี้หม้อหุงข้างมีฟังค์ชั่นหลายอย่าง

디아우 니- 머-훙 카우 미- 퐝찬 라-이 야-ㅇ

요즘 전기밥솥은 기능이 다양하다.

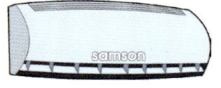

□ **เครื่องเสียง** 오디오 시스템

[krêuang sĭang] 크르앙 씨앙

□ **โทรศัพท์** 전화기

[to:-rá-sàp] 토-라 쌉

ใช้โทรศัพท์เครื่องนี้มานานเกินไปแล้ว

차이 토-라쌉 크르앙 니- 마- 나-ㄴ 끄ㅓㄴ 빠이 래우

이 전화기 너무 오래 사용했어.

□ เตาแก๊ส 가스레인지
[dtao gáet] 따오 깨-ㅅ

□ เครื่องปั่น 믹서
[krêuang bpàn] 크르앙 빤

□ เครื่องรีดผ้า 전기다리미
[krêuang rêet pâa] 크르앙 리-ㅅ 파-

관련 단어

- □ พัดลม [pát lom] 팟 롬 선풍기
- □ ไมโครเวฟ [mai-kro:- wé:f] 마이 크로- 웨-ㅂ 전자레인지
- □ รีโมท (คอนโทรล) [ree mò:t(kon-tro:n)] 리-모-ㅅ(커-ㄴ 트로-ㄴ) 리모컨
- □ โทรศัพท์มือถือ [to:-rá-sàp meu tĕu] 토-라 쌉 므- 트- 휴대폰
- □ เครื่องปรับความชื้น [krêuang bpràp kwaam chéun] 크르앙 쁘랍 콰-ㅁ 츠-ㄴ 가습기
- □ เปิด [bpèrt] 쁘ㅓㄷ 켜다
- □ ปิด [bpìt] 삣 끄다

Dialogue

A: ช่วยปรับโหมดพัดลมให้เบาลงได้ไหม
추어이 쁘랍 모-ㅅ 팟 롬 하이 바오 롱 다이 마이
선풍기 바람 조금만 약하게 조정해 줄 수 있니?

B: แต่ผมร้อนมาก จนอยากเข้าตู้เย็นเลย
때- 폼 러-ㄴ 마-ㄱ 쫀 야-ㄱ 카오 뚜-옌 르ㅓ이
난 너무 더워서 냉장고 속에라도 들어가고 싶을 정도인데.

A: ขอโทษ เพราะฉันเป็นหวัด
커-토-ㅅ 프러 찬 뻰 왓
미안해, 내가 감기에 걸려서….

1 인간
2 가정
3 수
4 도시
5 교통
6 업무
7 쇼핑
8 스포츠/취미
9 자연

เครื่องประดับ [krêuang bprà-dàp] 크르앙 쁘라 답 귀금속

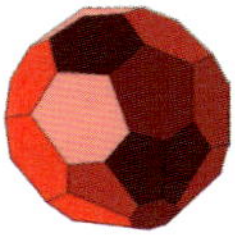

□ **ทับทิม** [táp-tim] 탑 팀 루비

มีช่วงหนึ่งที่ทับทิมเทียมแพงกว่า

미– 추엉 능 티– 탑팀 티암 패–ㅇ 꽈–

한때 인조 루비가 더 비싼 적이 있었다.

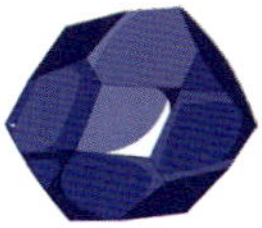

□ **ไพลิน** 사파이어

[pai-lin] 파이 린

□ **มรกต** 에메랄드

[mʌ-rá-gòt] 머라꼿

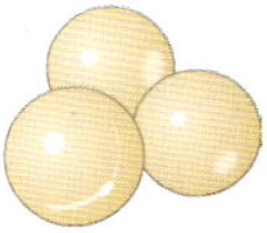

□ **ไข่มุก** 진주

[kài múk] 카이 묵

ไข่มุกเป็นอัญมณีชนิดหนึ่งที่ได้จากหอย

카이 묵 뻰 안야마니– 차닛 능 티– 다이 짜–ㄱ 허–이

진주는 조개에서 얻는 보석이다.

□ **คริสตัล** 수정

[krít-dtan] 크리–ㅅ 딴

□ **หยก** [yòk] 욕 옥

คนยายใส่แหวนหยกอยู่ตลอด

쿤 야–이 싸이 왜–ㄴ 욕 유– 딸러–ㅅ

할머니는 옥 반지를 늘 끼고 계신다.

□ **เพชร** 다이아몬드

[pét] 펫

1 인간

2 가정

3 수

4 도시

5 교통

6 업무

7 쇼핑

8 스포츠/취미

9 저녁

관련 단어

□ **ทอง** [tʌːng] 터-ㅇ 금

□ **เงิน** [ngern] 응으ㅓㄴ 은

□ **ทองขาว** [tʌːng kǎao] 터-ㅇ 카-우 백금

□ **เพชรพลอย** [pét ploi] 펫 플러-이
  อัญมณี [an-yá-má-nee] 안야마니- 보석

□ **อำพัน** [am-pan] 암판 호박

□ **บุษราคัม** [bùt-sà-raa-kam] 붓싸라-캄 토파즈, 황옥

□ **อัญมณีประจำวันเกิด** [an-yá-má-nee bprà-jam wan gèrt]
  안야마니- 쁘라짬 완 끄ㅓㅅ 탄생석

□ **ชุบทอง** [chúp tʌːng] 춥 터-ㅇ 금도금

□ **แท้** [táe] 태- 진짜의

□ **ปลอม** [bplʌːm] 쁠러-ㅁ 가짜의

□ **ของเลียนแบบ** [kʌ̌ːng lian bàep] 커-ㅇ 리안 배-ㅂ
  ของปลอม [kʌ̌ːng bplʌːm] 커-ㅇ 쁠러-ㅁ 모조품

Dialogue

A: **ดิฉันได้รับแหวนเพชรจากสามี เมื่อเขาขอแต่งงาน**
  디찬 다이 랍 왜-ㄴ 펫 짜-ㄱ 싸-미- 므아 카오 커- 때-ㅇ 응아-ㄴ
  나는 남편이 청혼할 때 다이아몬드 반지를 받았어.

B: **อ้า อิจฉาจัง**
  아- 잇차- 짱
  아, 너무 부럽다!

ขนมปัง · และขนมหวาน

[kà-nŏm bpang · láe kà-nŏm wăan] 카놈빵 · 래 카놈 와-ㄴ **빵 · 제과**

☐ **ลูกอม** 사탕

[lôok om] 루-ㄱ 옴

แต่ก่อนที่เกาหลีมีหนังชื่อว่า "ลูกอมเปเปอร์มินท์"

때-꺼-ㄴ 티- 까올리- 미- 낭 츠-와- <루-ㄱ옴 뻬-쁘ㅓ민>

예전에 한국에 <박하사탕>이라는 영화가 있었지.

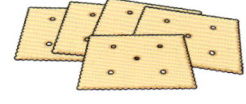

☐ **ช็อคโกแลต** 초콜릿

[chʌ́k-go:-láet] 척꼬-ㄹ 렛

ช็อคโกแลตดำช่วยป้องกันโรคหัวใจ

척꼬-ㄹ 렛 담 추어이 뻐-ㅇ 깐 로-ㄱ 후아 짜이

다크 초콜릿이 심장병을 예방한다고 한다.

☐ **ขนมปังกรอบ** 비스킷

[kà-nŏm bpang grʌ̀:p] 카놈빵 끄러-ㅂ

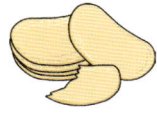

☐ **มันฝรั่งแผ่นทอด** 포테이토칩

[man fà-ràng pàen tʌ̂:t] 만퐈랑 패-ㄴ 터-ㅅ

ถ้ากินมันฝรั่งแผ่นทอดมากๆ จะทำให้อ้วนขึ้น

타- 낀만퐈랑 패-ㄴ 터-ㅅ 막마-ㄱ 짜 탐 하이 우언 큰

포테이토칩을 많이 먹으면 뚱뚱해진다.

☐ **คาราเมล** 캐러멜

[kaa-raa-me:w] 카-라- 메-우

☐ **มัฟฟิน** 머핀

[máp-fin] 맙 퓐

☐ **ขนมเค้ก** 케이크

[kà-nŏm ké:k] 카놈 케-ㄱ

관련 단어

- □ **หมากฝรั่ง** [màak fà-ràng] 마-ㄱ 퐈랑 껌
- □ **ลูกอมเปเปอร์มินท์** [lôok om pe-per-mín] 루-ㄱ옴 뻬-쁘ㅓ민 박하사탕
- □ **พาย** [paai] 파-이 파이
- □ **ชิ้น** [chín] 친 조각
- □ **ก้อน** [gâ:n] 꺼-ㄴ 덩어리(단위)
- □ **เทียน** [tian] 티안 초

Dialogue

A: **พ่อคะ วันนี้เป็นวันเกิดแม่ค่ะ**
퍼- 카 완니- 뻰 완 끄ㅓㅅ 매- 카
아빠, 오늘 엄마 생신이에요.

B: **อืม ตอนกลับบ้านพ่อจะซื้อเค้กไปนะ**
으-ㅁ 떠-ㄴ 끌랍 바-ㄴ 퍼- 짜 쓰- 케-ㄱ 빠이 나
그래, 퇴근길에 케이크를 사갈게.

A: **อย่าเอาเทียนมาด้วยนะคะ**
야- 르-ㅁ 아오 티안 마- 두어이 나카
초도 가지고 오는 것 잊지 마세요.

1 인간
2 가정
3 수
4 도시
5 교통
6 업무
7 쇼핑
8 스포츠/취미
9 자연

Self Test

1 다음 그림과 단어를 연결해 보세요.

ธนาบัตร　　พนักงาน　　ลูกค้า　　เหรียญ　　พนักงานเก็บเงิน

2 다음 보기에서 단어를 골라 빈칸에 써넣어 보세요.

a) เครื่องเขียน　เครื่องสำอาง　เครื่องใช้ไฟฟ้าในบ้าน　เพชรพลอย　ของใช้ในครัว
b) แป้งสาลี　เกลือ　เครื่องดื่ม　ขนมปัง　ผลไม้

a) 문방구 ________　주방용품 ________　가전제품 ________
　보석 ________　화장품 ________

b) 빵 ________　밀가루 ________　소금 ________
　음료수 ________　과일 ________

3 다음 단어를 태국어 혹은 우리말로 고쳐 보세요.

a) 상의 ________　바지 ________　속옷 ________
　티셔츠 ________　단추 ________

b) 치마 ________　스카프 ________　귀걸이 ________
　목걸이 ________　야회복 ________

c) รองเท้ากีฬา _____ เข็มขัด ________
ถุงมือ ________ เน็คไท ________ ถุงเท้า ________

d) น้ำหอม ________ แต่งหน้า ________
ครีมรองพื้น______ ลิปสติก ________
บรัชออน _______

4 **다음 빈칸에 알맞은 태국어를 써넣어 보세요.**

a) 리모컨은 어디 있니? ____________ อยู่ที่ไหน?

b) 가습기를 켤까요? เปิด ____________ ไหมคะ?

c) 나는 전기밥솥을 사고 싶다. ดิฉันอยากซื้อ ____________

d) 대부분의 여자들은 보석을 좋아한다. ผู้หญิงส่วนใหญ่ชอบ ___________

e) 이게 진짜 다이아몬드 반지인가요?
นี่คือแหวนเพชร____________ หรือครับ?

f) 아내는 내 생일 케이크를 만들었다. ภรรยาทำ __________วันเกิดผมให้

g) 어린이는 사탕을 좋아한다. เด็กๆ ชอบ ___________

정답

1 계산원 – พนักงานเก็บเงิน 점원 – พนักงาน 고객 – ลูกค้า
동전 – เหรียญ 지폐 – ธนาบัตร

2 a) เครื่องเขียน ของใช้ในครัว เครื่องใช้ไฟฟ้าในบ้าน
เพชรพลอย เครื่องสำอาง
b) ขนมปัง แป้งสาลี เกลือ เครื่องดื่ม ผลไม้

3 a) เสื้อนอก กางเกง ชุดชั้นใน เสื้อยืด กระดุม
b) กระโปรง ผ้าพันคอ ต่างหู สร้อยคอ ชุดราตรี
c) 운동화 벨트 장갑 나비넥타이 양말
d) 향수 화장하다 파운데이션 립스틱 볼터치

4 a) รีโมท(คอนโทรล) b) เครื่องปรับความชื้น
c) หม้อหุงข้าว d) เพชรพลอย/อัญมณี
e) แท้ f) ขนมเค้ก g) ลูกอม

THEMATIC THAI WORDS

Theme 8

➜ กีฬา·งานอดิเรก 스포츠 · 취미

[gee-laa·ngaan a-dì-rè:k] 끼-ㄹ라- · 응아-ㄴ 아디레-ㄱ

1 인간
2 가정
3 수
4 도시
5 교통
6 업무
7 쇼핑
8 스포츠/취미

กีฬา [gee-laa] 끼-ㄹ라- **스포츠**

กีฬาประเภทส่วนบุคคล 개인 스포츠
[gee-laa bprà-pê:t sùan bùk-kon] 끼-ㄹ라-쁘라페-ㅅ 쑤안 북콘

□ **เทนนิส** 테니스
[ten-nít] 테-ㄴ닛

□ **โบว์ลิ่ง** 볼링
[bo:-lîng] 보-ㄹ링

□ **กอล์ฟ** 골프
[gáf] 꺼-ㅂ

□ **ดำน้ำ** 스노클링, 스쿠버 다이빙
[dam náam] 담나-ㅁ

ระหว่างดำน้ำให้ปลากินขนมปัง
라와-ㅇ 담나-ㅁ 하이 쁠라- 낀 카놈 빵
스노클링을 하면서 물고기에게 빵을 주었다.

□ **มวยสากล** 권투
[muai sǎa-gon] 무아이 싸-꼰

เขาเป็นนักมวยระดับโลก
카오 뻰 낙 무아이 라답 로-ㄱ
그는 세계적인 수준의 권투 선수이다.

□ **มวยไทย** 무예타이
[muai tai] 무아이 타이

□ **บิลเลียด** [bin-lîat] 빈 리앗 당구
□ **สนุกเกอร์** [sà-nùk-ger] 싸눅 끄ㅓ
　 พูล [poo] 푸- 포켓볼

□ ตกปลา [dtòk bplaa] 똑 쁠라– 낚시

ผมตกปลาทั้งวัน แต่ไม่ได้แม้แต่ตัวหนึ่ง

폼 똑 쁠라– 탕완 때– 마이다이 매–때– 뚜아 디아우

하루 종일 낚시를 했는데, 한 마리도 잡지 못했다.

□ เล่นสกี 스키

[lên sà-gee] 레–ㄴ 싸 끼–

관련 단어

□ เล่นสเก็ต [lên sà-gèt] 레–ㄴ 싸 껫 스케이팅

□ ขี่จักรยาน [kèe jàk-grà-yaan] 키– 짝끄라야–ㄴ 사이클링

□ ขี่ม้า [kèe máa] 키– 마– 승마

□ วิ่งออกกำลังกาย [wîng ʌ:k gam-lang gaai] 윙 어–ㄱ 깜랑 까–이 조깅

□ เล่นสเกตบอร์ด [lên sà-gè:t bʌ:t] 레–ㄴ 싸껫 버–ㅅ 스케이트보드

□ เล่นสโนว์บอร์ด [lên sà-no: bʌ:t] 레–ㄴ 싸노–버–ㅅ 스노보딩

□ ว่ายน้ำ [wâai náam] 와–이 나–ㅁ 수영

□ ปีนเขา [bpeen kǎo] 삐–ㄴ 카오 등산

□ ฟิตเนส [fít-nèt] 퓟 넷 헬스

1 인간
2 가정
3 수
4 도시
5 교통
6 업무
7 쇼핑
8 스포츠/취미
9 자연

Unit 01 กีฬา ▸▸▸

กีฬาประเภททีม 단체 스포츠

[gee-laa bprà-pê:t teem] 끼-ㄹ라- 쁘라페-ㅅ 티-ㅁ

□ **เบสบอล** 야구

[bè:t bʌ:n] 베-ㅅ 버-ㄴ

□ **แบดมินตัน** 배드민턴

[bàet-min-dtân] 배-ㅅ 민 딴

□ **เซปักตะกร้อ** [se:-bpàk dtà-grʌ̂:] 쎄-빡 따 끄러-

세팍타크로 (sepaktakraw, 족구와 비슷한 게임)

วันนี้ไทยกับมาเลเซียจะแข่งขันกันเซปักตะกร้อ

완니- 타이 깝 마-ㄹ레-씨아 짜 캥칸 깐 쎄-빡 따 끄러-

오늘 태국과 말레이시아의 세팍타크로 경기가 있다.

□ **บาสเกตบอล** 농구

[bàat-gèt bʌ:n] 바-ㅅ껫 버-ㄴ

□ **ฟุตบอล** 축구

[fút-bʌ:n] 풋 버-ㄴ

ประชาชนทุกคนชอบฟุตบอล

쁘라차-촌 툭 콘 처-ㅂ 풋 버-ㄴ

축구는 국민 모두가 좋아한다.

□ **วอลเลย์บอล** 배구

[wʌn-lê: bʌ:n] 워ㅓㄴ레- ㅓ 버-ㄴ

□ **ล่องแพ** 래프팅

[lʌ̂:ng pae] 러-ㅇ 패-

관련 단어

- □ ฮ็อกกี้ [hʌ́k-gêe] 헉 끼– 하키
- □ แฮนด์บอล [haen bʌ:n] 해–ㄴ 버–ㄴ 핸드볼
- □ ปิงปอง [bping-bpʌ:ng] 삥빠–ㅇ 탁구
- □ ลูกฟุตบอล [lôok fút- bʌ:n] 루–ㄱ 퓻 버–ㄴ 축구공
- □ แร็กเกต [ráek-gèt] 랙 껫 라켓
- □ ไม้เบสบอล [máai bè:t bʌ:n] 마이 베–ㅅ 버–ㄴ 야구 배트
- □ สนามกีฬา [sà-năam gee-laa] 싸나–ㅁ 끼–ㄹ라– 운동장
- □ เครื่องออกกำลังกาย [krêuang ʌ̀:k gam-lang gaai] 크르앙 어–ㄱ 깜랑 까–이 운동 기구
- □ หมวกกันน็อค [mùak gan nʌ́k] 무억 깐 넉 헬멧(스포츠용)
- □ หน้ากาก [nâa-gàak] 나– 까–ㄱ 마스크
- □ นวม [nuam] 누암 글러브
- □ สเก็ต [sà-gèt] 싸껫 스케이트
- □ รองเท้าเดินป่า [rʌ:ng táo dern bpàa] 러–ㅇ 타오 드ㅓㄴ 빠– 등산화
- □ คันเบ็ด [kan bèt] 칸 벳 낚싯대
- □ เหยื่อตกปลา [yèua dtòk bplaa] 이아 똑 쁠라– 미끼, 낚싯밥
- □ นาฬิกาจับเวลา [naa-lí-gaa jàp-we:-laa] 나–ㄹ리까– 짭 웰라– 스톱워치
- □ ชุดดำน้ำ [chút dam náam] 춧 담나–ㅁ
  ชุดประดาน้ำ [chút bprà-daa náam] 춧 쁘라다– 나–ㅁ 잠수복
- □ ตีนกบ [dteen gòp] 띠–ㄴ 꼽 물갈퀴, 오리발
- □ ถังออกซิเจน [tăng ʌ́k-sí-je:n] 탕 억씨쩨–ㄴ 산소통

2 가정
3 수
4 도시
5 교통
6 업무
7 쇼핑
8 스포츠/취미
9 자연

สระว่ายน้ำ [sà-wâai náam] 싸 와-이 나-ㅁ 수영장

□ **ว่ายน้ำ** 수영

[wâai náam] 와-이 나-ㅁ

เมื่อเด็กว่ายน้ำ ผู้ใหญ่ต้องดูแลให้ดีเป็นพิเศษ

므아 덱 와-이 나-ㅁ 푸-야이 떠-ㅇ 두-ㄹ래- 하이 디- 뻰 피쎄-ㅅ

어린이가 수영할 때는, 어른이 특별히 잘 돌봐야 한다.

□ **การยืดตัว** 스트레칭

[gaan yêut dtua] 까-ㄴ 이읏 뚜아

□ **กระโดดน้ำ** 다이빙하다

[grà-dò:t náam] 끄라 도-ㅅ 나-ㅁ

□ **สปริงบอร์ด** 다이빙대

[sà-bpring bʌ:t] 싸쁘링 버-ㅅ

□ **ห่วงยาง** 튜브

[hùang yaang] 후앙 야-ㅇ

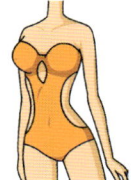

□ **ชุดว่ายน้ำ** 수영복

[chút wâai náam] 춧 와-이 나-ㅁ

อุ๊ย ไม่ได้เอาชุดว่ายน้ำมา

우이 마이 다이 아오 춧 와-이 나-ㅁ 마-

이런, 수영복을 안 가져왔네 !

□ **แว่นตาว่ายน้ำ** 물안경

[wâen dtaa wâai náam]

왜-ㄴ 따- 와-이 나-ㅁ

관련 단어

- □ ฟรีสไตล์ [free sà-dtai] 타-프리-싸따이 자유형
- □ ท่ากบ [tâa gòp] 타-꼽 평영
- □ ท่าผีเสื้อ [tâa pĕe sêua] 타-피-쓰아 접영
- □ ท่ากรรเชียง [tâa gan-chiang] 타-깐 치앙 배영
- □ เจ้าหน้าที่ความปลอดภัย [jâo nâa-têe kwaam bplʌ:t pai] 짜오 나-티- 콰-ㅁ 쁠러-ㅅ 파이 안전 요원
- □ เสื้อชูชีพ [sêua choo chêep] 쓰아 추-치-ㅂ 구명조끼
- □ ตะคริว [dtà-kriw] 따 크리우 쥐, 경련
- □ กระดานลื่น [grà-daan lêun] 끄라다-ㄴ 르-ㄴ 미끄럼틀
- □ หมวกว่ายน้ำ [mùak wâai náam] 무억 와-이 나-ㅁ 수영 모자
- □ บิกินี่ [bì-gì-nêe] 비끼니- 비키니
- □ อาบแดด [àap dàet] 아-ㅂ 대-ㅅ 선탠

Dialogue

A: เขาว่ายน้ำเก่ง ว่ายเป็นทั้ง 4 ท่า
카오 와-이 나-ㅁ 께-ㅇ 와-이 다이 탕 씨- 타-
그는 수영을 잘해. 4가지 영법 다 할 수 있어.

B: ท่าผีเสื้อก็เป็นหรือ
타-피- 쓰아 꺼- 뻰 르-
접영도 할 수 있어?

2 가정
3 수
4 도시
5 교통
6 업무
7 쇼핑
8 스포츠/취미
9 자연

Unit 03

ฟิตเนส [fít-nèt] 퓟 넷 헬스클럽

☐ ลู่วิ่งไฟฟ้า 러닝머신
[lôo wîng fai fáa] 루– 윙 퐈이 퐈–

☐ จักรยานฟิตเนส 사이클론
[jàk-grà-yaan fít-nèt] 짝끄라야–ㄴ 퓟 넷

☐ ดัมเบล 아령
[dam-ben] 담 벤

☐ บาเบล 역기
[baa be:w] 바–베우

ผมออกกำลังกายยกบาเบลทุกเช้า
폼 어–ㄱ 깜랑 까–이 욕 바–베우 툭 차오
나는 아침마다 역기로 운동을 한다.

☐ โค้ช [kó:t] 코–ㅅ 코치
โค้ชของทีมเราเข้มงวดมาก
코–ㅅ 커–ㅇ 티–ㅁ 라오 케–ㅁ 응우엇 마–ㄱ
우리 팀의 코치는 아주 엄격하다.

☐ โหนบาร์เดี่ยว 턱걸이
[hǒ:n baa dìeow] 호–ㄴ 바– 디아우
น้องของผมโหนบาร์เดี่ยวไม่เป็น
너–ㅇ 커–ㅇ 폼 호–ㄴ 바– 디아우 마이 뻰
내 동생은 턱걸이를 할 줄 모른다.

□ วิดพื้น 팔굽혀펴기
[wít péun] 윗 프-ㄴ

□ ซิทอัพ 윗몸일으키기
[sít-áp] 씻 압

관련 단어

□ ยกบาเบล [yók baa be:w] 욕 바-베우 역기 들어올리기
□ ชุดออกกำลังกาย [chút ʌ:k gam-lang gaai] 춧 어-ㄱ 깜랑 까-이 운동복
□ แอโรบิก [ae-ro:-bìk] 애- 로- 빅 에어로빅
□ กระโดดเชือก [grà-dò:t chêuak] 끄라 도-ㅅ 츠억 줄넘기
□ ออกกำลังกาย [ʌ:k gam-lang gaai] 어-ㄱ 깜랑 까-이 운동하다
□ อบอุ่นร่างกาย [òp ùn râang gaai] 옵운 라-ㅇ 까-이 준비 운동을 하다

Dialogue

A: ช่วงนี้เธอดูผอมลงนะ
추엉니- 트ㅓ 두- 퍼-ㅁ 롱 나
너 요즘 살이 빠진 것 같다.

B: ดิฉันออกกำลังกายที่ฟิตเนสทุกวันอยู่
디찬 어-ㄱ 깜랑 까-이 티- 퓟 넷 툭 완 유-
매일 헬스클럽에서 운동하고 있어.

A: ขยันจังนะ
카얀 짱 나
정말 부지런하구나!

งานอดิเรก [ngaan a-dì-rè:k] 응아—ㄴ 아디레—ㄱ 취미

□ **ฟังเพลง** 음악 감상
[fang ple:ng] 퐝 플레—ㅇ

□ **อ่านหนังสือ** 독서
[àan nǎng-sěu] 아—ㄴ 낭쓰—

เราควรอ่านหนังสืออย่างน้อยเดือนละเล่มหนึ่ง
라오 쿠언 아—ㄴ 낭쓰— 야—ㅇ 너—이 드언 라 레—ㅁ 능
우리는 적어도 한 달에 한 권은 책을 읽어야 한다.

□ **เย็บปักถักร้อย** 자수
[yép bpàk tàk rʌ́:i] 옙 빡 탁 러—이

□ **ทำแบบจำลอง** 모형 제작
[tam bàep jam lʌ:ng] 탐 배—ㅂ 짬러—ㅇ

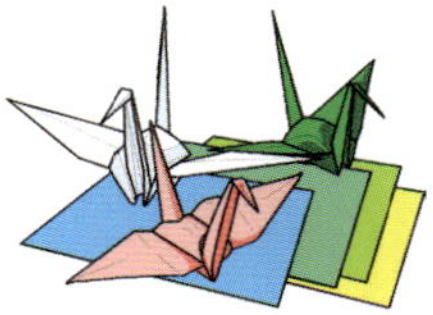

□ **พับกระดาษ** 종이접기
[páp grà-dàat] 팝 끄라다—ㅅ

ตอนเด็กผมเรียนการพับกระดาษที่โรงเรียน
떠—ㄴ 덱 폼 리안 까—ㄴ 팝 끄라다—ㅅ 티— 로—ㅇ리안
어렸을 때 학교에서 종이접기를 배웠다.

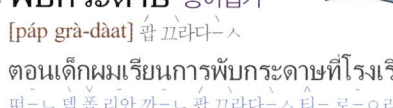

□ **ถักไหมพรม** 뜨개질
[tàk mǎi prom] 탁 마이 프롬

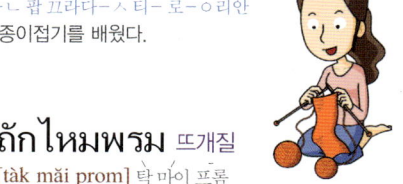

สำหรับดิฉันการถักไหมพรมยากมาก
쌈랍 디찬 까—ㄴ 탁 마이 프롬 야—ㄱ 마—ㄱ
내게는 뜨개질이 정말 어렵다.

□ **ทำเซรามิก** 도예
[tam se:-raa-mík] 탐 쎄—라— 믹

218

1 인간

2 가정

3 수

4 도시

5 교통

6 업무

7 쇼핑

8 스포츠/취미

9 자연

⬤ 관련 단어

□ **เย็บผ้า** [yép pâa] 옙 파– **바느질**

□ **ร้องเพลง** [rɤ́:ng ple:ng] 러–ㅇ 플레–ㅇ **노래 부르기**

□ **เล่นเครื่องดนตรี** [lên krêuang don-dtree] 레–ㄴ 크르앙 돈 뜨리– **악기 연주**

□ **ถ่ายรูป** [tàai rôop] 타–이 루–ㅂ **사진 촬영**

□ **หัตถกรรม** [hàt-tà-gam] 핫 타 깜 **공예**

□ **ทำอาหาร** [tam aa-hǎan] 탐 아–하–ㄴ **요리**

□ **สะสมแสตมป์** [sà-sǒm sà-dtaem] 싸쏨 싸때–ㅁ **우표 수집**

□ **ทำจิ๊กซอว์** [tam jík-sʌ:] 탐 찍 써– **조각 퍼즐 맞추기**

□ **เล่นหมากล้อม** [lên màak lʌ́:m] 레–ㄴ 마–ㄱ 러–ㅁ **바둑**

□ **เล่นหมากรุก** [lên màak grùk] 레–ㄴ 마–ㄱ 끄룩 **체스**

Dialogue

A: **คุณมีงานอดิเรกอะไรคะ**
쿤 미– 응아–ㄴ 아디레–ㄱ 아라이 카
취미가 뭐예요?

B: **ผมชอบถ่ายรูปครับ**
폼 처–ㅂ 타–이 루–ㅂ 크랍
사진 찍는 걸 좋아해요.

A: **ถ้ามีโอกาสถ่ายให้ฉันด้วยนะคะ**
타–미– 오–까–ㅅ 타–이 하이 찬 두어이 나카
기회가 되면, 저도 찍어 주세요.

B: **ได้สิครับ**
다이 씨 크랍
알겠습니다.

219

การเล่นไพ่ [gaan lên pâi] 까-ㄴ 레-ㄴ 파이 카드 게임

□ **เอซ** 에이스(A)

[è:t] 에-ㅅ

เขาน่าจะถือเอซอยู่

카오 나- 짜 트- 에-ㅅ 유-

그는 에이스를 가지고 있는 것 같다.

□ **คิง** 킹(K)

[king] 킹

□ **ควีน** 퀸(Q)

[kween] 퀴-ㄴ

□ **ข้าวหลามตัด** 다이아몬드(◆)

[kâaw-lǎam-dtàt] 카우 라-ㅁ 땃

□ **แจ๊ค** 잭(J)

[jáek] 쨱

□ **โจ๊กเกอร์** 조커(JOKER)

[jók-ger] 쪼끄ㅓ

สงสัยคงต้องใช้โจ๊กเกอร์แล้ว

쏭싸이 콩 떠-ㅇ 차이 쪼끄ㅓ 래우

아무래도 조커를 내야겠네.

□ **ดอกจิก** 클로버(♣)

[dʌ:k jìk] 더-ㄱ 찍

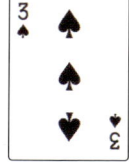

□ **โพดำ** 스페이드(♠)

[po:-dam] 포- 담

□ **โพแดง** 하트(♥)

[po:- daeng] 포- 대-ㅇ

관련 단어

- □ ไพ่ [pâi] 파이 트럼프
- □ ไพ่หนึ่งชุด [pâi nèung chút] 파이 능 춧 카드 한 벌
- □ ไพ่หนึ่งใบ [pâi nèung bai] 파이 능 바이 카드 한 장
- □ สับไพ่ [sàp pâi] 쌉 파이 (카드를) 섞다
- □ แจกไพ่ [jàek pâi] 째-ㄱ 파이 카드를 배분하다
- □ ตา [dtaa] 따- 차례
- □ ชนะ [chá-ná] 차나 이기다
- □ แพ้ [páe] 패- 지다
- □ เล่นพนัน [lên pá-nan] 레-ㄴ 파난 내기하다
- □ ไพ่ยิปซี [pâi yíp-see] 파이 입씨-
  ไพ่ทาโร่ [pâi taa-rô:] 파이 타-로- 타로카드
- □ ไพ่นกกระจอก [pâi nók grà-jʌ̀:k] 파이 녹 끄라 쩌-ㄱ 마작

Dialogue

A: เราเล่นไพ่กันเถอะ
라오 레-ㄴ 파이 깐 트ㅓ
우리 카드 게임하자.

B: แต่ฉันเล่นไม่เป็น
때- 찬 레-ㄴ 마이 뻰
난 못 하는데.

A: ไม่ยาก ผมจะสอนให้
마이 야-ㄱ 폼 짜 써-ㄴ 하이
어렵지 않아. 내가 가르쳐 줄게.

2 가정
3 수
4 도시
5 교통
6 업무
7 쇼핑
8 스포츠/취미
9 자연

การท่องเที่ยว [gaan-tʌ̂:ng-tîeow] 까-ㄴ 터-ㅇ 티아우 여행

□ **ท่องเที่ยว** 관광하다

[tʌ̂:ng-tîeow] 터-ㅇ 티아우

□ **นักท่องเที่ยว** 관광객

[nák tʌ̂:ng-tîeow] 낙 터-ㅇ 티아우

นักท่องเที่ยวส่วนใหญ่มาดูสถานโบราณที่นี่

낙 터-ㅇ 티아우 쑤안 야이 마- 두-하- 싸타-ㄴ 보-라-ㄴ 티-니-

관광객들은 주로 이 유적지를 보러 온다.

□ **ท่องเที่ยวกลางคืน** 야간 관광

[tʌ̂:ng-tîeow glaang keun]

터-ㅇ 티아우 끌라-ㅇ 크-ㄴ

□ **หอชมวิว** 전망대

[hʌ̌: chom wiw] 허- 촘 위우

□ **ของที่ระลึก** 기념품

[kʌ̌:ng têe rá-léuk] 커-ㅇ 티-라 륵

ดิฉันซื้อของที่ระลึกมาให้คุณ

디찬 쓰- 커-ㅇ 티-라 륵 마- 하이 쿤

당신에게 주려고 기념품을 사왔습니다.

□ **ผลงานศิลปะ** 예술품

[pŏn ngaan sĭn-lá-bpà] 폰 응아-ㄴ 씬라 빠

1 인간

2 가정

3 수

4 도시

5 교통

6 업무

7 쇼핑

8 스포츠/취미

9 자연

관련 단어

☐ **ตัวแทนการท่องเที่ยว** [dtua taen gaan-tâ:ng-tîeow]
뚜아 태-ㄴ 까-ㄴ 터-ㅇ 티아우   여행사

☐ **จอง** [jʌ:ng] 쩌-ㅇ   예약하다

☐ **ช่วงลาพักร้อน** [chûang laa pák rʌ́:n] 추엉 라- 팍 러-ㄴ   휴가 기간

☐ **ไกด์** [gai] 까이   가이드, 관광 안내원

☐ **เที่ยววันเดียว** [tîeow wan dieow] 티아우 완 디아우   당일 여행

☐ **เที่ยวหมู่** [tîeow mòo] 티아우 무-   단체 여행

☐ **แบกเป้เที่ยว** [bàek bpê: tîeow] 배-ㄱ 뻬- 티아우   배낭 여행i

☐ **เที่ยวต่างประเทศ** [tîeow dtàang bprà-tê:t] 티아우 따-ㅇ 쁘라 테-ㅅ   해외 여행

☐ **เที่ยวล่องเรือ** [tîeow lʌ̂:ng reua] 티아우 러-ㅇ 르아   선박 여행

☐ **เมาเรือ** [mao reua] 마오 르아   뱃멀미

☐ **รถทัวร์** [rót tua] 롯 투아   관광 버스

☐ **โปรแกรมการท่องเที่ยว** [bpro:-graem gaan tâ:ng-tîeow]
쁘로-끄래-ㅁ 까-ㄴ 터-ㅇ 티아우   관광 코스, 관광 프로그램

☐ **โบราณสถาน** [bo:-raan sà-tăan] 보-라-ㄴ 싸타-ㄴ   유적지, 옛터

☐ **เวลาเสรี** [we:-laa sĕ:-ree] 웰라- 쎄-리-   자유 시간

Dialogue

A: **ผมจะลาพักร้อนตั้งแต่วันเสาร์หน้า**
폼 짜 라-팍 러-ㄴ 땅때- 완 싸우 나-
나 토요일부터 휴가야.

B: **มีแผนอะไรบ้างคะ**
미- 패-ㄴ 아라이 바-ㅇ 카
무슨 계획 있어?

A: **ผมจะเที่ยวเกาหลี จองตั๋วเครื่องบินแล้ว**
폼 짜 티아우 까올리- 쩌-ㅇ 뚜아 크르앙 빈 래우
한국에 놀러 갈 거야. 비행기표도 예약해 두었어.

อาบแดด [àap dàet] 아-ㅂ 대-ㅅ 일광욕

❶ **แว่นตากันแดด** 선글라스
[wâen dtaa gan dàet] 왜-ㄴ 따- 깐 대-ㅅ

❷ **ร่มชายหาด** 비치파라솔
[rôm chaai hàat] 롬 차-이 하-ㅅ

❸ **บิกินี่** 비키니
[bì-gì-nêe] 비끼니-

□ **ครีมกันแดด** 자외선 차단 크림
[kreem gan dàet] 크리-ㅁ 깐 대-ㅅ

□ **คลื่น** [klêun] 클르-ㄴ 파도
ได้ยินเสียงคลื่นไหม น่าตื่นเต้นจัง
다이 인 씨앙 클르-ㄴ 마이 나- 뜨-ㄴ떼-ㄴ 짱
파도 소리가 들리니? 정말 신난다.

□ **หอย** [hǎi] 허-이 조개
อุ้ย เหยียบเปลือกหอยแล้ว
우이 이압 쁠르억 허-이 래우
아야! 조개 껍질을 밟았어.

관련 단어

- □ **ทะเล** [tá-le:] 탈레– 바다
- □ **ชายหาด** [chaai-hàat] 차–이 하–ㅅ 해변
- □ **พระอาทิตย์** [prá-aa-tít] 프라 아–팃 태양
- □ **ทราย** [saai] 싸–이 모래
- □ **พระอาทิตย์ขึ้น** [prá-aa-tít kêun] 프라 아–팃 크–ㄴ 일출
- □ **พระอาทิตย์ตก** [prá-aa-tít dtòk] 프라 아–팃 똑 일몰
- □ **ลูกบอลชายหาด** [lôok bʌ:n chaai hàat] 루–ㄱ 버–ㄴ 차–이 하–ㅅ 비치볼
- □ **หมวกกันแดด** [mùak gan dàet] 무억 깐 대–ㅅ 차양 모자
- □ **น้ำมันอาบแดด** [nám man àap dàet] 남 만 아–ㅂ 대–ㅅ 선탠오일

Dialogue

A: แสบมาก สงสัยผิวไหม้แดด
쌔–ㅂ 마–ㄱ 쏭싸이 피우 마이 대–ㅅ
너무 따가워. 피부가 햇볕에 탔나 봐.

B: งั้นเข้าไปข้างในกันไหม
응안 카오 빠이 카–ㅇ 나이 깐 마이
그만 안으로 들어갈까?

A: อืม คงต้องเข้าไปทาเจลด้วย
으–ㅁ 콩 떠–ㅇ 카오 빠이 타– 제–우 두어이
응. 들어가서 젤을 발라야겠어.

2 가정
3 수
4 도시
5 교통
6 업무
7 쇼핑
8 스포츠/취미
9 자연

225

โทรทัศน์ [to:-rá-tát] 토-라탓 **텔레비전**

□ **ช่องทีวี** 텔레비전 채널
[châ:ng tee wee] 처-ㅇ 티-위-

□ **พิธีกร** 사회자
[pí-tee gʌn] 피티-껀

□ **ถ่ายสด** 생중계
[sòt sòt] 타-이 쏫

□ **ผู้บรรยาย** 해설자
[pôo ban-yaai] 푸- 반야-이

ผู้บรรยายคนนั้นพูดน่าเบื่อมาก
푸- 반야-이 콘난 푸-ㅅ 나- 브아마-ㄱ
저 해설자 정말 재미없게 하네.

□ **โฆษณา** [kô:t-sà-naa] 코-ㅅ 싸나- 광고
ช่วงนี้ดาราเกาหลีมาถ่ายโฆษณาที่ประเทศไทยบ่อย
추엉니- 다-라- 까올리- 마- 타-이 코-ㅅ 싸나- 티- 쁘라테-ㅅ 타이 버이
요즘은 한국 연예인이 태국에서 광고를 많이 찍는다.

1 인간
2 가정
3 수
4 도시
5 교통
6 업무
7 쇼핑
8 스포츠/취미
9 자연

관련 단어

□ สื่อมวลชน [sèu muan chon] 쓰– 무언 촌 매스컴

□ ผู้ชม [pôo chom] 푸– 촘 시청자

□ โปรแกรม [bpro:-graem] 쁘로– 끄래–ㅁ
  รายการ [raai gaan] 라–이 까–ㄴ 프로그램

□ ผู้ผลิต [pôo pà-lìt] 푸– 팔릿 프로듀서, PD

□ ช่วงเวลายอดนิยม [chûang we:-laa yâ:t ní-yom]
  추엉 웰라– 여–ㅅ 니욤 황금 시간대

□ ดารา [daa-raa] 다–라– 연예인

□ ผู้พากย์ภาพยนตร์โทรทัศน์ [pôo pâak pâap-pá-yon to:-rá-tát]
  푸– 파–ㄱ 파–ㅂ파욘 토–라탓 성우

□ นักแสดงตลก [nák sà-daeng dtà-lòk] 낙 싸대–ㅇ 딸록 개그맨

□ นักร้อง [nák rʌ́:ng] 낙 러–ㅇ 가수

□ ละครทีวี [lá-kʌ:n tee wee] 라커–ㄴ 티– 위– 드라마, 연속극

□ ออกอากาศซ้ำ [ʌ̀:k-aa-gàat sám] 어–ㄱ 아–까–ㅅ 쌈 재방송하다

Dialogue

A: ได้เวลาดูละครทีวีแล้ว ลองเปลี่ยนช่องดูสิจ้า
  다이 웰라– 두– 라커–ㄴ 티– 위– 래우 러–ㅇ 쁠리얀 처–ㅇ 두– 씨 짜–
  드라마 볼 시간이 됐구나. 채널 좀 돌려 봐.

B: ขอดูรายการนี้ให้จบก่อนครับ
  커–두– 라–이 까–ㄴ 니– 하이 쫍 꺼–ㄴ 크랍
  이 프로그램 끝날 때까지만 볼게요.

ภาพยนต์ [pâap-pá-yon] 파–ㅂ파욘 / หนัง [năng] 낭 영화

1. **จอภาพยนตร์** 영화 스크린
   [jʌ: pâap-pá-yon] 쩌– 파–ㅂ파욘
2. **ที่นั่ง** 좌석
   [têe nâng] 티–낭
3. **ผู้ชม** 관객
   [pôo chom] 푸– 촘
4. **จอภาพยนตร์** 팝콘
   [kâao-pô:t-kûa] 카우 포–ㅅ 쿠아

□ **ช่องขายตั๋ว** 매표소
[chʌ̂:ng kăai dtŭa] 처–ㅇ카–이 뚜아
ทำไมข้างหน้าช่องขายตั๋วที่นั่นมีแถวยาวจัง
탐 마이 카–ㅇ 나– 처–ㅇ카–이 뚜아티–난 미– 태–우 야–우 짱
저 매표소 앞에 줄이 왜 저렇게 길지.

□ **พระเอก** 남자 주인공
[prá è:k] 프라 에–ㄱ

□ **นางเอก** 여자 주인공
[naang è:k] 나–ㅇ 에–ㄱ

□ **หนังโศกนาฏกรรม** 비극 영화
[năng sò:k-gà-nâat-dtà-gam] 낭 쏘–ㄱ까나–ㅅ따깜

□ ผู้กำกับ 감독
[pôo gam-gàp] 푸- 깜깝

ผู้กำกับคนนี้ได้รางวัลระดับโลกด้วยหนังเรื่องนี้
푸- 깜깝 콘니- 다이 라-ㅇ완 라답 로-ㄱ 두어이 낭 르앙 니-
이 감독은 이 영화로 세계적인 상을 받았다.

1 인간

2 가정

3 수

4 도시

5 교통

6 업무

7 쇼핑

8 스포츠/취미

9 자연

● 관련 단어

□ โรงภาพยนตร์ [ro:ng pâap-pá-yon] 로-ㅇ 파ᅳㅂ파욘
โรงหนัง [ro:ng năng] 로-ㅇ 낭 영화관

□ บทบาท [bòt bàat] 봇 바-ㅅ 배역, 역할

□ หนังสยองขวัญ [năng sà-y̌:ng kwǎn] 낭 싸여-ㅇ 콰-ㄴ 공포 영화, 스릴러 영화

□ หนังการ์ตูน [năng gaa-dtoon] 낭 까-뚜-ㄴ 만화영화

□ หนังตลก [năng dtà-lòk] 낭 딸록 코믹 영화

□ หนังแอ็คชั่น [năng àek-chân] 낭 액찬 액션 영화

□ หนังไซไฟ [năng sai-fai] 낭 싸이 퐈이 공상 과학 영화

□ หนังแฟนตาซี [năng faen-dtaa-see] 낭 퐨따-씨- 판타지 영화

□ หนังลามก [năng laa-mók] 낭 라-목 성인 영화

Dialogue

A: เธอชอบหนังประเภทไหน
트ᅥ 처ᅳㅂ 낭 쁘라펫ᅳㅅ 나이
너 무슨 영화 좋아하니?

B: ฉันชอบหนังตลก
찬 처ᅳㅂ 낭 딸록
나는 코믹 영화 좋아해.

A: วันหลังไปดูด้วยกันนะ
완랑 빠이 두- 두어이 깐 나
다음에 같이 보러 가자.

คอนเสิร์ต [kʌ:n-sèrt] 커-ㄴ 쓰ㅓㅅ 연주회

□ โน้ตเพลง 악보
[nóht ple:ng] 노-ㅅ 플레-ㅇ

□ วงออเคสตรา 관현악단
[wong ʌ:-ké:t-sà-dtraa] 웡 어-케-ㅅ 싸 뜨라-

□ เชลโล 첼로
[che:n-lo:] 체-ㄴ 로-

□ ผู้อำนวยเพลง [pôo am-nuai ple:ng] 푸-암 누어이 플레-ㅇ
วาทยกร [waa-tá-yá-gʌn] 와- 타야껀 지휘자

□ ไม้บาตอง 지휘봉
[mái baa-dtʌ:ng] 마이 바-떠-ㅇ

□ ทรอมโบน 트럼본
[trʌ:m-bo:n] 트러-ㅁ 보-ㄴ

□ แตรลำโพง [dtrae lam-po:ng] 뜨래- 람 포-ㅇ
ทรัมเป็ต [tram-bpèt] 트람 뻿 트럼펫

□ **กลองชุด** 드럼
[glʌ:ng chút] 끌러-ㅇ 춧

□ **กีตาร์** 기타
[gee-dtâa] 끼-따-

ครูสอนดีดกีตาร์ให้เรา
크루- 써-ㄴ 디-ㅅ 끼-따- 하이 라오
선생님이 우리에게 기타 연주법을 가르쳐 주신다.

관련 단어

- □ **นักดนตรี** [nák don-dtree] 낙 돈 뜨리- 음악가, 뮤지션
- □ **วงดนตรีไทย** [wong don-dtree tai] 웡 돈 뜨리- 타이 태국 악단
- □ **เปียโน** [bpia-no:] 삐아노- 피아노
- □ **ไวโอลิน** [wai-o:-lin] 와이 오-ㄹ린 바이올린
- □ **ปี่** [bpèe] 삐- 피리
- □ **ขิม** [kǐm] 킴 태국의 전통 악기 (한국의 양금과 비슷한 악기)
- □ **พิณ** [pin] 핀 태국의 전통 악기 (기타 같은 악기)
- □ **ระนอก** [rá nʌ̂:k] 라너-ㄱ 태국의 전통 악기 (실로폰 같은 악기)
- □ **ซอ** [sʌ:] 써- 태국의 전통 악기 (첼로 같은 악기)
- □ **ฆ้อง** [kʌ̂:ng] 커-ㅇ 태국의 전통 악기 (징이나 실로폰처럼 여러 소리를 냄)

Dialogue

A: ดนตรีไทยวงนั้นเล่นเพราะดี
돈 뜨리- 타이 웡 난 레-ㄴ 프러 디-
태국 악단의 연주가 훌륭하다!

B: ใช่ ฟังทีไรก็รู้สึกสบายใจขึ้น
차이 퐝 티-라이 꺼- 루-쓱 싸바-이 짜이 크-ㄴ
응. 언제 들어도 마음이 편안해져.

Unit 11

สวนสนุก [sŭan sà-nùk] 쑤안 싸눅 놀이공원

□ **สวนสัตว์** 동물원
[sŭan-sàt] 쑤안 쌋

□ **ลูกโป่ง** 풍선
[lôok bpò:ng] 루–ㄱ 뽀–ㅇ

□ **ชิงช้าสวรรค์** 회전 관람차
[ching cháa sà-wăn] 칭차– 싸완

เราไปนั่นชิงช้าสวรรค์ด้วยกันไหม
라오 빠이 낭 칭차– 싸완 두어이 깐 마이
우리 회전 관람차도 타볼까?

□ **รถไฟเหาะ** 롤러코스터
[rót fai hɔ̀] 롯 퐈이 허

□ **ม้าไม้หมุน** 회전목마
[máa mái mŭn] 마– 마이 문

□ **สายไหม** 솜사탕
[săai măi] 싸–이 마이

แม่คะ หนูอยากกินสายไหมค่ะ
매–카 누– 야–ㄱ 낀 싸–이 마이 카
엄마, 저 솜사탕 먹고 싶어요.

□ **แผงขายของ** 매점
[păeng kăai kɔ̆:ng] 패–ㅇ 카–이 커–ㅇ

1 인간
2 가정
3 수
4 도시
5 교통
6 업무
7 쇼핑
8 스포츠/취미
9 자연

관련 단어

□ **ประชาสัมพันธ์** [bprà-chaa săm-pan] 쁘라차–쌈판 안내소

□ **เครื่องเล่น** [krêuang lên] 크르앙 레–ㄴ 탈것 (통틀어서 말함)

□ **กระเช้าไฟฟ้า** [grà cháo fai fáa] 끄라 차오 퐈이 퐈– 케이블카

□ **โชว์ปลาโลมา** [cho: bplaa lo:-maa] 초– 쁠라– 로–마– 돌고래쇼

□ **สวนพฤกษา** [sŭan préuk-săa] 쑤안 프륵 싸– 식물원

□ **กระดานลื่น** [grà daan lêun] 끄라다–ㄴ 르–ㄴ 미끄럼틀

□ **ชิงช้า** [ching cháa] 칭차– 그네

□ **ทางเข้า** [taang kâo] 타–ㅇ 카오 입구

□ **ทางออก** [taang à:k] 타–ㅇ 어–ㄱ 출구

233

Self Test

1 다음 단어를 태국어 혹은 우리말로 고쳐 보세요.

a) 골프 ________ 테니스 ________
무예타이 ________ 스쿠버다이빙 ________ 낚시 ________

b) 축구 ________ 야구 ________ 농구 ________
배구 ________ 탁구 ________

c) ตีนกบ ________ หน้ากาก ______
หมวกกันน็อค ________
นวม ________ ไม้เบสบอล ________

d) 자유형 ________ 튜브 ________ 물안경 ________
수영복 ________ 스트레칭 ________

2 다음 보기에서 단어를 골라 빈칸에 써넣어 보세요.

a) ลู่วิ่งไฟฟ้า ซิทอัพ โหนบาร์เดี่ยว วิดพื้น บาเบล
b) อ่านหนังสือ เล่นหมากล้อม ฟังเพลง ถักไหมพรม ทำอาหาร
c) ตา แพ้ เล่นพนัน สับไพ่ ชนะ

a) 턱걸이 ________ 윗몸일으키기 ________
러닝머신 ________ 팔굽혀펴기 ________ 역기 ________

b) 뜨개질 ________ 요리 ________ 음악 감상 ______
독서 ________ 바둑 ________

c) 내기하다 ________ 이기다 ________ 지다 ____
차례 ________ (카드를) 섞다 ________

3 다음 그림과 단어를 연결해 보세요.

นักท่องเที่ยว   ของที่ระลึก   หอชมวิว   ท่องเที่ยวกลางคืน   ท่องเที่ยว

4 다음 빈칸에 알맞은 태국어를 써넣어 보세요.

a) 내가 가장 좋아하는 개그맨은 신동엽이다.
__________ ที่ผมชอบมากที่สุดคือ Shin Dongyeop

b) TV 광고는 상당히 효과적이다. __________ TV มีประสิทธิภาพค่อนข้างสูง

c) 나는 액션 영화를 좋아한다. ผมชอบดู __________

d) 요즘은 영화를 집에서 DVD로 본다.
ช่วงนี้ดิฉันดู __________ ด้วยเครื่อง DVD ที่บ้าน

5 다음 단어를 태국어 혹은 우리말로 고쳐 보세요.

a) 바이올린 ______ ผู้อำนวยเพลง / วาทยกร __________
기타 __________ 피아노 __________ วงดนตรีไทย __________

b) 풍선 __________ 동물원 __________ 솜사탕 __________
ชิงช้าสวรรค์ __________ ประชาสัมพันธ์ ______

정답

1 a) กอล์ฟ เทนนิส มวยไทย ดำน้ำ ตกปลา
b) ฟุตบอล เบสบอล บาสเกตบอล วอลเลย์บอล ปิงปอง
c) 오리발 마스크 헬멧 글러브 야구배트
d) ฟรีสไตล์ ห่วงยาง แว่นตาว่ายน้ำ ชุดว่ายน้ำ การยืดตัว

2 a) โหนบาร์เดี่ยว ซิทอัพ ลู่วิ่งไฟฟ้า วิดพื้น บาเบล
b) ถักไหมพรม ทำอาหาร ฟังเพลง อ่านหนังสือ เล่นหมากล้อม
c) เล่นพนัน ชนะ แพ้ ตา สับไพ่

3 관광객 – นักท่องเที่ยว 관광하다 – ท่องเที่ยว 기념품 – ของที่ระลึก
야간관광 – ท่องเที่ยวกลางคืน 전망대 – หอชมวิว

4 a) นักแสดงตลก b) โฆษณา c) หนังแอ็คชั่น d) ภาพยนต์ / หนัง

5 a) ไวโอลิน 지휘자 กีตาร์ เปียโน 태국 악단
b) ลูกโป่ง สวนสัตว์ สายไหม 회전 관람차 안내소

1 인간

2 가정

3 수

4 도시

5 교통

6 업무

7 쇼핑

8 스포츠/취미

9 자연

Theme 9

→ ธรรมชาติ [tam-má-châat] 탐마찻 자연

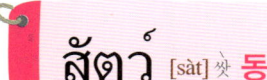

สัตว์ [sàt] 쌋 동물

□ ม้า [máa] 마- 말

□ ม้าลาย 얼룩말
[máa laai] 마- 라-이

□ ช้าง 코끼리
[cháang] 차-ㅇ

□ เสือ [sěua] 쓰아 호랑이

□ หมี 곰
[měe] 미-

□ ยีราฟ 기린
[yee-ráaf] 이- 라-ㅂ

□ อูฐ 낙타
[òot] 읏

□ กวาง 사슴
[gwaang] 꽈-ㅇ

□ **ลิง** [ling] 링 원숭이

□ **แมว** 고양이
[maew] 매―우

□ **สุนัขจิ้งจอก** 여우
[sù-nák jîng-jɔ̀:k] 쑤―낙 찡 쩌―ㄱ

□ **หมาป่า** 늑대
[mǎa bpàa] 마― 빠―

□ **หมา** [mǎa] 마―
สุนัข [sù-nák] 쑤낙 개
ชาวมุสลิมไม่เลี้ยงสุนัข
차―우 뭇쌀림 마이 리양 쑤낙
무슬림들은 개를 기르지 않는다.

□ **งู** [ngoo] 응우― 뱀

□ **หมู** [mǒo] 무― 돼지

□ **กระต่าย** 토끼
[grà-dtàai] 끄라 따―이

□ **ค้างคาว** 박쥐
[káang kaaw] 카―ㅇ 카―우
ค้างคาวเป็นสัตว์เลี้ยงลูกด้วยนม
카―ㅇ 카―우 뻰 쌋 리양 루―ㄱ 두어이 놈
박쥐는 포유동물이다.

□ **จระเข้** 악어
[jʌ-rá-kê:] 쩌라케―

239

1 인간
2 가정
3 수
4 도시
5 교통
6 업무
7 쇼핑
8 스포츠/취미
9 자연

관련 단어

- □ หนู [nŏo] 누- 쥐
- □ วัว [wua] 우아 소
- □ วัวนม [wua nom] 우아 놈 젖소
- □ กระรอก [grà rʌ̂:k] 끄라러-ㄱ 다람쥐
- □ กอริลลา [gʌ:-rin-laa] 꺼-린라- 고릴라
- □ หมีแพนด้า [mĕe paen-dâa] 미- 패-ㄴ다- 판다
- □ ควาย [kwaai] 콰-이 물소
- □ สิงโต [sĭng-dto:] 씽또- 사자
- □ เขาสัตว์ [kăo sàt] 카오 쌋 뿔
- □ หาง [hăang] 하-ㅇ 꼬리
- □ กีบเท้า [gèep táo] 끼-ㅂ 타오 발굽
- □ ขน [kŏn] 콘 털
- □ แผงคอ [păeng kʌ:] 패-ㅇ 커- (사자, 말 등의) 갈기

Dialogue

A: ดูหนีตัวโน้นสิ
두- 미- 뚜아 노-ㄴ 씨
저 곰 좀 봐!

B: โอ้ ผมไม่เคยเห็นหมีตัวใหญ่ขนาดนั้นมาก่อน
오- 폼 마이 크ㅓ이 헨 미- 뚜아 야이 카나-ㅅ 난 마- 꺼-ㄴ
우와, 지금까지 이렇게 큰 곰은 본 적이 없는데!

นก [nók] 녹 조류

□ ไก่ [gài] 까이 닭

□ กา [gaa] 까- 까마귀

□ หงส์ [hŏng] 홍 백조

□ นกพิราบ 비둘기
[nók pí-râap] 녹 삐라-ㅂ
ห้ามให้อาหารนกพิราบ
하-ㅁ 하이 아-하-ㄴ 녹 삐라-ㅂ
비둘기에게 먹이를 주지 마세요.

□ นกกระจอก 참새
[nók grà-jʌ:k] 녹끄라쩌-ㄱ

□ เหยี่ยว 매
[yìeow] 이아우

□ นกนางแอ่น 제비
[nók naang àen] 녹나-ㅇ 애-ㄴ

1 인간
2 가정
3 수
4 도시
5 교통
6 업무
7 쇼핑
8 스포츠/취미
9 자연

□ **นกอินทรีย์** 독수리
[nók in-see] 녹인 씨-

□ **นกนางนวล** 갈매기
[nók naang nuan] 녹나-ㅇ 누안

□ **นกแก้ว** 앵무새
[nók gâew] 녹깨-우

□ **นกกระจอกเทศ** 타조
[nók grà-jʌ:k -tê:t] 녹끄라쩌-ㄱ테-ㅅ

□ **นกกระเรียน** 학, 두루미
[nók grà rian] 녹끄라리안

□ **นกเพนกวิน** 펭귄
[nók pe:n-gwin] 녹페-ㄴ 뀐
ที่ขั้วโลกเหนือไม่มีนกเพนกวิน
티- 쿠아 로-ㄱ 느아 마이 미- 녹페-ㄴ 뀐
북극에는 펭귄이 없어요.

□ **นกฮูก** 부엉이
[nók hôok] 녹 후-ㄱ

관련 단어

- □ นกกางเขน [nók-gaang-kě:n] 녹 까-ㅇ 케-ㄴ 까치
- □ เป็ด [bpèt] 뻿 오리
- □ นกห่าน [nók hàan] 녹 하-ㄴ 거위
- □ ขนนก [kǒn nók] 콘 녹 깃털
- □ จะงอย [jà-ngʌ:i] 짜 응어이 (새의) 부리
- □ ปีก [bpèek] 삐-ㄱ 날개
- □ รังนก [rang nók] 랑 녹 둥지

Dialogue

A: นกฮูกออกหากินเวลากลางคืน แต่กลางวันหลบพักผ่อนตามต้นไม้
녹 후-ㄱ 어-ㄱ 하- 낀 웰라- 끌라-ㅇ 크-ㄴ 때- 끌라-ㅇ 완 롭 팍 퍼-ㄴ 따-ㅁ 똔 마이
부엉이는 밤에 먹이를 찾고 낮에는 나무에 숨어 쉰단다.

B: แต่ผมไม่ได้รู้เรื่องนั้นมาก่อนเลยครับ
때- 폼 마이 다이 루- 르앙 난 마- 꺼-ㄴ 크랍
그런데 저는 그 사실을 지금까지 몰랐어요.

2 가정
3 수
4 도시
5 교통
6 업무
7 쇼핑
8 스포츠/취미

แมลง [má-laeng] 말래−ㅇ 곤충

□ ผึ้ง 벌
[pêung] 프̂웅

□ แมลงวัน 파리
[má-laeng wan] 말래−ㅇ 완

□ แมงมุม 거미
[maeng mum] 매−ㅇ 뭄

□ มด [mót] 못̂ 개미
มดไม่กินน้ำผึ้งแท้
못 마이 낀 남픙 태−
개미는 진짜 벌꿀은 먹지 않는다.

□ ผีเสื้อกลางคืน 나방
[pěe sêua glaang keun] 피̆− 쓰̂아 끌라−ㅇ 크−ㄴ

□ ผีเสื้อ 나비
[pěe sêua] 피̆− 쓰̂아

□ แมลงปอ 잠자리
[má-laeng bpʌ:] 말래−ㅇ 뻐−

□ ตั๊กแตน 메뚜기
[dták-gà-dtaen] 딱까때−ㄴ

□ หิ่งห้อย 반딧불, 개똥벌레
[hìng-hɑ̂:i] 힝 허̂−이

244

□ เต่าทอง 무당벌레
[dtào tʌ:ng] 따오 터-ㅇ

□ แมลงสาบ 바퀴벌레
[má-laeng sàap] 말래-ㅇ 싸-ㅂ
แมลงสาบชอบที่มืดและชื้น
말래-ㅇ 싸-ㅂ 처-ㅂ 티- 므-ㅅ 래 츠-ㄴ
바퀴벌레는 습하고 어두운 곳을 좋아한다.

□ ยุง [yung] 융 모기
เมื่อเข้าป่าต้องระวังยุงลาย
므아 카오 빠- 떠-ㅇ 라왕 융 라-이
숲에 갈 때는, 모기(황열병 일으키는 숲 모기)를 조심해야 한다.

□ จิ้งหรีด 귀뚜라미
[jîng-rèet] 찡 리-ㅅ

관련 단어

□ ด้วงกว่าง [dûang gwàang] 두앙 꽈-ㅇ 딱정벌레
□ ไส้เดือน [sâi deuan] 싸이 드언 지렁이
□ ยากันยุง [yaa gan yung] 야- 깐 융 모기 물림 방지 약
□ ไข่ [kài] 카이 알
□ หนอน [nʌ̌:n] 너-ㄴ 애벌레
□ ดักแด้ [dàk-dâe] 닥 대- 번데기
□ หนวดแมลง [nùat má-laeng] 누엇 말래-ㅇ 더듬이
□ ส่วนหัว [sùan hŭa] 쑤언 후아 두부, 머리 부분
□ ส่วนหน้าอก [sùan nâa òk] 쑤언나- 옥 흉부, 가슴 부분
□ ส่วนท้อง [sùan tʌ́:ng] 쑤언 터-ㅇ 복부, 배 부분
□ เหล็กใน [lèk nai] 렉 나이 (곤충의) 침, 가시

ปลา · และสัตว์น้ำ

[bplaa · láe sàt náam] 쁠라- · 래 쌋 나-ㅁ **어류 · 해양 생물**

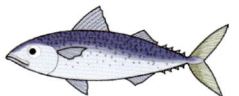

□ ปลาซาบะ 고등어

[bplaa saa-bà] 쁠라- 싸-바

□ ทูน่า [too-nâa] 투-나- 참치

ฉันชอบกินแกงกิมจิใส่ทูน่า

찬 처-ㅂ 낀 깨-ㅇ 낌찌 싸이 투-나-

난 참치를 넣은 김치찌개가 좋아.

□ ปลาแซลมอน 연어

[bplaa saen-mʌn] 쁠라-쌔-ㄴ 머-ㄴ

□ ปลาทอง 금붕어

[bplaa tʌ:ng] 쁠라-터-ㅇ

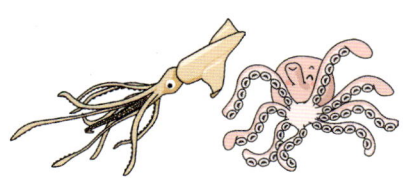

□ ปลาหมึก 오징어, 문어

[bplaa mèuk] 쁠라-믁

□ หอยนางรม 굴

[hǎi naang rom] 허-이 나-ㅇ 롬

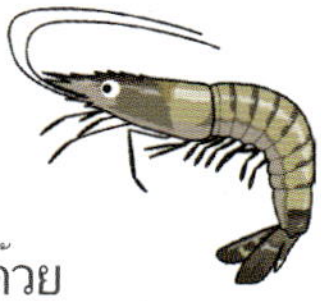

□ กุ้ง [gûng] 꿍 새우

มีกุ้งประเภทที่อยู่ในน้ำจืดด้วย

미- 꿍 쁘라페-ㅅ 티- 유- 나이 나-ㅁ 쯔-ㅅ 두어이

민물에 사는 새우도 있다.

□ ปู [bpoo] 뿌– 게

□ ปลาวาฬ 고래
[bplaa waan] 쁠라–와–ㄴ

□ ปลาฉลาม 상어
[bplaa chà-lăam] 쁠라–찰라–ㅁ

หูฉลามเป็นอาหารราคาแพง
후– 찰라–ㅁ 뻰 아–하–ㄴ 라–카– 패–ㅇ
상어 지느러미는 비싼 요리이다.

□ เต่า [dtào] 따오 거북

เต่าเป็นสัตว์ที่อายุยืนนาน
따오 뻰 쌋 티– 아–유 이으–ㄴ(*yeun) 나–ㄴ
거북은 대표적인 장수 동물이다.

관련 단어

□ ปลาช่อน [bplaa châ:n] 쁠라– 처–ㄴ 가물치

□ ปลาไหล [bplaa lăi] 쁠라– 라이 장어

□ หอยแครง [hǎi kraemg] 허–이 크래–ㅇ 꼬막

□ หอยเป๋าฮื้อ [hǎi bpǎo-héu] 허–이 빠오 흐– 전복

□ ปลิงทะเล [bpling tá-le:] 쁠링 탈레– 해삼

□ สาหร่าย [sǎa-ràai] 싸–라–이 김, 다시마

□ เกล็ดปลา [glèt bplaa] 끌렛 쁠라– (물고기의) 비늘

□ ครีบปลา [krêep bplaa] 크리–ㅂ 쁠라– 지느러미

- ☐ เหงือกปลา [ngèuak bplaa] 응으억 쁠라– 아가미
- ☐ หอย [hǒi] 허–이 조개
- ☐ หอยลาย [hǒi laai] 허–이 라–이 모시조개
- ☐ หอยเชลล์ [hǒi shell] 허–이 쉘 가리비
- ☐ ปลาซาบะ [bplaa saa-bà] 쁠라–싸–바 고등어

Dialogue

A: ใต้น้ำปลาหายใจอย่างไรคะ
따이 나–ㅁ 쁠라– 하–이 짜이 야–ㅇ 라이 카
물 안에서 물고기는 어떻게 숨을 쉬어요?

B: ปลาหายใจทางเหงือกมัน
쁠라– 하–이 짜이 타–ㅇ 응으억 만
물고기는 아가미로 숨을 쉰단다.

ผลไม้ [pǒn-lá-máai] 폰라마이 **과일**

1 인간
2 가정
3 수
4 도시
5 교통
6 업무
7 쇼핑
8 스포츠/취미
9 자연

☐ **มะนาว** 라임, 레몬
[má-naaw] 마나우

ในประเทศไทยบีบมะนายใส่ข้าวผัด
나이 쁘라테ㅅ타이 비ㅂ 마나우 싸이 카우 팟
태국에서는 볶음밥에 라임을 뿌려 먹는다.

☐ **แตงโม** 수박
[dtaeng mo:] 때ㅇ 모ㅡ

อยากดื่มแตงโมปั่นเย็นๆ
야ㄱ 드ㅁ 때ㅇ 모ㅡ 빤 옌옌
시원한 수박 주스 마시고 싶다.

☐ **องุ่น** 포도
[a-ngùn] 앙운

☐ **แอปเปิ้ล** 사과
[àep-bpêrn] 애ㅡㅂ 쁘ㅓㄴ

☐ **ลูกท้อ** [lôok tá:] 루ㅡㄱ터ㅡ
ลูกพีช [lôok péet] 루ㅡㄱ 피ㅡㅅ **복숭아**

☐ **ส้ม** [sôm] 쏨 **귤**

☐ **สตรอเบอร์รี่** 딸기
[sà-dtrʌ:-ber-rêe] 싸뜨러ㅡ브ㅓ리ㅡ

249

□ **กล้วย** [glûai] 끌루어이 바나나
ในประเทศไทยมีกล้วยหลายชนิด
나이 쁘라테-ㅅ 타이 미- 끌루어이 라-이 차닛
태국에는 여러 종류의 바나나가 있다.

□ **ลูกพลับ** 감
[lôok-pláp] 루-ㄱ 플랍

□ **สับปะรส** 파인애플
[sàp-bpà-rót] 쌉 빠 롯

□ **ถั่วลิสง** 땅콩
[tùa-lí-sŏng] 투아 리 쏭

□ **เม็ดมะม่วงหิมพานต์**
[mét má-mûang hĭm-má-paan] 멧 마무엉 힘마파-ㄴ
캐슈넛('멧 마무엉'이라고도 함)

1 인간
2 가정
3 수
4 도시
5 교통
6 업무
7 쇼핑
8 스포츠·취미
9 자연

관련 단어

- □ **แตงญี่ปุ่น** [dtaeng yêe-bpùn] 때–○이̂–뿐 멜론
- □ **มะม่วง** [má-mûang] 마무̂엉 망고
- □ **มังคุด** [mang-kút] 망쿳̂ 망고스틴
- □ **ทุเรียน** [tú rian] 투리안 두리안
- □ **แก้วมังกร** [gâew mang-gʌn] 깨̂우 망껀 드래곤 프룻
- □ **มะละกอ** [má-lá-gʌ] 말라꺼– 파파야
- □ **มะพร้าว** [má-práaw] 마프라̂우 야자

Dialogue

A: **ส้มตำทำด้วยมะละกอดิบ**
쏨땀 탐 두̂어이 말라꺼– 딥
쏨땀은 안 익은 파파야로 만드는 거야.

B: **และใส่มะเขือเทศด้วยใช่ไหม**
래 싸이 마 크̌아 테̂–ㅅ 두̂어이 차̂이 마̌이
그리고 토마토도 들어가지?

251

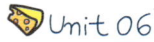

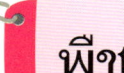

พืช [pêut] 프-ㅅ 식물

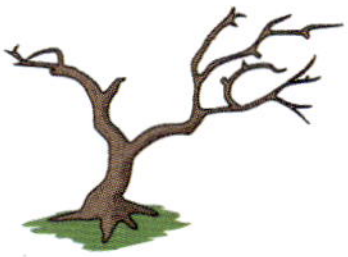

□ กิ่งไม้ 나뭇가지
[gìng máai] 낑 마이

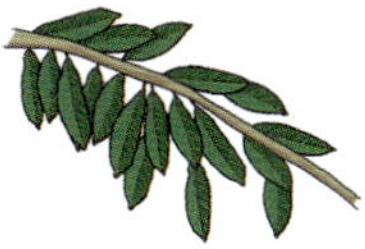

□ ใบไม้ 잎
[bai máai] 바이 마이

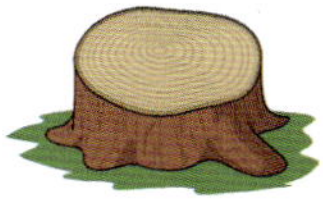

□ รอบปี 나이테
[râ:p bpee] 러-ㅂ 삐-

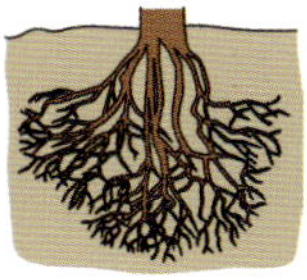

□ รากไม้ 뿌리
[râak máai] 라-ㄱ 마이

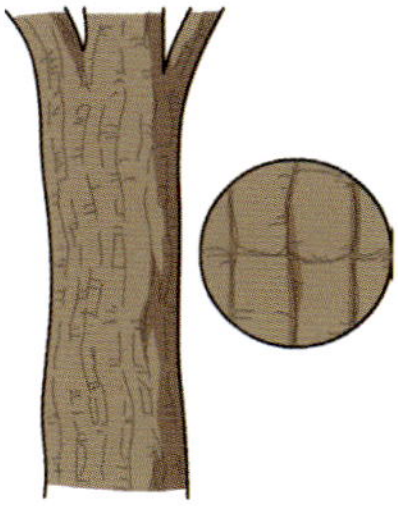

□ เปลือกไม้ 나무 껍질
[bplèuak máai] 쁠르억 마이

□ ลำต้น 나무 줄기(몸통 부분)
[lam dtôn] 람 똔

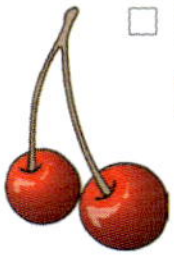

□ ผล 열매
[pŏn] 폰

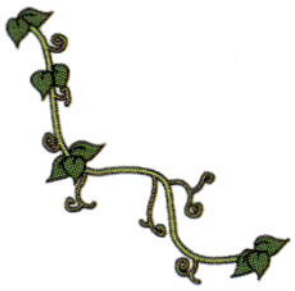

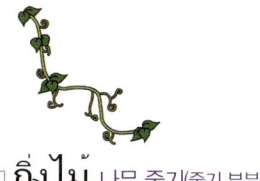

□ กิ่งไม้ 나무 줄기(줄기 부분)
[gìng máai] 낑 마이

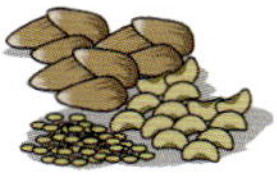

□ เม็ด 씨앗
[mét] 멧

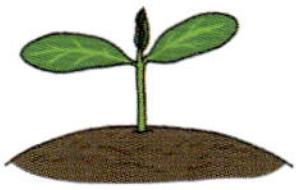

□ หน่อ 싹, 봉오리
[nʌ̀:] 너-

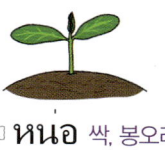

□ **ต้นแป๊ะก๊วย** 은행나무
[dtôn bpáe-gúai] 똔 빼 꾸아이

ตอนใบไม้ร่วงใบไม้ของต้นแป๊ะก๊วยจะเปลี่ยนสีเป็นสีเหลือง
떠-ㄴ 바이 마이 루앙 바이 마이 커-ㅇ 똔 빼 꾸아이 짜 쁠리안 씨- 뻰 씨- 르앙
가을에는 은행나무 잎이 노란색으로 바뀐다.

□ **ต้นมะพร้าว** 야자수
[dtôn má-práaw] 똔 마 프라우

□ **ต้นสน** 소나무
[dtôn sŏn] 똔 쏜

🔵 **관련 단어**

□ **ไม้ไผ่** [máai-pài] 마이 파이 대나무

□ **ต้นราชพฤกษ์** [dtôn-râat-chá-préuk] 똔 라-ㅅ차 프륵 계수 나무

□ **ต้นเกาลัด** [dtôn gao lát] 똔 까오 랏 밤나무

□ **ต้นเมเปิล** [dtôn -may-bpern] 똔 메-쁘ㅓ-ㄴ 단풍나무

□ **ต้นกล้วย** [dtôn glûai] 똔 끌루어이 바나나 나무

1 인간
2 가정
3 수
4 도시
5 교통
6 업무
7 쇼핑
8 스포츠/취미
9 자연

ดอกไม้ [dʌ:k máai] 더-ㄱ 마이 꽃

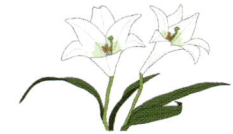

□ **ดอกลิลี่** 백합
[dʌ:k lin-lêe] 더-ㄱ 린리-

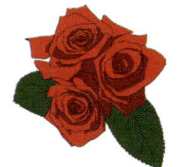

□ **ดอกกุหลาบ** 장미
[dʌ:k gù làap] 더-ㄱ 꾸라-ㅂ

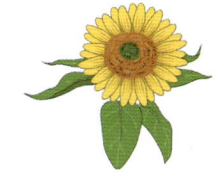

□ **ดอกทานตะวัน** 해바라기
[dʌ:k taan dtà-wan] 더-ㄱ 타-ㄴ 따완

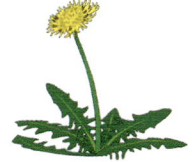

□ **ดอกแดนดิไลอัน** 민들레
[dʌ:k daen-dì-lai-an] 더-ㄱ 대-ㄴ디 라이 안

□ **ดอกทิวลิป** 튤립
[dʌ:k tiw-líp] 더-ㄱ 티우 립
ประเทศเนเธอร์แลนด์ดังด้วยดอกทิวลิป
쁘라테-ㅅ 네트ㅓ 래-ㄴ 당 두어이 더-ㄱ 티우 립
네덜란드는 튤립으로 유명하다.

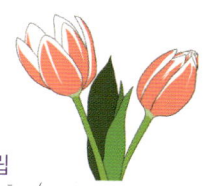

□ **ดอกเก๊กฮวย** 국화
[dʌ:k gék-huai] 더-ㄱ 껙 후아이
คนเกาหลีมอบดอกเก๊กฮวยในงานศพ
콘 까올리- 머-ㅂ 더-ㄱ 껙 후아이 나이 응아-ㄴ 솝
한국인은 장례식에 국화꽃을 바친다.

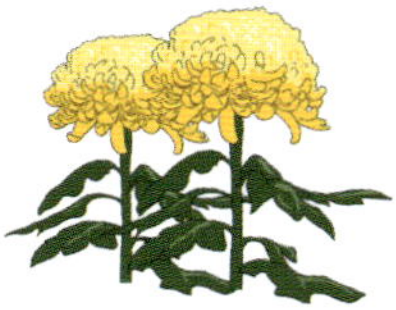

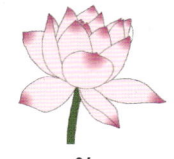

□ ดอกบัว 연꽃
[dʌ̀:k bua] 더-ㄱ 부아

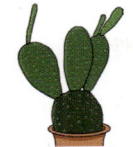

□ ต้นกระบองเพชร 선인장
[dtôn-grà-bong-pét] 똔 끄라버-ㅇ 펫

관련 단어

- □ ดอกพระจันทร์ [dʌ̀:k prá-jan] 더-ㄱ 프라 짠 달맞이꽃
- □ ดอกพระอาทิตย์ [dʌ̀:k prá-aa-tít] 더-ㄱ 프라 아-팃 햇님꽃
- □ วัชพืช [wát-chá-pêut] 왓 차 프-ㅅ 잡초
- □ กลีบดอกไม้ [glèep dʌ̀:k máai] 끌리-ㅂ 더-ㄱ 마이 꽃잎
- □ ดอกตูม [dʌ̀:k dtoom] 더-ㄱ 뚜-ㅁ 꽃봉오리
- □ เกสรดอกไม้ [ge-sʌ̌:n dʌ̀:k máai] 께-써-ㄴ 더-ㄱ 마이 꽃가루
- □ แจกัน [jae-gan] 째-깐 꽃병
- □ กระเช้าดอกไม้ [grà-cháo dʌ̀:k máai] 끄라 차오 더-ㄱ 마이 꽃바구니
- □ ช่อดอกไม้ [chʌ̂: dʌ̀:k máai] 처- 더-ㄱ 마이 꽃다발

1 인간
2 가정
3 수
4 도시
5 교통
6 업무
7 쇼핑
8 스포츠/취미
9 자연

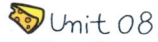

ผัก [pàk] 팍 채소

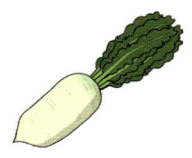

□ หัวไชเท้า 무

[hŭa chai táo] 후아 차이 타오

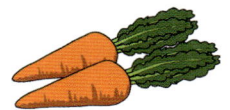

□ แครอท 당근

[kae-rʌ̂:t] 캐-러-ㅅ

ม้าชอบกินแครอท

마- 처-ㅂ 낀 캐-러-ㅅ

말은 당근을 좋아한다.

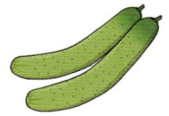

□ แตงกวา 오이

[dtaeng-gwaa] 때-ㅇ 꽈-

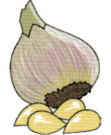

□ กระเทียม 마늘

[grà tiam] 끄라티암

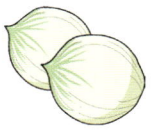

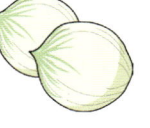

□ หัวหอม 양파

[hŭa hʌ̆:m] 후아 허-ㅁ

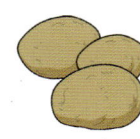

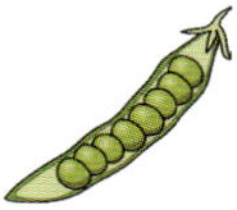

□ ถั่ว 콩

[tùa-] 투아

□ ต้นหอม 파

[dtôn hʌ̆:m] 똔 허-ㅁ

□ มันฝรั่ง 감자

[man fà-ràng] 만 퐈랑

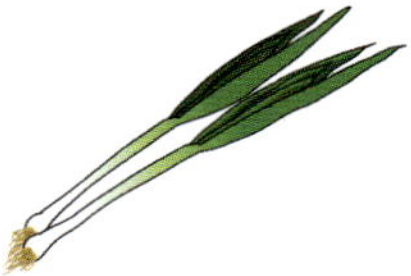

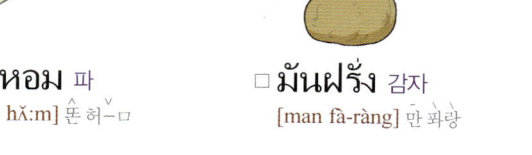

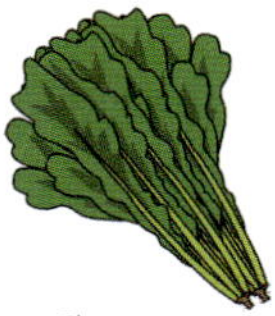

□ มันเทศ 고구마

[man tê:t] 만 테-ㅅ

□ ผักโขม 시금치

[pàk kŏ:m] 팍 코-ㅁ

ผักโขมมีวิตามินเอและซีสูง

팍코-ㅁ 미- 위따-민 에- 래 씨- 쑤-ㅇ

시금치에는 비타민 A와 C가 많이 있다.

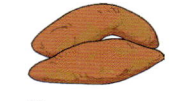

□ **ฟักทอง** 호박
[fák tʌːng] 팍 터ー ㅇ

□ **พริกหยวก** 피망
[prík yùak] 프릭 유악

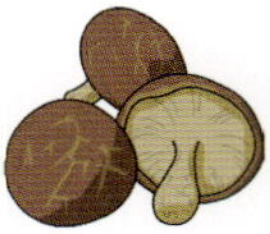

□ **เห็ด** 버섯
[hèt] 헷

□ **มะเขือเทศ** 토마토
[má-kĕua tê:t] 마 크아 테ー ㅅ

□ **พริก** 고추
[prík] 프릭

พริกขี้หนูของไทยเผ็ดมาก
프릭 키ー 누ー 커ー ㅇ 타이 펫 마ー ㄱ
태국의 쥐똥고추는 정말 맵다.

□ **กะหล่ำปลี** 양배추
[gà-làm bplee] 깔람 쁠리ー

หมูปิ้งกับกะหล่ำปลีสดเข้ากันได้ดี
무ー 삥 깝 깔람 쁠리ー 솟 카오 깐 다이 디ー
돼지고기 꼬치구이와 생양배추는 궁합이 잘 맞는다.

🔘 **관련 단어**

□ **ผักกาดขาว** [pàk-gàat-kăao] 팍 까ー ㅅ 카우 배추

□ **ผักกาดเขียว** [pàk-gàat-kĭeow] 팍 까ー ㅅ 키아우 상추

□ **มะเขือม่วง** [má-kĕua mûang] 마 크아 무앙 가지

□ **รากบัว** [râak bua] 라ー ㄱ 부아 연근

□ **ขิง** [kĭng] 킹 생강

□ **ถั่วงอก** [tùa ngâ:k] 투아 응어ー ㄱ 콩나물, 숙주나물

257

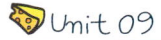

ทิวทัศน์ [tiw-tát] 티우 탓 풍경

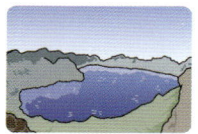

□ ทะเลสาบ 호수
[tá-le:-sàap] 탈레– 싸–ㅂ

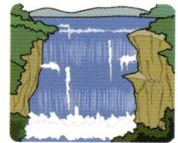

□ น้ำตก 폭포
[nám-dtòk] 남 똑

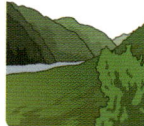

□ หุบเขา 계곡
[hùp kăo] 훕 카오

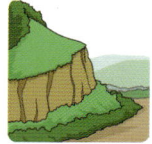

□ ที่ราบสูง 고원
[têe râap sŏong]
티– 라–ㅂ 쑤–ㅇ

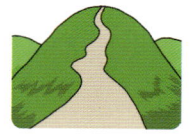

□ เนินเขา 언덕, 구릉
[nern kăo] 느ㅓㄴ 카오

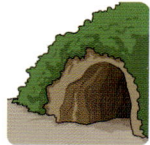

□ ถ้ำ 동굴
[tâm] 탐

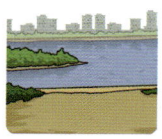

□ แม่น้ำ 강
[mâe náam] 매– 남

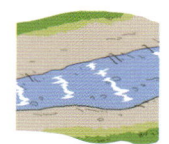

□ ลำธาร 개울
[lam taan] 람 타–ㄴ

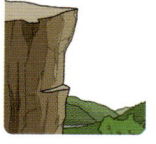

□ หน้าผา 절벽
[nâa-păa] 나– 파–

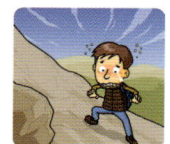

□ เนินลาด (산)비탈
[nern lâat] 느ㅓㄴ 라–ㅅ

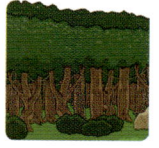

□ ป่าไม้ 숲
[bpàa máai] 빠– 마이

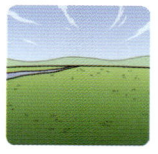

□ ทุ่งหญ้า 초원
[tûng-yâa] 퉁 야–

□ ภูเขา 산
[poo kǎo] 푸– 카오

□ ภูเขาไฟ 화산
[poo kǎo fai] 푸– 카오 퐈이

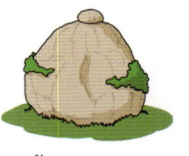

□ ก้อนหิน 바위
[gʌ̂:n hǐn] 꺼–ㄴ 힌

관련 단어

□ ทะเลทราย [tá-le:-saai] 탈레– 싸–이 사막

□ ชายหาด [chaai-hàat] 차–이 하–ㅅ 백사장

□ ที่ราบลุ่ม [têe râap lûm] 티– 라–ㅂ 룸 분지

□ เส้นขอบฟ้า [sên kʌ̀:p fáa] 쎈 커–ㅂ 퐈– 지평선, 수평선

□ ตะวันออกเฉียงเหนือ [dtà-wan ʌ̀:k chǐang něua] 따완 어–ㄱ 치앙 느아 동북

□ ตะวันออกเฉียงใต้ [dtà-wan ʌ̀:k chǐang dtâi] 따완 어–ㄱ 치앙 따이 동남

□ ตะวันตกเฉียงเหนือ [dtà-wan dtòk chǐang něua] 따완 똑 치앙 느아 서북

□ ตะวันตกเฉียงใต้ [dtà-wan dtòk chǐang dtâi] 따완 똑 치앙 따이 서남

□ เหนือ 북
[něua] 느아

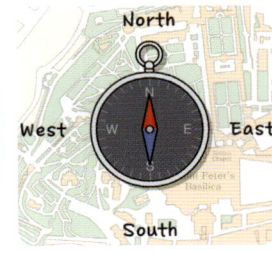

□ ตะวันตก 서
[dtà-wan dtòk]
따완 똑

□ ตะวันออก 동
[dtà-wan ʌ̀:k]
따완 어–ㄱ

□ ใต้ 남
[dtâi] 따이

อากาศ [aa-gàat] 아까-ㅅ 날씨

☐ **แจ่มใส** 맑은 날
[jàem sǎi] 째-ㅁ 싸이

☐ **เมฆ** 구름
[mê:k] 메-ㄱ

☐ **ลม** [lom] 롬 바람

☐ **หิมะ** 눈
[hì-má] 히마

☐ **รุ้ง** 무지개
[rúng] 룽

☐ **หมอก** 안개
[mà:k] 머-ㄱ

☐ **ไฟแลบ** 번개
[fai lâep] 퐈이 래-ㅂ

☐ **น้ำท่วม** [nám tûam] 남 투암 홍수
☐ **เมฆฝน** [mê:k fǒn] 메-ㄱ 폰 비구름
☐ **ฝน** [fǒn] 폰 비

관련 단어

- □ ท้องฟ้า [tʌ́:ng fáa] 터–ㅇ 퐈– 하늘
- □ ลูกเห็บ [lôok hèp] 루–ㄱ 헵 우박
- □ ฝนไล่ช้าง [fõn lâi cháang] 폰 라이 차–ㅇ 소나기
- □ น้ำค้างแข็ง [nám káang] 남 카–ㅇ 이슬
- □ น้ำค้างแข็ง [nám káang kăeng] 남 카–ㅇ 캐–ㅇ 서리
- □ น้ำแข็ง [nám kăeng] 남 캐–ㅇ 얼음
- □ พายุ [paa-yú] 파– 유 폭풍
- □ ฟ้าร้อง [fáa rʌ́:ng] 퐈– 러–ㅇ 천둥
- □ หน้าแล้ง [nâa láeng] 나– 래–ㅇ 가뭄
- □ มืดครึ้ม [mêut kréum] 므–ㅅ 크름 흐린 날
- □ ลมพัด [lom pát] 롬 팟 바람이 불다
- □ มีเมฆมาก [mee mê:k mâak] 미– 메–ㄱ 마–ㄱ 구름이 많다
- □ มีหมอก [mee mʌ̀:k] 미–머–ㄱ 안개가 끼다
- □ ฝนตก [fõn dtòk] 폰 똑 비가 내리다
- □ หิมะตก [hì-má dtòk] 히마 똑 눈이 내리다
- □ อากาศชื้น [aa-gàat chéun] 아까–ㅅ 츠–ㄴ 습하다
- □ แห้งแล้ง [hâeng láeng] 해–ㅇ 래–ㅇ 건조하다

Dialogue

A: แถวทะเลสาบที่นี่มีหมอกเสมอ
태–우 탈레– 싸–ㅂ 티–니– 미–머–ㄱ 싸므–ㅓ
이 호수 주변은 항상 안개가 끼어 있네.

B: เพราะฉะนั้นต้องระวังขับรถด้วย
프러차난 떠–ㅇ 라왕 캅 롯 두어이
그래서 여기서는 운전을 조심해야 해.

2 가정
3 수
4 도시
5 교통
6 업무
7 쇼핑
8 스포츠/취미
9 자연

วัตถุ [wát-tù] 왓투 **물질**

□ **น้ำมัน** 기름
[náam man] 남 만

□ **โลหะ** 금속
[lo:-hà] 로 - 하

□ **ไฟฟ้า** [fai-fáa] 퐈이 퐈- **전기**
ถ้าไม่มีไฟฟ้าคงอยู่ลำบากแน่
타- 마이 미- 퐈이 퐈- 콩 유- 람 바-ㄱ 내-
전기가 없으면 생활하기 어려울 게 분명해.

□ **ดิน** [din] 딘 **흙, 토양**
ที่ดินที่นี่ไม่เหมาะกับการปลูกต้นข้าว
티- 딘 티-니- 마이 머 깝 까-ㄴ 쁠루-ㄱ 똔 카-우
여기 토양은 벼를 기르기에 적합하지 않다.

□ **ถ่านหิน** 석탄
[tàan hǐn] 타-ㄴ 힌

□ **ของเหลว** 액체
[kǎ:ng lě:w] 커-ㅇ 레-우

□ **แก๊ส** 기체
[gáet] 깨-ㅅ

□ **ของแข็ง** 고체
[kǎ:ng kǎeng] 커-ㅇ 캐-ㅇ

□ **แสง** [săeng] 쌔─ㅇ 빛
แสงสว่างมากเกินจนลืมตาไม่ได้
쌔─ㅇ 싸와─ㅇ 마─ㄱ 끄ㅓㄴ 쫀 르─ㅁ 따─ 마이 다이
빛이 너무 밝아서 눈을 뜰 수 없다.

□ **ความร้อน** 열
[kwaam rʌ́ːn] 콰─ㅁ 러─ㄴ

□ **ไฟ** 불
[fai] 퐈이

□ **ควัน** 연기
[kwan] 콴

□ **น้ำ** [nám] 남 물
กินน้ำประปาได้หรือคะ
낀 남 쁘라빠─ 다이 르─ 카
수돗물을 먹어도 되나요?

🔵 **관련 단어**

□ **ทอง** [tʌːng] 터─ㅇ 금

□ **เงิน** [ngern] 응으ㅓㄴ 은

□ **ทองแดง** [tʌːng daeng] 터─ㅇ 대─ㅇ 동

□ **เหล็ก** [lèk] 렉 철

□ **ไอน้ำ** [ai náam] 아이남 증기

□ **เสียง** [sǐang] 씨앙 소리

1 인간
2 가정
3 수
4 도시
5 교통
6 업무
7 쇼핑
8 스포츠/취미
9 자연

สี [sěe] 씨- 색

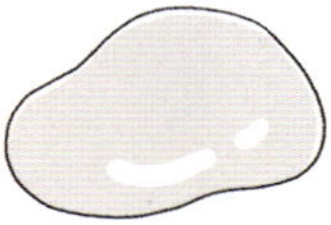

□ สีเทา 회색
[sěe tao] 씨- 타오

□ สีดำ 검은색
[sěe dam] 씨- 담

□ สีขาว 흰색
[sěe kǎao] 씨- 카우

□ สีแดง 빨간색
[sěe daeng] 씨- 대-ㅇ

□ สีน้ำเงิน 파란색
[sěe náam ngern] 씨- 남 응으ㅓㄴ

□ สีเหลือง 노란색
[sěe lěuang] 씨- 르앙

□ สีน้ำตาล 갈색
[sěe nám-dtaan] 씨- 남 따-ㄴ

□ สีม่วง 보라색
[sěe mûang] 씨- 무앙
เขาใส่เสื้อสีม่วงมา
카오 싸이 쓰아 씨- 무앙 마-
그는 보라색 옷을 입고 왔다.

□ สีเขียว 녹색
[sěe kǐeow] 씨- 키아우

□ **สีชมพู** 분홍색
[sěe chom-poo] 씨- 촘 푸-

□ **สีส้ม** 주황색
[sěe sôm] 씨- 솜

□ **สีน้ำเงินเข้ม** 짙은 청색
[sěe nám ngern kêm] 씨- 남 응으ㅓㄴ 켐

□ **สีงาช้าง** 상아색
[sěe ngaa cháang] 씨- 응아- 차-ㅇ

□ **สีน้ำตาลอ่อน** 베이지색
[sěe nám dtaan ʌ:n]
씨- 남 따-ㄴ 어-ㄴ

□ **สีเงิน** 은색
[sěe ngern] 씨- 응으ㅓㄴ
ตึกสีเงินนั้นเพิ่งสร้างขึ้นมาใหม่
뜩 씨- 응으ㅓㄴ 난 프ㅓㅇ 싸-ㅇ 크-ㄴ 마- 마이
저 은색 건물 새로 지었다.

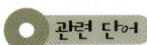

관련 단어

□ **เข้ม** [kêm] 켐 짙은
□ **อ่อน** [ʌ:n] 어-ㄴ 옅은

Dialogue

A: คุณชอบสีอะไรคะ
쿤 처-ㅂ 씨- 아라이 카
무슨 색을 좋아하세요?

B: ผมชอบสีขาวและสีน้ำเงินครับ
폼 처-ㅂ 씨- 카우 래 씨- 남 응으ㅓㄴ 크랍
흰색이랑 파란색을 좋아해요.

จักรวาล [jàk-grà-waan] 짝끄라 와-ㄴ 우주

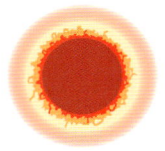

□ **พระจันทร์** 달
[prá-jan] 프라 짠

□ **พระอาทิตย์** 해, 태양
[prá-aa-tít] 프라 아-팃

□ **โลก** [lô:k] 로-ㄱ 지구
อนาคตของโลกเราจะเป็นอย่างไร
아나-콧 커-ㅇ 로-ㄱ 라오 짜 뻰 야-ㅇ 라이
지구의 미래는 어떻게 될까?

□ **พระจันทร์ครึ่งดวง** 반달
[prá-jan krêung duang] 프라 짠 크릉 두앙

□ **พระจันทร์เสี้ยว** 초승달
[prá-jan sîeow] 프라 짠 씨아우

□ **พระจันทร์เต็มดวง** 보름달
[prá-jan dtem duang] 프라 짠 뗌 두앙

□ **ดาว** 별
[daaw] 다-우

□ **ดาวตก** 유성
[daaw dtòk] 다-우 똑

□ **ดาวเคราะห์** 행성, 혹성
[daaw krʌ́] 다-우 크러

관련 단어

- □ **ระบบแกแล็คซี่** [rá-bòp gae-láek sêe] 라봅 깨-ㄹ랙씨- 은하계
- □ **ระบบสุริยจักรวาล** [rá-bòp sù-rí-yá jàk-grà-waan] 라봅 쑤리야 짝끄라 와-ㄴ 태양계
- □ **ดาวศุกร์** [daaw sùk] 다-우 쑥 금성
- □ **ดาวอังคาร** [daaw ang-kaan] 다-우 앙카-ㄴ 화성
- □ **ดาวหาง** [daaw hăang] 다-우 하-ㅇ 혜성
- □ **ดาวฤกษ์** [daaw rêrk] 다-우 르ㅓㄱ 항성
- □ **ดาวเทียม** [daaw tiam] 다-우 티암 위성
- □ **สุริยคราส** [sù-rí-yá-krâat] 쑤리야 크라-ㅅ 일식
- □ **จันทรคราส** [jan-trá-krâat] 짠트라 크라-ㅅ 월식
- □ **ดาราศาสตร์** [daa-raa-sàat] 다-라- 싸-ㅅ 천문학
- □ **เทคนิคทางวิทยาศาสตร์** [ték-nìk taang wít-tá-yaa sàat] 텍 닉 타-ㅇ 윗타야-싸-ㅅ 과학 기술
- □ **นักบินอวกาศ** [nák bin a-wá-gàat] 낙 빈 아와까-ㅅ 우주 비행사
- □ **ยานอวกาศ** [yaan a-wá-gàat] 야-ㄴ 아와까-ㅅ 우주선

Dialogue

A: ผมอยากเป็นนักบินอวกาศ
폼 야-ㄱ 뻰 낙 빈 아와까-ㅅ
나는 우주 비행사가 되고 싶어.

B: ถ้าเธอพยายามก็คงเป็นไปได้
타- 트ㅓ 파야-야-ㅁ 꺼- 콩 뻰 빠이 다이
네가 노력한다면, 될 수 있을 거야.

2 가정
3 수
4 도시
5 교통
7 쇼핑
8 스포츠/취미
9 자연

โลก [lô:k] 로-ㄱ 지구

□ แผ่นดิน 육지
[pàen din] 패-ㄴ 딘

□ ทะเล 바다
[tá-le:] 탈레-

□ มหาสมุทร 대양
[má-hăa sà-mùt] 마하- 싸뭇

□ ทวีป 대륙
[tá-wêep] 타위-ㅂ

□ เทือกเขา 산맥
[têuak kăo] 트악 카오

□ เกาะ 섬
[gʌ̀] 꺼

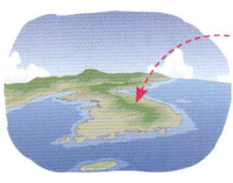

□ อ่าว 만
[àaw] 아-우

□ แหลม 반도
[lăem] 래-ㅁ

□ ขั้วโลกเหนือ 북극
[kûa lô:k nĕua] 쿠아 로-ㄱ 느아

□ ขั้วโลกใต้ 남극
[kûa lô:k dtâi] 쿠아 로-ㄱ 따이

□ ระยะเส้นรุ้ง 위도
[rá-yá sên-rúng] 라야 쎄－ㄴ 룽

□ เส้นแวง 경도
[sên waeng] 쎄－ㄴ 왜－ㅇ

□ ทะเลทราย 사막
[tá-le:-saai] 탈레－ 싸－이

□ ช่องแคบ 해협
[châ:ng kâep] 처－ㅇ 캐－ㅂ

□ บรรยากาศ 대기
[ban-yaa-gàat] 반야－까－ㅅ

Dialogue

A: สมัยนี้ในโลกต่างๆ เกิดภัยธรรมชาติบ่อย
싸마이 니－ 나이 로－ㄱ 땅따－ㅇ 끄ㅓㅅ 파이 탐마차－ㅅ 버이
최근 지구 여러곳에서 자주 천재지변이 발생하잖아.

B: นั่นสิ สภาพอากาศที่ผิดปกติ น้ำท่วม แผ่นดินไหว ภูเขาไฟระเบิด...น่ากลัวมาก
난 씨 싸파－ㅂ 아－까－ 핏 뽁까띠 남 투암 패－ㄴ딘 와이 푸－카오 퐈이 라브ㅓㅅ .....
나－ 끌루아 마－ㄱ
그러게 말이야. 이상 기온, 홍수, 지진, 화산 폭발…, 정말 무섭지.

2 가정
3 수
4 도시
5 교통
6 업무
7 쇼핑
8 스포츠/취미

ตำแหน่ง · และทิศทาง

[dtam-nàeng · láe tít taang] 땀 내−ㅇ · 래 팃 타−ㅇ **위치 · 방향**

□ **ข้างนอก** 밖

[kâang nɔ̂:k] 카−ㅇ 너−ㄱ

□ **ข้างใน** 안

[kâang nai] 카−ㅇ 나이

เขาเข้าไปข้างในเพื่อหากระเป๋า

카오 카오 빠이 카−ㅇ 나이 프아 하− 끄라빠오

그는 가방을 찾기 위해 안으로 들어갔다.

□ **ตรงกลาง** 가운데

[dtrong glaang] 뜨롱 끌라−ㅇ

ฉันนั่งตรงกลาง

찬 낭 뜨롱 끌라−ㅇ

나는 가운데 앉았다.

□ **ข้างซ้าย** 왼쪽   □ **ข้างขวา** 오른쪽

[kâang sáai] 카−ㅇ 싸−이   [kâang kwǎa] 카−ㅇ 콰−

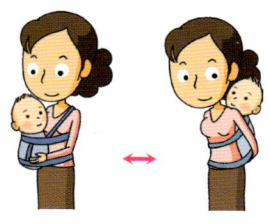

□ **ข้างๆ** 옆

[kâng kâang] 캉 카−ㅇ

สุนัขกำลังนอนอยู่ข้างๆ บ้านของมัน

쑤낙 깜랑 너−ㄴ 유− 캉 카−ㅇ 바−ㄴ 커−ㅇ 만

개집 옆에서 개가 졸고 있다.

□ **ข้างหน้า** 앞   □ **ข้างหลัง** 뒤

[kwǎa nâa] 카−ㅇ 나−   [kwǎa lǎng] 카−ㅇ 랑

□ จาก (장소) ~부터
[jàak] 짜-ㄱ

□ ถึง (장소, 시간) ~까지
[tĕung] 틍

□ ข้างบน 위
[kâang bon] 카-ㅇ 본

□ ข้างล่าง 아래, 밑
[kâang lâang] 카-ㅇ 라-ㅇ

□ ตรงข้าม 건너편
[dtrong kâam] 뜨롱 카-ㅁ

□ ระหว่าง 사이
[rá-wàang] 라와-ㅇ

관련 단어

□ ใกล้ [glâi] 끌라이 가깝다 ↔ □ ไกล [glai] 끌라이 멀다
□ ที่นี่ [têe nêe] 티-니- 여기
□ ที่โน่น [têe nô:n] 티- 노-ㄴ 저기
□ ที่นั่น [têe nân] 티-난 거기
□ ที่ไหน [têe năi] 티- 나이 어디
□ ตรงไป [dtrong bpai] 뜨롱 빠이 똑바로 가다
□ เลี้ยวซ้าย [líeow sáai] 리아우 싸-이 왼쪽으로 돌다

1 인간
2 가정
3 수
4 도시
5 교통
6 업무
7 쇼핑
8 스포츠/취미

คำตรงข้าม [kam dtrong kâam] 캄 뜨롱 카-ㅁ **반대말**

□ **ใหญ่** 크다 ↔ □ **เล็ก** 작다
[yài] 야이   [lék] 렉

□ **สว่าง** 밝다 ↔ □ **มืด** 어둡다
[sà-wàang] 싸와-ㅇ   [mêut] 므-ㅅ

□ **สูง** 높다
[sǒong] 쑤-ㅇ

↔ □ **ต่ำ** 낮다
[dtàm] 땀

□ **ใหม่** 새롭다 ↔ □ **เก่า** 낡다
[mài] 마이   [gào] 까오

ของเก่าไม่ได้แย่กว่าของใหม่เสมอ
커-ㅇ 까오 마이 다이 얘- 꽈- 커-ㅇ 마이 싸므-ㅓ
낡은 것이 새로운 것보다 나쁜 것은 아니다.

272

□ **เร็ว** [rew] 레우 **빠르다** ⟷ □ **ช้า** [cháa] 차– **느리다**

ไม่ว่าเร็วหรือช้าเขาทำเสร็จตามที่เขาได้รับมอบหมาย
마이 와– 레우 르– 차– 카오 탐 쎗 따–ㅁ 티– 카오 다이 랍 머–ㅂ 마–이
좀 느리든 빠르든 그는 맡은 바 할 일을 다 했다.

□ **ดี** [dee] 디– **좋다** ⟷ □ **ไม่ดี** [mâi dee] 마이 디– **나쁘다**

□ **เบา** [bao] 바오 **가볍다** ⟷ □ **หนัก** [nàk] 낙 **무겁다**

□ **กว้าง** [gwâang] 꽈–ㅇ **넓다** ⟷ □ **แคบ** [kâep] 캐–ㅂ **좁다**

1 인간
2 가정
3 수
4 도시
5 교통
6 업무
7 쇼핑
8 스포츠/취미
9 지역

□ **สวย** 아름답다 ↔ □ **น่าเกลียด** 추하다

[sŭai] 쑤아이 [nâa glìat] 나– 끌리앗

ดูดอกไม้สิ ของสวยก็กลายเป็นของที่น่าเกลียดได้

두– 더–ㄱ 마이 씨 커–ㅇ 쑤아이 꺼– 끌라–이 뻰 커–ㅇ 티– 나– 끌리앗 다이

꽃을 봐. 아름다운 것도 추해질 수 있는 거야.

□ **คมชัด** 예리하다 ↔ □ **ทื่อ** 무디다, 둔하다

[kom chát] 콤 찻 [têu] 트–

□ **สะอาด** 깨끗하다 ↔ □ **สกปรก** 더럽다

[sà-àat] 싸아–ㅅ [sòk-gà-bpròk] 쏙까쁘록

□ เปิด [bpèrt] 쁘ㅓㅅ 열다 ↔ □ ปิด [bpìt] 삣 닫다

เปิดปิดหน้าต่างซ้ำซากทำไม
쁘ㅓㅅ 삣 나– 따–ㅇ 쌈 싸–ㄱ 탐 마이
창문을 왜 자꾸 열었다 닫았다 하는 거니?

□ แห้ง [hâeng] 해–ㅇ 마르다, 건조하다 ↔ □ เปียก [bpìak] 삐악 젖다, 습하다

□ เต็ม [dtem] 뗌 가득 차다 ↔ □ ว่าง [wâang] 와–ㅇ 텅 비다

□ กลางวัน 낮 [glaang-wan] 끌라–ㅇ 완 ↔ □ กลางคืน 밤 [glaang keun] 끌라–ㅇ 크–ㄴ

ฉันคิดถึงเธอทั้งตอนกลางวันและตอยกลางคืน
찬 킷틍 트ㅓ 탕 떠–ㄴ 끌라–ㅇ 완 래 끌라–ㅇ 크–ㄴ
나는 낮에도 밤에도 네가 보고 싶어.

1 인간
2 가정
3 수
4 도시
5 교통
6 업무
7 쇼핑
8 스포츠/취미
9 자연

275

Unit 16 คำตรงข้าม ▸▸▸

□ **ขยัน** 부지런하다 ↔ □ **ขี้เกียจ** 게으르다

[kà-yăn] 카얀

[kêe gìat] 키- 끼앗

□ **รวย** 부유하다 ↔ □ **ยากจน** 가난하다

[ruai] 루아이

[yâak jon] 야-ㄱ 쫀

คนรวยคนนั้นใช้ชีวิตเหมือนคนยากจน

콘 루아이 콘 난 차이 치-윗 므안 콘 야-ㄱ 쫀

저 부자는 가난한 사람처럼 생활한다.

□ **โจมตี** 공격하다

[jo:m dtee] 쪼-ㅁ 띠-

↔ □ **ป้องกัน** 방어하다

[bpʌ̂:ng gan] 뻐-ㅇ 깐

□ **แต่งงานแล้ว** 결혼한 ↔ □ **โสด** 미혼의

[dtàeng ngaan láew] 때-ㅇ 응아-ㄴ 래우

[sò:t] 쏘-ㅅ

관련 단어

- □ สูง [sǒong] 쑤-ㅇ 키가 크다
  - ↔ □ เตี้ย [dtîa] 띠아 키가 작다
- □ อ้วน [ûan] 우안 뚱뚱하다
  - ↔ □ ผอม [pʌ̌:m] 퍼-ㅁ 여위다, 마르다
- □ หนาว [nǎao] 나-우 춥다
  - ↔ □ ร้อน [rʌ́:n] 러-ㄴ 덥다
- □ มีความสุข [mee kwaam sùk] 미- 콰-ㅁ 쑥 행복하다
  - ↔ □ ทรมาน [tʌ-rá-maan] 터-라마-ㄴ 괴롭다
- □ ชอบ [chʌ̂:p] 처-ㅂ 좋아하다
  - ↔ □ ไม่ชอบ [mâi chʌ̂:p] 마이 처-ㅂ 싫어하다
- □ มาก [mâak] 마-ㄱ 많다
  - ↔ □ น้อย [nʌ́:i] 너-이 적다
- □ หรูหรา [rǒo rǎa] 루-라- 화려하다
  - ↔ □ ไม่หรูหรา [mâi rǒo rǎa] 마이 루-라- 소박하다
- □ แข็งแรง [kǎeng raeng] 캥 래-ㅇ 강하다
  - ↔ □ อ่อนแอ [ʌ̀:n ae] 어-ㄴ 애- 약하다
- □ เริ่ม [rêrm] 르ㅓㅁ 시작하다
  - ↔ □ จบ [jòp] 쫍 끝나다

Dialogue

A: เขาดูอ้วน แต่น้ำหนักไม่หนักเท่าไร

카오 두- 때- 남낙 마이 낙 타오 라이

그 사람은 뚱뚱해 보이지만, 몸무게는 별로 안 나가.

B: อาจเป็นเพราะเขาเตี้ย

아-ㅅ 뻰 프러 카오 띠아

아마 키가 작아서 그런가 봐.

2 가정
3 수
4 도시
5 교통
6 업무
7 쇼핑
8 스포츠/취미

ชื่อประเทศ · และเมือง [chêu bprà-tê:t · láe meuang]

츠- 쁘라테-ㅅ · 래 므앙 **나라 이름 · 수도 이름**

아시아 เอเซีย [e:-sia] 에-씨아

- ☐ 네팔 **เนปาล** [ne:-bpaan] 네-빠-ㄴ
  - ☐ 카트만두 **กาฐมาณฑุ** [gàat-maan-doo] 까-ㅅ마-ㄴ투-

2,474만

- ☐ 대만 **ไต้หวัน** [dtâi-wăn] 따이 완
  - ☐ 타이베이 **ไทเป** [tai-bpe:] 타이 뻬-

2,268만

- ☐ 라오스 **ลาว** [laaw] 라-우
  - ☐ 비엔티안 **เวียงจันทน์** [wiang-jan] 위앙 짠

560만

- ☐ 레바논 **เลบานอน** [le:-baa-nʌ:n] 레-바- 너-ㄴ
  - ☐ 베이루트 **เบรุต** [be:-rút] 베-룻

440만

- ☐ 말레이시아 **มาเลเซีย** [maa-le:-sia] 마-ㄹ레-씨아
  - ☐ 쿠알라룸푸르 **กัวลาลัมเปอร์** [gua-laa-lam-bper] 꾸알라-람 쁘ㅓ

2,500만

- ☐ 몽골 **มองโกเลีย** [mʌ:ng-go:-lia] 머-ㅇ꼬-ㄹ리아
  - ☐ 울란바토르 **อูลานบาตอร์** [oo-laan-baa-dtʌ:] 우-ㄹ라-ㄴ바- 떠-

250만

- ☐ 미얀마 **มียันมา** [mee yan maa] 미-얀마- / **พม่า** [pá-mâa] 파마-
  - ☐ 네피도 **กรุงเนปยีดอ** [grung nê:p-yee-dʌ:] 끄룽 네-ㅂ이-더-

5,217만

- ☐ 방글라데시 **บังคลาเทศ** [bang-klaa-tê:t] 방 클라-테-ㅅ
  - ☐ 다카 **ดัคคา** [dàt kaa] 닷 카-

1억3,810만

- ☐ 베트남 **เวียดนาม** [wîat-naam] 위앗 나-ㅁ
  - ☐ 하노이 **ฮานอย** [haa-nʌ:i] 하-너-이

8,206만

- ☐ 북한 **เกาหลีเหนือ** [gao-lĕe nĕua] 까올리-느아
  - ☐ 평양 **เปียงยาง** [bpiang-yaang] 삐앙 야-ㅇ

2,250만

□ 사우디아라비아 ซาอุดอาระเบีย [saa-ùt-aa-rá-bia] 싸-웃 아-라 비아 2,400만

□ 리야드 รียาด [riee-yàat] 리-야-ㅅ

□ 스리랑카 ศรีลังกา [sěe lang-gaa] 씨-랑까- 1,990만

□ 콜롬보 โคลัมโบ [ko:-lam-bo:] 코-ㄹ람보-

□ 시리아 ซีเรีย [see-ria] 씨-리아 1,820만

□ 다마스쿠스 ดมัสกัส [da-mát-gàt] 다맛깟

□ 싱가포르 สิงคโปร์ [sǐng-ká-bpo:] 씽카뽀- 420만

□ 싱가포르 สิงคโปร์ [sǐng-ká-bpo:] 씽카뽀-

□ 아프가니스탄 อัฟกานิสถาน [àf-gaa-nít-sà-tǎan] 압까-닛 싸타-ㄴ 2,510만

□ 카불 คาบูล [kaa-boon] 카-부-ㄴ

□ 예멘 เยเมน [ye:-me:n] 예-메-ㄴ 1,970만

□ 사나 ซานา [saa-naa] 싸-나-

□ 우즈베키스탄 อุซเบกิสถาน [ùt-bèk-gìt sà-tǎan] 웃벡낏싸타-ㄴ 2,560만

□ 타슈켄트 ทาชเคนต์ [tâat-ke:n] 타-ㅅ케-ㄴ

□ 이라크 อิรัก [i-rák] 이락 2000만

□ 바그다드 แบกแดด [bàek dàet] 백대-ㅅ

□ 이란 อิหร่าน [i-ràan] 이 라-ㄴ 6,800만

□ 테헤란 เตหะราน [dte-hà-raan] 떼-하라-ㄴ

□ 이스라엘 อิสราเอล [ìt-sà-rǎa-e:n] 이사라-에-ㄴ 688만

□ 예루살렘 เยรูซาเลม [ye:-roo-saa-lem] 예-루-싸-ㄹ렘

□ 인도 อินเดีย [in-dia] 인디아 10억2,700만

□ 뉴델리 นิวเดลี [niw-den-lee] 니우덴리-

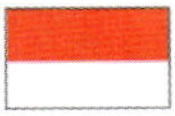

□ 인도네시아 อินโดนีเซีย [in-do:-nee-sia] 인도-니-씨아 2억1천만

□ 자카르타 จาการ์ตา [jaa-gaa-dtaa] 짜-까-따-

1 인간 2 가정 3 수 4 도시 5 교통 6 업무 7 쇼핑 8 스포츠/취미 9 자연

- □ 일본 ญี่ปุ่น [yêe-bpùn] 이-뿐
  - □ 도쿄 โตเกียว [dto:-gieow] 또-끼아우

1억2천만

- □ 중국 จีน [jeen] 찌-ㄴ
  - □ 베이징 ปักกิ่ง [bpàk-gìng] 빡낑

12억9천만

- □ 카자흐스탄 คาซัคสถาน [kaa-sák sà-tǎan] 카-싹싸타-ㄴ
  - □ 아스타나 อัสตานา [àt-dtaa-naa] 앗따-나-

1,490만

- □ 캄보디아 กัมพูชา [gam-poo-chaa] 깜푸-차-
  - □ 프놈펜 พนมเปญ [pá-nom-bpe:n] 파놈뻬-ㄴ

1,300만

- □ 태국 ประเทศไทย [bprà-tê:t tai] 쁘라테-ㅅ 타이
  - □ 방콕 กรุงเทพมหานคร [grung tê:p má-hǎa ná-kʌn] 끄룽테-ㅂ 마하-나커-ㄴ

6,197만

- □ 터키 ตุรกี [dtù-reu-gee] 뚜르끼-
  - □ 앙카라 อังการา [ang-gaa-raa] 앙까-라-

6,700만

- □ 파키스탄 ปากีสถาน [bpaa-gèet sà-tǎan] 빠-끼-ㅅ싸타-ㄴ
  - □ 이슬라마바드 อิสลามาบัด [ìt-sà-lǎa-maa-bàt] 잇싸라-마-밧

1억4,872만

- □ 필리핀 ฟิลิปปินส์ [fí-líp-bpin] 퓌립삔
  - □ 마닐라 มะนิลา [má-ní-laa] 마닐라-

8,150만

- □ 한국 เกาหลีใต้ [gao-lěe dtâi] 까올리- 따이
  - □ 서울 โซล [so:n] 쏘-ㄴ

4,850만

유럽 ยุโรป [yú-rò:pa] 유로-ㅂ

- □ 그리스 กรีซ [grèet] 끄리-ㅅ
  - □ 아테네 เอเธนส์ [e-te:n] 에테-ㄴ

1,094만

□ 네덜란드 เนเธอร์แลนด์ [ne:-ter-laen] 네-트ㅓ 래-ㄴ
□ 암스테르담 อัมสเตอร์ดัม [am-sà-dter-dam] 암싸뜨ㅓ 담
1,620만

□ 노르웨이 นอร์เวย์ [nʌ:-we:] 너-웨-
□ 오슬로 ออสโล [ʌ̀t-lo:] 어-ㅅ 로-
457만

□ 덴마크 เดนมาร์ก [den-màak] 덴 마-ㄱ
□ 코펜하겐 โคเปนเฮเกน [ko:-bpen-he-ge:n] 코-뻰헤께-ㄴ
540만

□ 독일 เยอรมัน [yʌ:-rá-man] 여-라만
□ 베를린 เบอร์ลิน [ber-lin] 브ㅓ ㄹ린
8,250만

□ 러시아 รัสเซีย [rát-sia] 랏 씨아
□ 모스크바 มอสโก [mʌ́:t-go:] 머-ㅅ 꼬-
1억4,350만

□ 루마니아 โรมาเนีย [ro:-maa nia] 로-마-니아
□ 부쿠레슈티 บูคาเรสต์ [boo kaa rè:t] 부-카- 레-ㅅ
2,190만

□ 룩셈부르크 ลักเซมเบิร์ก [lák-sem-bèrk] 락 쎔 브ㅓㄱ
□ 룩셈부르크 ลักเซมเบิร์ก [lák-sem-bèrk] 락 쎔 브ㅓㄱ
45만

□ 벨기에 เบลเยี่ยม [ben-yîam] 벤 이암
□ 브뤼셀 บรัสเซลส์ [bràt-se:n] 브랏 쎄-ㄴ
1,030만

□ 스웨덴 สวีเดน [sà-wěe-den] 싸위-덴
□ 스톡홀름 สตอกโฮล์ม [sà-dtòk-ho:m] 싸똑호-ㅁ
901만

□ 스위스 สวิส [sà-wìt] 싸윗
□ 베른 เบิร์น [bern] 브ㅓㄴ
739만

□ 스페인 สเปน [sà-bpe:n] 싸뻬-ㄴ
□ 마드리드 มาดริด [maa-drìt] 마-드릿
4,269만

□ 아일랜드 ไอร์แลนด์ [ai-laen] 아이 래-ㄴ
□ 더블린 ดับลิน [dàp-lin] 답린
392만

☐ 영국 อังกฤษ [ang-grìt] 앙끄릿
☐ 런던 ลอนดอน [lʌn-dʌn] 런던
5,923만

☐ 오스트리아 ออสเตรีย [ʌ:t-dtria] 어-ㅅ 뜨리아
☐ 빈 เวียนนา [wian-naa] 위안나-
810만

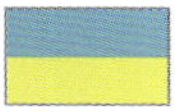

☐ 우크라이나 ยูเครน [yoo ke ron] 유-케-론
☐ 키예프 เคียฟ [kíap] 키압
4,660만

☐ 이탈리아 อิตาลี [i-dtaa-lee] 이따-ㄹ리-
☐ 로마 โรม [ro:m] 로-ㅁ
5,700만

☐ 체코 สาธารณรัฐเช็ก [săa-taa-rá-ná-rát-tà-chék] 싸-타-라나 랏 첵
☐ 프라하 ปราก [bpràak] 쁘라-ㄱ
1,000만

☐ 포르투갈 โปรตุเกส [bpro:-dtù-gè:t] 쁘로-뚜께-ㅅ
☐ 리스본 ลิสบอน [lít-sà -bʌ:n] 릿싸버-ㄴ
1,053만

☐ 폴란드 โปแลนด์ [bpo:-laen] 뽀-ㄹ래-ㄴ
☐ 바르샤바 วอร์ซอ [wʌ:-sʌ:] 워-써-
3,830만

☐ 프랑스 ฝรั่งเศส [fà-ràng-sè:t] 퐈랑쎄-ㅅ
☐ 파리 ปารีส [bpaa-rêet] 빠-리-ㅅ
6,168만

☐ 핀란드 ฟินแลนด์ [fin-laen] 퓐래-ㄴ
☐ 헬싱키 เฮลซิงกิ [hen-sing-gì] 헨씽끼
524만

☐ 헝가리 ฮังการี [hang-gaa-ree] 항까-리-
☐ 부다페스트 บูดาเปสต์ [boo-daa-bpè:t] 부-다-뻬-ㅅ
1,009만

1 인간

2 가정

3 수

4 도시

5 교통

6 업무

7 쇼핑

8 스포츠/취미

9 지역

아프리카 แอฟริกา [àef-rí-gaa] 애ㅡㅍ(f)리까ㅡ

□ 가나 กานา [gaa-naa] 까ㅡ나ㅡ
　□ 아크라 อักกรา [àk-graa] 악끄라ㅡ
2,090만

□ 나이지리아 ไนจีเรีย [nai-jee-ria] 나이 찌ㅡ리아
　□ 아부자 อาบูจา [aa-boo-jaa] 아ㅡ부ㅡ짜ㅡ
1억3500만

□ 남아프리카공화국 แอฟริกาใต้ [àef-rí-gaa dtâi] 애ㅡㅍ(f)리까ㅡ 따이
　□ 프리토리아 พริทอเรีย [prí-tʌ-ria] 프리터리아
4,483만

□ 모로코 โมร็อกโก [mo:-rʌ́k-go:] 모ㅡ럭꼬ㅡ
　□ 라바트 ราบัต [rá-bàt] 라밧
3,008만

□ 수단 ซูดาน [soo-daan] 쑤ㅡ다ㅡㄴ
　□ 하르툼 คาร์ทูม [kaa-toom] 카ㅡ투ㅡㅁ
3,361만

□ 알제리 แอลจีเรีย [aen-jee-ria] 애ㅡㄴ찌ㅡ리아
　□ 알제 แอลเจียร์ [aen-jia] 애ㅡㄴ 찌아
3,180만

□ 에티오피아 เอธิโอเปีย [e:-tí-o:-bpia] 에ㅡ티오ㅡ삐아
　□ 아디스아바바 แอดดิสอาบาบา [àet-dit-aa-baa-baa] 앳딧아ㅡ바ㅡ바ㅡ
7,000만

□ 우간다 ยูกันดา [yoo-gan-daa] 유ㅡ깐다ㅡ
　□ 캄팔라 กัมปาลา [gam-bpaa-laa] 깜빠ㅡㄹ라ㅡ
2,590만

□ 이집트 อียิปต์ [ee-yíp] 이ㅡ입
　□ 카이로 ไคโร [kai-ro:] 카이 로ㅡ
6,920만

□ 케냐 เคนยา [ken-yaa] 켄야ㅡ
　□ 나이로비 ไนโรบี [nai-ro:-bee] 나이로ㅡ비ㅡ
3,240만

□ 탄자니아 แทนซาเนีย [taen-saa-nia] 탄싸ㅡ니아
　□ 도도마 โดโดมา [do:-do:-maa] 도ㅡ도ㅡ마ㅡ
3,520만

오세아니아 **โอเชียเนีย** [o:-chia-nia] 오-치아 니아

☐ 뉴질랜드 **นิวซีแลนด์** [niw-see-laen] 니우 씨-ㄹ래-ㄴ	403만
☐ 웰링턴 **เวลลิงตัน** [we:n-ling-dtan] 웨-ㄴ링딴	
☐ 호주 **ออสเตรเลีย** [ʌ:t-dtre-lia] 어-ㅅ뜨레-ㄹ리아	1,900만
☐ 캔버라 **แคนเบอร์รา** [kaen-ber-raa] 캐-ㄴ브ㅓ라-	

아메리카 **อเมริกา** [a-me:-rí-gaa] 아메-리까-

☐ 멕시코 **เม็กซิโก** [mék-sí-go:] 멕씨꼬-	1억350만
☐ 멕시코시티 **เม็กซิโกซิตี** [mék-sí-go: sí-dtee] 멕씨꼬- 씨띠-	
☐ 미국 **สหรัฐอเมริกา** [sà-hà-rát a-me:-rí-gaa] 싸하랏 아메-리까-	1억350만
☐ 워싱턴 **วอชิงตัน** [wʌ:-ching-dtan] 워-칭딴	
☐ 베네수엘라 **เวเนซุเอลา** [we-ne-sú-e:-laa] 웨네쑤에-ㄹ라-	2,500만
☐ 카라카스 **การากัส** [gaa-raa-gàt] 까-라-갓	
☐ 브라질 **บราซิล** [braa-sin] 브라-씬	1억8천만
☐ 브라질리아 **บราซิเลีย** [braa-sí-lia] 브라-씰리아	
☐ 아르헨티나 **อาร์เจนตินา** [aa-je:n-dtì-naa] 아-쩨-ㄴ띠나-	3,810만
☐ 부에노스아이레스 **บัวโนสไอเรส** [bua-nó:t-ai-rè:t] 부아 노-ㅅ아이레-ㅅ	
☐ 칠레 **ชิลี** [chí-lee] 칠리-	1,596만
☐ 산티아고 **ซันติอาโก** [san-dtì-aa-go:] 싼띠아-꼬-	
☐ 캐나다 **แคนาดา** [kae-naa-daa] 캐-나-다-	3,000만
☐ 오타와 **ออตตาวา** [ʌ:t dtaa waa] 어-ㅅ따-와-	

284

□ 콜롬비아 โคลัมเบีย [ko:-lam-bia] 코-ㄹ람비아 4,400만

□ 보고타 โบโกตา [bo: go: dtaa] 보-꼬-따-

□ 쿠바 คิวบา [kiw-baa] 키우바- 1,100만

□ 아바나 ฮาวานา [haa-waa-naa] 하-와-나-

□ 페루 เปรู [bpe:-roo] 뻬-루- 2,700만

□ 리마 ลิมา [lí-maa] 리마-

관련 단어

□ **โลก** [lô:k] 로-ㄱ 세계, 지구

□ **ประเทศ** [bprà-tê:t] 쁘라테-ㅅ 나라, 국가

□ **ประชาชน** [bprà-chaa chon] 쁘라차-촌 국민

□ **ประชากร** [bprà-chaa gʌn] 쁘라차-껀 인구

□ **เมืองหลวง** [meuang lŭang] 므앙 루앙 수도

□ **เมือง** [meuang] 므앙 도시

□ **หมู่บ้าน** [mòo bâan] 무- 바-ㄴ 마을

□ **บ้านเกิด** [bâan gèrt] 바-ㄴ 끄ㅓㅅ 고향

□ **วัฒนธรรม** [wát-tá-ná-tam] 왓타나탐 문화

□ **ประเทศที่ได้รับเอกราช** [bprà-tê:t têe dâai ráp è:k-gà-râat]
쁘라테-ㅅ 티- 다이 랍 에-ㄱ까라-ㅅ 독립국

□ **ประเทศสาธารณรัฐ** [bprà-tê:t săa-taa-rá-ná-rát]
쁘라테-ㅅ 싸-타-라나 랏 공화국

□ **ราชอาณาจักร** [râat-chá-a-naa-jàk] 라-ㅅ차아나-짝 왕국

□ **ประเทศพัฒนาแล้ว** [bprà-tê:t pát-tá-naa láew] 쁘라테-ㅅ 팟타나- 래우 선진국

□ **ประเทศกำลังพัฒนา** [bprà-tê:t gam-lang pát-tá-naa]
쁘라테-ㅅ 깜랑 팟타나- 개발도상국

□ **ประเทศด้อยพัฒนา** [bprà-tê:t dʌ̂:i pát-tá-naa] 쁘라테-ㅅ 더-이 팟타나- 후진국

1 인간 2 가정 3 수 4 도시 5 교통 6 업무 7 쇼핑 8 스포츠/취미 9 자연

복습문제

Self Test

1 다음 단어를 태국어 혹은 우리말로 고쳐 보세요.

a) 얼룩말 ________ 코끼리 ________ 뱀 ________
호랑이 ________ 사슴 ________

b) 백조 ________ เป็ด ________ 독수리 ________
부엉이 ________ นกแก้ว ________

2 다음 그림과 단어를 연결해 보세요.

• • • • •

• • • • •

แมงมุม ตั๊กแตน แมลงปอ หิ่งห้อย ผีเสื้อ

3 다음 보기에서 단어를 골라 빈칸에 써넣어 보세요.

a) ปลาแซลมอน ปลาฉลาม ทูน่า ปลาวาฬ กุ้ง
b) มะละกอ มะพร้าว ลูกท้อ สตรอเบอร์รี่ มะม่วง แอปเปิ้ล
c) เม็ด ใบไม้ หน่อ ต้นสน ไม้ไผ่ กิ่งไม้
d) กลีบดอกไม้ ดอกบัว ดอกกุหลาบ ดอกทานตะวัน ช่อดอกไม้

a) 참치 ________ 새우 ________ 연어 ________
금붕어 ________ 상어 ________ 고래 ________

b) 망고 ________ 사과 ________ 딸기 ________
복숭아 ________ 파파야 ________ 야자 ________

c) 잎 _____ 싹 _____ 씨앗 _____
   나뭇가지 _____ 대나무 _____ 소나무 _____

d) 해바라기 _____ 연꽃 _____ 장미 _____
   꽃다발 _____ 꽃잎 _____

4 다음 그림과 단어를 연결해 보세요.

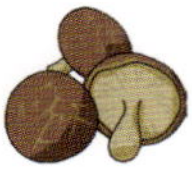

•   •   •   •   •

•   •   •   •   •

แครอท   พริก   เห็ด   กระเทียม   แตงกวา

5 다음 단어를 우리말 혹은 영어로 옮기시오.

a) 호수 _____ 언덕 _____ หน้าผา _____
   숲 _____ ก้อนหิน _____ 북, 북쪽 _____

b) 눈 _____ เมฆ _____ 하늘 _____
   ลม _____ 얼음 _____ 비 _____

c) 기름 _____ ไฟฟ้า _____ 불 _____
   빛 _____ น้ำ _____ 소리 _____

d) 회색 _____ 갈색 _____ สีเหลือง _____
   녹색 _____ สีน้ำเงิน _____

e) 해 __________ โลก __________ 달 __________
ดาวเทียม __________ 별 __________

f) 섬 __________ 바다 __________
ทะเลทราย __________ ชายหาด __________
เส้นขอบฟ้า __________

6 **다음 빈칸에 알맞은 태국어를 써넣어 보세요.**

a) 밖으로 나가자. ไป ______________ กันเถอะ

b) 집에서 역까지 ______ที่บ้าน ______ สถานี

c) 바다 밑에서 ______________ ทะเล

7 **다음 빈칸에 알맞은 태국어 혹은 우리말을 써넣어 보세요.**

a) __________ 크다 – __________ 작다
สว่าง __________ – __________ 어둡다

b) __________ 넓다 – แคบ __________
มีความสุข __________ – __________ 괴롭다

c) __________ 깨끗하다 – __________ 더럽다
รวย __________ – __________ 가난하다

8 **다음을 우리말로 바꾸세요.**

a) ประเทศไทย __________ ญี่ปุ่น __________

ออสเตรเลีย __________	จีน __________
อินเดีย __________	มาเลเซีย __________
b) สหรัฐอเมริกา __________	อังกฤษ __________
เยอรมัน __________	อิตาลี่ _______________
ฝรั่งเศส __________	รัสเซีย ______________
c) โลก __________	เมืองหลวง __________
วัฒนธรรม __________	ประชาชน __________
ประเทศ __________	หมู่บ้าน __________

정답

1 a) ม้าลาย ช้าง งู เสือ กวาง
b) หงส์ อ้อ นกอินทรีย์ นกฮูก 앵무새

2 거미 – แมงมุม 잠자리 – แมลงปอ 나비 – ผีเสื้อ
메뚜기 – ตั๊กแตน 개똥벌레 – หิ่งห้อย

3 a) ทูน่า กุ้ง ปลาแซลมอน ปลาทอง ปลาฉลาม ปลาวาฬ
b) มะม่วง แอปเปิ้ล สตรอเบอร์รี่ ลูกท้อ มะละกอ มะพร้าว
c) ใบไม้ หน่อ เม็ด กิ่งไม้ ไม้ไผ่ ต้นสน
d) ดอกทานตะวัน ดอกบัว ดอกกุหลาบ ช่อดอกไม้ กลีบดอกไม้

4 오이 – แตงกวา 마늘 – กระเทียม 당근 – แครอท
버섯 – เห็ด 고추 – พริก

5 a) ทะเลสาบ เนินเขา 절벽 ป่าไม้ 바위 เหนือ
b) หิมะ 구름 ท้องฟ้า น้ำแข็ง ฝน
c) น้ำมัน 전기 ไฟ แสง 물 เสียง
d) สีเทา สีน้ำตาล 노란색 สีเขียว 파란색
e) พระอาทิตย์ 지구 พระจันทร์ 위성 ดาว
f) เกาะ ทะเล 사막 백사장 지평선(수평선)

6 a) ข้างนอก b) จาก..... ถึง c) ใต้

7 a) ใหญ่...เล็ก / 밝다...มืด b) กว้าง.....좁다 / 행복하다.....ทรมาน
c) สะอาด.....สกปรก / 부유하다.....ยากจน

8 a) 태국 일본 호주 중국 인도 말레이시아
b) 미국 영국 독일 이탈리아 프랑스 러시아
c) 세계 수도 문화 국민 나라 마을

Index

한글 색인

태국어 색인

● Theme 9의 unit 17 나라 이름 · 수도 이름과 Dialog 부분 등은 색인에서
  제외하였습니다.
● 태국어 색인의 경우 문법적인 요소들을 제외한 핵심어를 기준으로 삼았습니다.

한글 색인

ㄷ

298

ㄹ

ㅁ

302

한글 색인
태국어 색인

ㅇ

한글 색인
태국어 색인

310

ㅊ

한글 색인

태국어 색인

한글 색인

태국어 색인

ㅎ

한국어 색인

태국어 색인

326

태국어 색인

태국어 색인

ผ

태국어 색인

338

한글 색인
태국어 색인

한글 색인

태국어 색인

태국어 색인

태국어 색인

웹하드에서
mp3 파일 다운 받는 방법

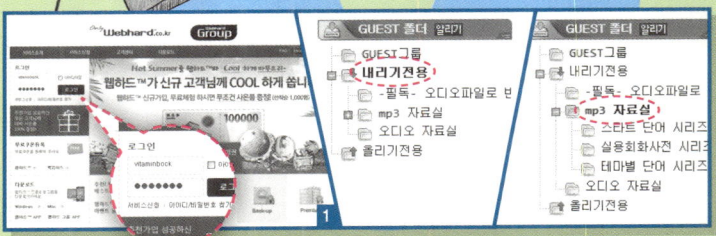

💬 다운 **방법**

STEP 01	웹하드 (www.webhard.co.kr)에 접속 아이디 (vitaminbook) 비밀번호 (vitamin) 로그인 클릭

▼

STEP 02	내리기전용 클릭

▼

STEP 03	Mp3 자료실 클릭

▼

STEP 04	테마별 회화 태국어 단어2300 클릭하여 다운

한 번만 봐도 기억에 남는

테마별 회화 태국어 단어 2300

초판 6쇄 발행 | 2022년 6월 30일

지은이 | 옹지인
편 집 | 이말숙
디자인 | 윤지선
그린이 | 김만영, 최 혁

제 작 | 선경프린테크
펴낸곳 | Vitamin Book
펴낸이 | 박영진

등 록 | 제318-2004-00072호
주 소 | 07251 서울특별시 영등포구 영신로 40길 18 윤성빌딩 405호
전 화 | 02) 2677-1064
팩 스 | 02) 2677-1026
이메일 | vitaminbooks@naver.com
웹하드 | ID vitaminbook   PW vitamin

© 2013 Vitamin Book

ISBN 978-89-92683-56-2 (13730)